DIE

# KONSULARJURISDIKTION

## IM ORIENT.

DIE

# KONSULARJURISDIKTION IM ORIENT.

## IHRE HISTORISCHE ENTWICKLUNG

VON DEN

## FRÜHESTEN ZEITEN BIS ZUR GEGENWART.

VON

**DR. KARL LIPPMANN,**

GEPR. RECHTSPRAKTIKANT, HILFSARBEITER IM REICHS-VERSICHERUNGSAMT.

LEIPZIG.
VERLAG VON VEIT & COMP.
1898.

# Vorwort.

Zu den interessantesten Erscheinungen im Rechtsleben der Völker gehört die Konsularjurisdiktion. Hervorgerufen durch das Bedürfnis des internationalen Handelsverkehrs nach Rechtssicherheit im Auslande, hat diese Institution eine fast tausendjährige Geschichte aufzuweisen. Ihre Entwicklung von den ersten Anfängen an zu verfolgen und ein treues Bild der Vergangenheit wie der Gegenwart zu geben, ist die Aufgabe, die sich der Verfasser gestellt hat.

Im Orient ist die Konsularjurisdiktion entstanden; dort hat sie sich bis heute erhalten. Zur Zeit erregt der Orient wieder die besondere Aufmerksamkeit der christlich-europäischen Welt. Es dürfte daher die Betrachtung der Rechtsverhältnisse, denen die Europäer im Orient unterworfen sind, gerade jetzt ein aktuelles Interesse bieten. Wenngleich von mancher Seite die gänzliche Aufhebung oder wenigstens eine Einschränkung der Konsularjurisdiktion erstrebt wird und zum Teil auch durchgeführt ist, so rechtfertigt sich schon mit Rücksicht auf das Fortbestehen der eigenartigen Gegensätze zwischen morgenländischer und abendländischer Kultur die Annahme, dass in absehbarer Zeit dieser Jurisdiktion noch kein Ende beschieden sein wird.

Die Entwicklung der Konsulargerichtsbarkeit hat sich auch auf Länder erstreckt, welche zum Orient im eigentlichen Sinne des Wortes nicht mehr zählen. Demgemäss durften die Jurisdiktionsverhältnisse im Kongostaate, auf Madagaskar, Zanzibar und Samoa nicht ausser Betracht bleiben.

Berlin, im Juli 1898.

**K. Lippmann.**

# Inhalt.

## Dritte Periode.

Von 1783 bis auf die Gegenwart.

## Einleitung.

**Fremdenjurisdiktion und Fremdenschutz im Altertum; das Privilegium des Königs Amasis; die πρόξενοι und die patroni; der praetor peregrinus. — Die Anfänge der Konsulurjurisdiktion im Mittelalter; die telonarii bei den Westgoten; die consules mercatorum; die consules ultramarini.**

---

Jeder souveräne Staat ist unabhängig in der Ausübung seiner Gerichtsgewalt und Rechtsprechung. Seine Gerichtsgewalt erstreckt sich nicht nur auf seine eigenen Staatsangehörigen, sondern auch auf alle fremden Personen, die sich in seinem Gebiete dauernd oder vorübergehend aufhalten.[1] Indem Staatsangehörige und Fremde der Gerichtsgewalt unterworfen sind, geniessen sie auch den Schutz des Staates und der staatlichen Rechtspflege.

Dieses in der Gegenwart anerkannte Prinzip hat nicht immer Geltung gehabt, am wenigsten im Altertum. Wohl unterwarf sich der antike Staat die auf seinem Gebiete weilenden Fremden, er gewährte ihnen aber weder Schutz noch Rechte. Der Fremde, der Nicht-Staatsangehörige galt als Feind.[2] Erst der mehr und mehr sich entwickelnde Handelsverkehr veranlasste die Völker des Altertums aus ihrer gegenseitigen feindseligen Haltung herauszutreten und friedliche internationale Beziehungen anzuknüpfen. Man gelangte zur Erkenntnis, dass ein friedlicher Verkehr nur stattfinden könne, wenn auch auf fremdem Territorium persönliche Freiheit und Rechte anerkannt und geschützt würden.[3] Besondere Vereinbarungen oder Privilegien erteilten den Unterthanen fremder Staaten auch ausserhalb der Grenzen ihres

---

[1] Martens, Völkerrecht, Bd. I, S. 298.

[2] Sell, C., Die recuperatio bei den Römern. (Braunschweig) 1837. S. 3 f.; ferner Mikonios, Les consuls en Orient et les tribunaux mixtes. p. 23.

[3] Martens, Das Consularwesen und die Consularjurisdiction im Orient. Übersetzt von Skerst. S. 44. 45.

Vaterlandes den Schutz der Gesetze, des Gerichts und der Polizei.

Das älteste bekannte Privileg dieser Art ist der Freibrief, welchen der ägyptische König Amasis (570—526 v. Chr.) den Griechen verlieh.[1] Hiernach war den in Ägypten angesiedelten Griechen gestattet, aus ihrer eigenen Mitte Vertrauensmänner zu wählen, mit der Befugnis, Streitigkeiten unter ihren Landsleuten. zu schlichten und nach ihren heimischen Gesetzen Recht zu sprechen.[2]

Eine Vertretung fremder Interessen im Auslande findet sich ferner in dem griechischen Institut der *πρόξενοι*. Mit dem Steigen der hellenischen Kultur, sowie der Anknüpfung politischer und commerzieller Beziehungen der einzelnen griechischen Staaten untereinander war allmählich die Anschauung zum Durchbruch gekommen, dass der Fremde nicht mehr als rechtlos zu betrachten sei. Die Griechen stellten den Fremden unter den Schutz des *Ζεύς ξένιος*. Auch sicherten sich die einzelnen Staaten untereinander durch förmliche Verträge (*σύμβολα*) gegenseitigen Schutz ihrer Bürger und Rechtsgleichheit bei Prozessen zu.[3] Diejenigen Personen, welche — wohl ursprünglich in der Erfüllung der religiösen Pflicht: den Fremden Schutz zu gewähren — sich besonders um die Fremden annahmen, wurden *πρόξενοι* genannt. Auf religiöser Grundlage aufgebaut entwickelte sich dieses Institut zum Rechtsinstitut.[4] Charakteristisch für die *πρόξενοι* ist, dass sie nicht Angehörige eines fremden Staates, sondern Bürger des Staates waren, in dessen Territorium sie die Interessen der Fremden zu vertreten hatten. Sie waren keine Behörden, weder des einheimischen noch des fremden Staates. Die Übernahme ihrer Obliegenheiten war eine freiwillige; sie bekleideten ein Ehrenamt, das von dem fremden Staat solchen Personen eines andern Staates verliehen wurde, die sich die Fürsorge für die Fremden in hervorragendem Masse angelegen sein liessen oder von deren einflussreicher Stellung in ihrem Heimatstaate man besondere Vorteile für die Beziehungen zu dem fremden Staate

[1] Miltitz, Manuel des consuls. t. I. p. 9.

[2] Antonopoulos, Über die Exterritorialität der Ausländer in der Türkei; im Jahrbuch der internationalen Vereinigung für vergleichende Rechtswissenschaft und Volkswirtschaftslehre. I. Jahrg. 1895. S. 98.

[3] Beloch, J., Griechische Geschichte. (Strassburg 1893.) Bd. I. S. 210.

[4] Etwa seit dem VI. Jahrhundert v. Chr.

und dessen Angehörigen erwartete. Die Aufgabe der *πρόξενοι* war eine dreifache:[1]

Sie waren Berater und Beschützer der fremden Staatsangehörigen, vorzüglich leisteten sie ihnen Beistand vor Gericht; starb einer ihrer Schutzbefohlenen, so übernahmen sie die Nachlassregulierung.

Weiter waren sie die politischen Agenten des Staates, der sie ernannte, soweit sich dies natürlich mit den Interessen ihres eigenen Heimatstaates vertrug.

Endlich vermittelten sie die Beziehungen zwischen dem fremden Staat, den sie repräsentierten, und dem eigenen Heimatstaat. Diese Vermittlung war von weittragender Bedeutung bei den zahlreichen Parteikämpfen zwischen Oligarchie und Demokratie im Innern der griechischen Staaten. Die herrschende Partei eines Staates suchte auch in dem andern, fremden Staate ihren Prinzipien und den Anhängern dieser Prinzipien zum Siege zu verhelfen und bediente sich hiezu der *πρόξενοι*.

Dass die *πρόξενοι* irgend welche richterliche Funktionen ausgeübt hätten, ist nirgends erwiesen. Der griechische Schriftsteller Pollux spricht nur davon, das der *πρόξενος* als Schutzherr den Fremden den Zutritt zu den Volks- und Gerichtsversammlungen sowie zum Theater — letzteres war in Athen von besonderer Wichtigkeit — zu verschaffen hatte.[2] Der *πρόξενος* war, wie schon erwähnt, Rechtsbeistand, aber nicht Richter. Der Ansicht von Miltitz[3], dass die *πρόξενοι* bei Streitigkeiten unter den fremden Kaufleuten nicht nur als Vermittler, sondern auch als Richter auftraten, kann daher nicht beigepflichtet werden.

Dieselbe Rolle wie die *πρόξενοι* in Griechenland spielten die patroni in Rom.[4] Ursprüglich, solange die Plebejer von den Staatsämtern und der Regierung ausgeschlossen waren, waren die patroni Männer aus dem Patrizierstande, welche den Schutz und

---

[1] Beach-Lawrence, Commentaire sur les éléments du droit international etc. de Henry Wheaton. t. IV (Études sur la juridiction consulaire etc.). p. 1—2.

[2] *Πόλλουξ, 'Ονομαστικόν.* III, 59: „*ο μὲν πρόξενος, ὅταν πόλεως δημοσίᾳ προξενῇ τις ἐν ἄλλῃ πόλει ὤν, ὡς ὑποδοχῆς τε τῶν ἐκεῖθεν φροντίζειν καὶ προσόδου προς τον δῆμον καὶ ἕδρας ἐν τῷ θεάτρῳ.*" s. a. Antonopoulos, a. a. O. S. 98. Sell, a. a. O. S. 127.

[3] Miltitz, Manuel des consuls. t. I. p. 11.

[4] Sell, C. Die recuperatio der Römer. S. 130 ff.

die Vertretung der Interessen der Plebejer übernahmen. Als sich aber die Plebejer Anteil an der Leitung des Staates erkämpft hatten, wurde das Institut der patroni ausschliesslich von Bedeutung für die Fremden: die Nichtrömer. In den Freundschafts- und Friedensverträgen zwischen Rom und auswärtigen Völkern wurde gewöhnlich vereinbart, dass die Fremden während ihres Aufenthalts in Rom den Schutz eines patronus geniessen sollten. Der patronus wurde vom Senat oder an dessen Stelle vom Prätor aus der Zahl der Patrizier ernannt — (erst später gelangten auch Plebejer zu dieser Ehre) — und ihm hierüber eine Urkunde: die tessera hospitalis ausgefertigt. Bei der Ernennung eines patronus wurde übrigens auf die Wünsche der Fremden hinsichtlich der Person des zu ernennenden patronus stets Rücksicht genommen.

Die Fremdenjurisdiktion zu Rom lag in den Händen des praetor peregrinus und des Recuperatorengerichtshofs. Die recuperatio war dasjenige Vertragsverhältnis zwischen Rom und einem fremden Staat, demzufolge das Bestehen eines gegenseitigen Rechtsschutzes anerkannt wurde.[1] Auf Grund der recuperatio wurde für Streitigkeiten zwischen römischen und fremden Staatsangehörigen das iudicium recuperatorium gebildet. Die Parteien wählten die Richter (recuperatores); konnten sie sich nicht einigen, so stellte der Prätor die recuperatores auf.[2] Ihre Zahl betrug 3 oder 5.[3] Der praetor peregrinus führte den Vorsitz; er prüfte das Vorbringen beider Parteien und erteilte dann die Instruktion an die recuperatores, welche das Urteil fällten.[3] Der Process war ein Verfahren extra ordinem, liess dem Ermessen der Richter freien Spielraum und fand eine besonders schnelle Erledigung.[4]

Man hat in dem Institut der *πρόξενοι* und der patroni die Anfänge unseres modernen Konsulatswesens zu finden geglaubt.[5] Diese Annahme ist jedoch nicht richtig. Höchstens einige An-

---

[1] Sell, C. a. a. O. S. 30. 67 (s. den Vertrag mit dem König Antiochus).

[2] Sell, C. a. a. O. S. 184. a. M. sind Huschke und Zimmern (s. Sell, a. a. O. S. 169), welche annehmen, dass jede Partei einen Richter, den dritten aber der Prätor ernannt habe.

[3] Sell, C. a a. O. S. 185.

[4] Sell, C. a. a. O. S 271; Miltitz, Manuel des consuls. t. I. p. 11; Mikonios, a. a. O. p. 26.

[5] Antonopoulos, a. a. S. 98, Anm. 1.

klänge zwischen diesen antiken Instituten und dem modernen Institut der Wahlkonsuln, nicht aber der Berufs- und Richterconsuln lassen sich feststellen. *Πρόξενοι* und patroni waren stets griechische bezw. römische Bürger, nicht Angehörige eines fremden Staates und von diesem mit der Wahrung der Interessen der im Auslande sich aufhaltenden Unterthanen betraut; sie waren keine Staatsbeamte, auch wenn sie, wie die *πρόξενοι*, das Siegel des fremden Staates führen durften[1]; endlich stand ihnen keine Jurisdiktionsgewalt zu. Mit der wachsenden Ausbreitung der römischen Herrschaft und der Ausbildung des römischen Rechts verloren die beiden Institute bald ihre Bedeutung, mit dem Untergange des römischen Weltreiches verschwanden sie völlig.

Der eigentliche Ursprung des Konsulatswesens und der Konsularjurisdiktion findet sich erst im Mittelalter. Nach dem Sturze des weströmischen Reiches hatten sich an den nördlichen Gestaden des Mittelmeeres eine Reihe kleiner Städterepubliken gebildet, die sich in ziemlich loser Abhängigkeit von ihren germanischen, byzantinischen und (später auch) arabischen Oberherren zu halten wussten. Von diesen Seestaaten wurde Handel und Schifffahrt aufs eifrigste betrieben und in jeder Weise gefördert. Den fremden Kaufleuten wurde nicht nur die Niederlassung und Errichtung von Faktoreien in den Hafenstädten bewilligt, sondern auch die Befugnis eingeräumt, sich in Korporationen zu organisieren und sich eine eigene Gerichtsbarkeit zu schaffen.[2] Diese Kaufleute wählten nun aus ihrer Mitte die Richter, die ihre Streitigkeiten entscheiden sollten und deren Ausspruch sie sich auch unterwarfen.

Das Zugeständnis eines so wichtigen Rechts, wie das einer besonderen Gerichtsbarkeit — auf Kosten der Territorialhoheit — hatte seinen Grund zunächst in den Bemühungen der Mittelmeerstaaten um die Hebung von Handel und Schifffahrt: fremde Handelsleute sollten herangezogen werden, den eigenen Kaufleuten sollte durch Erwirkung gleicher Konzessionen bei fremden Staaten ein ungefährdeter und sicherer Weg ins Ausland gebahnt werden; dann war aber auch das im Mittelalter allgemein herrschende Prinzip massgebend, wonach die Rechte eines Jeden

---

1 Miltitz, Manuel des Consuls. t. I. p. 11.

2 Beach-Lawrence, Commentaire sur Wheaton. t. IV. p. 2.

nach den Gesetzen seines Heimatlandes beurteilt werden mussten (sog. Personalitätsprinzip).[1]

Die ersten derartigen Bestimmungen, wonach ausländische Kaufleute ihren eigenen Richtern und Gesetzen unterstellt waren, sind in den Gesetzen der Westgoten enthalten. Hier werden die fremden Richter „telonarii" genannt; diese, nicht die westgotischen Tribunale, hatten die Streitigkeiten ihrer Landsleute zu schlichten.[2]

In dem Zeitraum vom X. bis XIII. Jahrhundert wurden in den Handelsstädten Italiens, Frankreichs und Spaniens Richter und Gerichtshöfe eingesetzt, die sich hauptsächlich mit der Entscheidung von Handelssachen und der Fremdenjurisdiktion zu befassen hatten. Die Mitglieder dieser Gerichtshöfe, welche stets aus dem Handelsstande gewählt zu werden pflegten, wurden Konsuln genannt: consules mercatorum, consuls des marchands, consuls de commerce, juges-consuls, auch juges-conservateurs.[3]

So setzte im X. Jahrhundert die Stadt Amalfi einen Richter mit dem Titel Konsul ein, der die Streitigkeiten der fremden Kaufleute zu entscheiden hatte.[4]

Zur selben Zeit hatten die Pisaner consules marinariorum et mercatorum.

Roger I. von Sizilien gestattete im Jahre 1128 der Stadt Messina zwei Konsuln aus der Zahl der erfahrensten Schiffskapitäne und Kaufleute zu wählen und ermächtigte dieselben, Bestimmungen über handels- und seerechtliche Angelegenheiten zu erlassen.[5]

In Venedig gab es gegen Ende des XII. Jahrhunderts eine Magistratur der Fremdenrichter, welche für die Streitigkeiten sowohl zwischen Fremden und Einheimischen, wie auch der Fremden unter einander zuständig waren. An ihre Stelle traten im XIII. Jahrhundert die consules mercatorum. Diesen wurden

---

[1] Martens-Skerst. S. 46.

[2] Leges Visigothorum lib. XI. tit. III. c. 11: „Dum transmarini negotiatores inter se causam habuerint, nullus de sedibus nostris eos audire praesumat; nisi tantummodo suis legibus audiantur apud telonarios suos." s a. Koenig, Handbuch des deutschen Konsularwesens. S. 2; Neumann, Handbuch des Konsulatswesens. S. 11.

[3] Miltitz, Manuel des consuls. t. I. p. 6 § 6.

[4] Miltitz, a. a. O. t. I. p. 62 et suiv.

[5] Depping, Histoire du commerce entre le Levant et l'Europe. t. II. p. 3.

die „Sopra Consoli“ zur Seite gesetzt, welche in allen auf Handel und Seewesen bezüglichen Sachen, ja selbst in Kriminalfällen, wie z. B. Schiffsdiebstahl, erkennende Richter waren.[1]

Genua errichtete im Jahre 1250 ein Konsulartribunal, bestehend aus zwei Consoli de la mare und vier Beisitzern, welche der Zahl der genuesischen Bürger entnommen wurden. Dieses Tribunal hatte die See- und Fremdengerichtsbarkeit auszuüben.[2]

Die französchen Städte, namentlich Marseille und Montpellier hatten ebenfalls Konsuln. Seit Ende des XI. Jahrhunderts wurden zu Montpellier von den Ältesten der Kaufmannschaft vier consuls de mer gewählt. Sie hatten nicht nur die Jurisdiktion in Handelssachen, sondern wurden auch mit der Abschliessung von Handelsverträgen beauftragt.[3] Weiter gab die Stadtbehörde von Montpellier ihren Handelsgaleeren Konsuln mit und unterstellte die Schiffspassagiere wie Seeleute auf Hin- und Rückfahrt der Jurisdiktionsgewalt dieser Konsuln. Auch in den fremden Ländern, nach welchen die Reise ging, sollten die Konsuln während des Aufenthalts des Schiffes als Vorgesetzte und Richter sowohl über die Reisenden als auch über ihre in dem fremden Hafenplatze ansässigen Landsleute fungieren; bei ihrem Abgange aber hatten sie ein oder mehrere Mitglieder der Kolonie als Stellvertreter zu bestellen, denen die Ausübung der Konsularfunktionen oblag, bis wieder ein Konsul aus Montpellier ankam.[4]

Im Jahre 1282 wurden in Barcelona vier Bürger zu Prokuratoren oder Konsuln für die Schifffahrtsangelegenheiten ernannt. Ihre Ernennung geschah nicht mehr durch die Kaufleute, sondern durch die Munizipalbehörden. Von 1301 an führten sie die Bezeichnung: Consules del mar.[5]

---

[1] Depping, a. a. O. t. II. p. 7.

[2] Miltitz, a. a. O. t. I. p. 165.

[3] Miltitz, Manuel des consuls. t. I. p. 167.

[4] Heyd, Geschichte des Levantehandels im Mittelalter. Bd. II. S. 14; Depping, a. a. O. t. II. p. 12. 41. 335, nennt diese Konsuln consuls sur les navires. Solche Schiffs- und Reisekonsuln gab es auch in Aigues-mortes (auf Grund einer Ordonnanz Philipp III. vom Jahre 1279), ferner in Barcelona, wohl auch in den übrigen französischen und katalonischen Seestädten. Aus diesen Schiffskonsuln entwickelte sich offenbar das (hernach unten zu erwähnende) Institut der consules ultramarini.

[5] Miltitz, a. a. O. t. I. p. 169.

Ebenso gab es in Valencia Konsuln.[1]

Alle diese Konsulargerichte tragen jedoch — zum überwiegenden Teil wenigstens — den Charakter von Handelstribunalen. Als solche blieben sie fortbestehen, nachdem sie längst die Fremdenjurisdiktion nicht mehr ausübten.[2] Sie hatten wenig Gemeinsames mit den modernen Konsulartribunalen, gleichwohl legten sie den Grund zur Entwicklung unserer heutigen Konsularjurisdiktion. Ihre Brauchbarkeit, ihre den Bedürfnissen des Handelsverkehrs angepasste Rechtsprechung veranlasste die Verpflanzung dieser Handels-(Konsular-)Gerichte nach dem Orient.[3] Die Staaten und Städte des Mittelmeeres, vor allem die italienischen Republiken entsendeten in die Handelsplätze der levantinischen Gebiete Beamte zu ständigem Aufenthalt, die mit der Aufgabe betraut wurden, die Vorrechte und Interessen ihrer Nation zu wahren, Handel und Schiffahrt zu beschützen, Streitigkeiten unter ihren auf fremdem Territorium sich aufhaltenden Landsleuten zu entscheiden.

Diese Beamten wurden zum Unterschied von den Mitgliedern der Handelstribunale consules ultramarini, consuls d'outre mer genannt.[4] Sie sind die direkten Vorgänger der modernen Richter-Konsuln.

Zwar gab es zu Beginn des XIII. Jahrhunderts auch in den süd- und westeuropäischen Staaten consules ultramarini bezw. Behörden, welche mit den Jurisdiktionsbefugnissen der überseeischen Konsuln ausgestattet waren; so hatte die Stadt Marseille im Gebiet von Savoyen ihre Konsuln; Graf Thomas von Savoyen erkannte in einem Vertrage vom 8. November 1226 ausdrücklich die Gerichtsbarkeit der Marseiller Konsuln über ihre Mitbürger an; desgleichen bestätigte im Jahre 1259 Manfred von Savoyen den Konsuln von Genua die schon von den normannischen Fürsten

---

[1] Miltitz, a. a. O. t. I. p. 100.

[2] Durch die Rechtsprechung dieser Handelstribunale bildete sich allmählich ein Handels- und Seegewohnheitsrecht aus, dessen berühmteste Codificationen die Tabula Amalfitana, die Rôles d'Oléron und das Consulato del mare sind (s. Miltitz, a. a. O. t. I. p. 37. 48. 83). Das Consulato del mare (Consulado del mar) behandelt in seinen ersten 42 Kapiteln die Wahl der Richterkonsuln von Valencia und das Verfahren vor ihnen.

[3] Depping, Histoire du commerce entre le Levant et l'Europe. t. II. p. 21.

[4] Miltitz, Manuel des consuls. t. I. p. 6; Martens, Völkerrecht. Bd. II. S. 66 f.

zugestandene Civil- und Strafgerichtsbarkeit über die genuesischen Staatsangehörigen.[1] FERDINAND VON CASTILIEN gestattete im Jahre 1251 der Republik Genua für die in Sevilla ansässigen Genuesen Konsuln aufzustellen, welchen die Befugnis erteilt wurde, über alle Streitigkeiten zwischen ihren Landsleuten untereinander — mit Ausnahme der Kriminalverbrechen — Recht zu sprechen, ohne dass eine Apellation an die königlichen Gerichte zulässig sein sollte. Bei Streitfällen zwischen Genuesen und Bürgern von Sevilla sollten die genuesischen Konsuln ebenfalls Richter sein, jedoch hatten die Sevillaner das Recht, gegen die Entscheidungen der Konsuln Berufung an den königlichen Alcalden einzulegen.[2] JAKOB I. von Arragonien verlieh im Jahre 1266 der Stadtobrigkeit von Barcelona das Privileg, Konsuln in fremden Handelsplätzen zum Schutze der Handelsfaktoreien und Schiffe ihrer Stadt zu ernennen, ein Recht, das der Magistrat von Barcelona durch mehr als vier Jahrhunderte hindurch ausübte. Barcelonas Konsuln hatten polizeiliche und richterliche Gewalt nicht nur über ihre Mitbürger, sondern auch über alle Unterthanen des Königs von Arragonien, die in ihren Konsularbezirk kamen; zu Beginn des XV. Jahrhunderts war Barcelona durch 55 Konsuln mit festem Aufenthalt in überseeischen Plätzen vertreten.[3]

Die deutsche Hansa hatte keine Konsuln im modernen Sinn; jedoch übten die Aldermänner, welche den verschiedenen Faktoreien vorstanden, Konsularfunktionen (Jurisdiktions- und Polizeigewalt) aus.[4]

Eine besonders merkwürdige Einrichtung wurde durch das von EDUARD I. von England im Jahre 1302 unter dem Namen „Carta mercatoria" erlassene Gesetz geschaffen.[5] Dieses Gesetz enthielt die Bestimmung, dass in allen (— mit Ausnahme der wegen todeswürdiger Verbrechen —) von fremden Kaufleuten oder gegen sie in England anhängig gemachten Prozessen die Jury zur Hälfte aus fremden Kaufleuten, zur anderen Hälfte aus an dem Ort der Handelsniederlassung ansässigen, rechtschaffenen und den gesetzlichen Voraussetzungen entsprechenden Männern

---

1 NEUMANN, Handbuch des Konsulatswesens. S. 23.
2 DEPPING, a. a. O. t. II. p. 47.
3 NEUMANN, a. a. O. S. 23.
4 MILTITZ, a. a. O. t. I. p. 176, Anm. 1.
5 MILTITZ, a. a. O. t. I. p. 179; NEUMANN, a. a. O. S. 18.

(probis et legalibus hominibus) zusammengesetzt sein solle; also das erste Beispiel eines gemischten Gerichtshofs. Im Jahre 1404 erteilte HEINRICH IV. von England den in den Hansestädten, später auch in den übrigen Staaten des nördlichen Europas ansässigen englischen Kaufleuten das Recht, aus ihrer Mitte „gubernatores mercatorum" zu wählen, die in des Königs Namen die Jurisdiktion über ihre Landsleute ausüben sollten.[1] König RICHARD III. ernannte im Jahre 1482 den LORENZ STROZZI zum britischen Konsul und Richter über alle in Italien sich aufhaltenden englischen Unterthanen.[2] Endlich hatte auch Portugal den Engländern eine Spezialjurisdiktion zugestanden, die sich auf alle Rechtsfälle, welche englische Staatsangehörige betrafen, erstreckte. Sie wurde erst 1842 abgeschafft.[3]

Diese europäischen Konsularrichter und Konsulargerichtshöfe waren für die Entwicklung der Konsularjurisdiktion, so wie sie sich heute darstellt, von geringer Bedeutung. Sie vermochten der sich mehr und mehr ausbildenden Landeshoheit (Souveränität) gegenüber — die ja auch das Personalitätsprinzip des Mittelalters beseitigte — auf die Dauer keine Geltung zu verschaffen. Die wesentlich gleiche Kultur sowie die Ähnlichkeit der rechtlichen und sittlichen Begriffe bildeten die Basis der internationalen Gemeinschaft der europäisch-christlichen Staaten und machten das Bedürfnis nach Konsuln mit Richtergewalt hinfällig; den Konsuln blieb nur mehr die Wahrung der Handelsinteressen, ferner die Ausübung polizeilicher Befugnisse auf den Schiffen ihrer Nation sowie einzelne Akte der freiwilligen Gerichtsbarkeit.[4]

Anders dagegen im Orient. Hier wurde das Institut der consules ultramarini infolge der Kreuzzüge in hervorragendem Masse ausgebildet.

---

[1] NEUMANN, a. a O. S. 24.

[2] NEUMANN, a. u. O. S. 24. In dem Bestallungsdekret des Königs RICHARD heisst es: „Damus et concedimus dicto LAURENTIO STROZZI facultatem et potestatem, causas, quaestiones et controversias atque lites, quas inter ipsos subditos nostros in partibus moveri contigerit, audiendi, discutiendi, terminandi et diffiniendi summarie et de plano."

[3] BEACH-LAWRENCE, Commentaire sur WHEATON. t. IV. p. 2. Die Richter, welche diese Spezialjurisdiktion auszuüben hatten, wurden von dem englischen Residenten ernannt und von der englischen Regierung bestätigt.

[4] DEPPING, a. a. O. t. II. p. 21; MARTENS-SKERST. S. 48. 49; MIKONIOS, Les consuls en Orient etc. p. 29.

Die Kreuzzüge eröffneten neue Handelswege: nach Byzanz, nach den Reichen Palästinas, nach Ägypten. Die fränkischen Fürsten gestatteten den seefahrenden Staaten und Städten, deren Hilfe sie bei ihren Unternehmungen in der Levante, sei es durch Stellung von Transportfahrzeugen, Lieferung von Proviant oder auch durch Aufgebot von bewaffneter Macht, bedurften, die Anlegung von Handelsniederlassungen in den eroberten Gebieten. Diese Niederlassungen waren der Jurisdiktion des Landesherrscher entzogen, sie unterstanden ausschliesslich nicht nur der richterlichen, sondern auch der politischen Gewalt der von den Heimatstaaten ausgesandten Konsuln.[1] Letztere waren die Repräsentanten der Regierung ihres Heimatstaates, die Verteidiger der Interessen ihrer Mitbürger und deren Richter in Civil- wie Kriminalsachen. Die Jurisdiktions- und Administrativgewalt dieser Konsuln erstreckte sich übrigens nicht allein auf ihre Landsleute, sondern zuweilen auch auf die Schutzbefohlenen ihrer Regierung und sogar auf Einheimische.

Eine derartige Machtfülle besassen die in Süd- und Westeuropa residierenden consules ultramarini zu keiner Zeit.

Noch wichtiger wurde die Stellung der Konsuln im Orient, als die christliche Macht der Herrschaft der Mohammedaner weichen musste.[2] Der tiefgreifende Unterschied zwischen den Rechtsanschauungen und Formen der Rechtsgeschäfte der christlichen Bewohner des Abendlandes und der mohammedanischen Morgenländer allein schon erforderte die Existenz einer Behörde, welche die christlich-europäischen Rechtsgrundsätze im Verkehr zwischen Christen und Mohammedanern zur Geltung zu bringen geeignet war und zugleich die europäischen Interessen und Rechte gegenüber den mohammedanischen Gewalthabern in Schutz nehmen konnte. Und je sichtbarer der Gegensatz der religiösen, politischen und rechtlichen Begriffe und Interessen war, welcher die Christen von den Muselmännern trennte, je geringere Garantien die mohammedanischen Landesbehörden für eine unparteiische Rechtspflege boten, desto natürlicher war eine erfolgreiche Entwicklung der Konsulareinrichtungen. Fast bei jeder Regierungsänderung in den mohammedanischen Staaten machte sich die

---

[1] Martens-Skerst. S. 99 f.

[2] Martens-Skerst. S. 104.

Notwendigkeit geltend, die Rechte und Privilegien der Konsuln durch neue Anerkennung von Seiten der Landeshoheit sicher zu stellen.

Auf diese Weise kam es, dass nicht nur der diplomatische und politische Charakter der Konsuln in den mohammedanischen Ländern eine immer grössere Bedeutung erlangte, sondern auch ihre Jurisdiktionsgewalt an Ausdehnung zunahm. Derselbe Gegensatz zwischen christlicher und nichtchristlicher Rechtsanschauung veranlasste dann auch die Übertragung des Konsularinstituts und speziell der Konsularjurisdiktion in die übrigen mohammedanischen und heidnischen Länder des Orients (Maskat, Persien, Siam China, Japan).

Im Orient hat die Konsularjurisdiktion diejenige Gestalt angenommen, in der wir sie heute erblicken. Diese Entwicklung soll im Nachstehenden ihre Darstellung finden.

# Die Konsularjurisdiktion im Orient.

## Erste Periode.

Von den Kreuzzügen bis zur Eroberung Konstantinopels durch die Türken.

## Erstes Kapitel.

Die Konsulate in den Ländern unter christlicher Staatsgewalt.

### A. in Byzanz.

Die italienischen Seestädte, vorzüglich Amalfi, Venedig, Pisa und Genua, standen während des ganzen Mittelalters hindurch in fast ununterbrochenem Verkehr mit der Levante.[1] In erster Linie übte Konstantinopel mit seinem Reichtum und Luxus die Hauptanziehungskraft auf die italienischen Kaufleute aus, denn hier war der Mittelpunkt, wohin die Erzeugnisse dreier Weltteile strömten. Gleich wie später der türkische Sultan, so vereinigte auch der byzantinische Kaiser alle Gewalt des Staates in seiner Person. Bei dem dadurch bedingten despotischen Charakter der Regierung und den zahlreichen Thronumwälzungen konnte von einer geregelten gleichmässigen Rechtspflege — namentlich Ausländern gegenüber — keine Rede sein. Es war daher wohl begreiflich, wenn die italienischen Handelsrepubliken darnach strebten, ihre im byzantinischen Reiche sich aufhaltenden Staatsangehörigen der dortigen Gerichtsbarkeit zu entziehen und eigenen Konsuln zu unterstellen.

Die Handelsbeziehungen der italienischen Seestädte mit By-

---

[1] Heyd, Geschichte des Levantehandels im Mittelalter. Bd. I. S. 104f. Venedig und Amalfi standen ursprünglich in einem allerdings sehr losen Abhängigkeitsverhältnis zu Byzanz, hatten jedoch stets ihre eigene Regierung.

zanz reichen bis in den Anfang des IX. Jahrhunderts zurück.[1] Es ist jedoch nichts Näheres darüber bekannt, ob zu jener Zeit schon Konsuln im byzantinischen Reiche zugelassen waren.[2] Erst der im Jahre 1199 zwischen Venedig und Byzanz abgeschlossene Vertrag gibt Aufschluss über Rechte und Stellung des Vertreters der venezianischen Regierung in der venezianischen Handelsniederlassung zu Konstantinopel.[3] Dieser Vertreter, der an der Spitze der venezianischen Kolonie stand, führte nicht den Namen Konsul, sondern den Titel comes, vicecomes oder legatus; seine Funktionen waren aber genau dieselben, wie die eines Konsuls; er hatte die Interessen seiner Landsleute gegenüber der byzantinischen Regierung zu vertreten, er übte die Civil- und Kriminaljurisdiktion über die in Byzanz ansässigen Venezianer aus. Durch die Praxis scheint sich dann der Brauch ausgebildet zu haben, dass auch Klagen byzantinischer Unterthanen gegen Venezianer dem Richterspruche des comes unterbreitet wurden. Diese Praxis, eine Quelle fortwährender Streitigkeiten zwischen den venezianischen und byzantinischen Behörden, wurde in dem Vertrage von 1199 folgendermassen geregelt:[4]

War der Klaggegenstand eine Geldforderung, der Kläger Grieche und der Beklagte Venezianer, so war die Klage vor das Forum des venezianischen legatus zu bringen. Dieser entschied gemeinsam mit einem venezianischen Richterkollegium. Die getroffene Entscheidung war unanfechtbar. Im umgekehrten Falle, wenn der Kläger Venezianer, der Beklagte Grieche war, so wurde die (ebenfalls endgiltige) Entscheidung von dem cancellarius viae oder dem magnus logariasta — zwei der höchsten byzantinischen Würdenträger — gefällt. Die byzantinische Regierung verzichtete somit auf einen Teil der Jurisdiktionsgewalt über die eigenen Unterthanen, jedoch mussten der legatus und das venezianische Richterkollegium sich vor Antritt ihres Amtes dem cancellarius viae vorstellen und sodann in Gegenwart der venezianischen Kolonie

---

[1] Heyd, Geschichte des Levantehandels im Mittelalter. Bd. I. S. 111. 121. 132. Im Jahre 1082 wurde durch eine Goldbulle des Kaisers Alexius den Venezianern zum Dank für ihre gegen den Normannenherzog Robert Guiscard geleistete Hilfe volle Handelsfreiheit innerhalb des byzantinischen Reiches gewährt.

[2] Heyd, a. a. O. Bd. I. S. 282.

[3] Heyd, a. a. O. Bd. I. S. 284f.

[4] Tafel und Thomas, Urkunden zur ältern Handels- und Staatsgeschichte der Republik Venedig. I. 273 f; Martens-Skerst. S. 56f.

in einer griechischen Kirche den Eid leisten: gerecht und unparteilich ihres Amtes zu walten.

In Kriminalsachen galt ebenfalls der Grundsatz: actor sequitus forum rei. Eine Sonderbestimmung enthielt der Vertrag von 1199 für den Fall, dass zwischen Griechen und Venezianern ein Raufhandel stattgefunden, an dem Mehrere beteiligt und der mit Tötung einer Person geendet hatte; es sollte dann die Untersuchung durch den cancellarius viae oder einen Hofbeamten geführt werden; stellte sich heraus, dass der Verletzte Venezianer, der Angeschuldigte Grieche war, so sprach der cancellarius viae oder der magnus logariasta das Urteil. War dagegen ein Grieche, der nicht zu den höchsten Staatswürdenträgern gehörte, verletzt worden, so war der legatus mit seinem Richterkollegium zur Aburteilung des Verbrechers zuständig.

Aus den eben angeführten Bestimmungen dieses Vertrags ergiebt sich die Anerkennung der Exterritorialität der Ausländer im byzantinischen Reich und deren Eximierung von der einheimischen Gerichtsbarkeit; gleichzeitig ist aber auch das Bestreben beider Vertragsteile ersichtlich, für die „gemischten Prozesse“ Garantieen einer möglichst unparteiischen Rechtsprechung zu schaffen.

Durch den lateinischen Kreuzzug, der unter Führung des greisen Dogen Enrico Dandolo im Jahre 1204 mit der Eroberung Konstantinopels endete, war die Macht der Venezianer aufs höchste gestiegen.[1] Der venezianische Vertreter in Byzanz nahm jetzt den Titel podestà an; er hatte nicht nur die ausschliessliche Jurisdiktionsgewalt über den den Venezianern eingeräumten Teil Konstantinopels, sondern übte eine förmliche Territorialhoheit im Namen der Republik Venedig aus. Seine Machtvollkommenheit überschritt weit die Befugnisse eines Konsuls; er nahm die Stellung eines Generalgouverneurs oder Statthalters ein, denn er regierte gleichzeitig von Konstantinopel aus die den Venezianern abgetretenen Inseln und Länderteile des byzantinischen Reiches. Zur Seite stand ihm ein Verwaltungsrat und ein Kollegium von fünf Richtern mit Decisiv-Votum.[2]

Auch in den übrigen lateinisch-byzantinischen Gebieten be-

---

[1] Heyd, Geschichte des Levantehandels im Mittelalter. Bd. I. S. 317; Martens-Skerst. S. 58.

[2] Miltitz, Manuel des consuls. t. II. part. I. p. 23.

sassen die Venezianer auf dem Gebiete des Handels wie auf dem Gebiete einer von der Landeshoheit exempten Jurisdiktion derartige Vorzugsrechte, dass andere Staaten sich genötigt sahen, nicht mit der eigentlichen Landesregierung, sondern mit Venedig Verträge abzuschliessen, um auch fernerhin Beziehungen mit dem lateinisch-byzantinischen Reich unterhalten zu können. So wurde im Jahre 1228 durch einen Vertrag zwischen Venedig und Genua die Kompetenz in Rechtstreitigkeiten zwischen den im lateinischen Kaiserreich ansässigen Unterthanen beider Staaten geregelt.[1] In jedem Orte des lateinischen Reiches, wo venezianische und genuesische Gerichte existierten, sollte der Grundsatz: actor sequitur forum rei zur Anwendung kommen. In diesem und in dem Vertrag von 1251,[2] der die eben erwähnte Bestimmung wiederholte, werden die genuesischen Vertreter zu Byzanz consules, vicecomites oder rectores genannt.[3]

Mit dem Sturze des lateinischen Kaiserreichs und der Zurückführung der paläologischen Dynastie auf den Thron von Byzanz (im Jahre 1261) durch die Hilfe der Genuesen ging die bevorzugte Stellung Venedigs auf Genua über.[4] Der genuesische Konsul in Konstantinopel erhielt nunmehr den Titel podestà; ihm unterstanden alle übrigen genuesischen Konsuln im Gebiete des byzantinischen Reiches.[5] Der podestà vereinigte in sich die höchste richterliche und administrative Gewalt. Bei Ausübung derselben dienten ihm ausser dem in Genua geltenden Civil- und Kriminalrecht die von seiner Regierung für die Kolonie entworfenen Statuten sowie die zwischen Genua und Byzanz abgeschlossenen Verträge zur Richtschnur. Als Verwaltungsorgan stand ihm zur Seite ein grosser Rat (consiglio majore) von 24 Mitgliedern, der einen kleinen Rat (consiglio minore) von 6 Mitgliedern wählte. Der

---

[1] Martens-Skerst. S. 58. 59.

[2] Tafel und Thomas, Urkunden etc. II. 457. 461.

[3] Heyd, a. a. O. Bd. I. S. 323f. Der Herzog von Athen gewährte im Jahre 1240 den Genuesen ebenfalls Konsulargerichtsbarkeit, jedoch mit der Beschränkung, dass das Landestribunal über Mord, Diebstahl, Nothzucht zu erkennen und als Appellationsinstanz im Falle der Rechtsverweigerung durch den genuesischen Konsul zu fungieren habe.

[4] Heyd, a. a. O. Bd. I. S. 471 f.

[5] Der vollständige Titel des podestà lautete: Potestas Januensis in imperio Romaniae oder Potestas Januensium in Imperio Romaniae conversantium, auch vicarius pro Communi Januae in toto imperio Romaniae et mari majori. s. Heyd, a. a. O. Bd. I. S. 502 f; Martens-Skerst, S. 87. 92 f.

kleine Rat hatte in erster und letzter Instanz die Nationalität der genuesischen Bürger festzustellen, um unbefugter Anmassung dieser Nationalität und ihrer Vorrechte entgegenzutreten, anderseits auch um alle Kompetenzkonflikte mit den Konsularbehörden anderer Staaten sowie den byzantinischen Gerichten zu vermeiden.

Der podestà präsidierte dem Konsulargerichtshof (curia). Sein Stellvertreter war der vicarius curiae potestatis.

Gemäss dem Vertrage zu Nymphäum vom 14. März 1261 unterstanden der genuesischen Konsulargerichtsbarkeit:

1. alle Personen, die das Recht hatten, für Unterthanen der Republik Genua zu gelten, sogar die in byzantinischen Diensten stehenden Genuesen;

2. die Personen, die unter dem Protektorate Genuas standen (die Schutzbefohlenen, distrittuali);

3. mussten alle Klagen, welche Griechen gegen Genuesen erhoben, bei der genuesischen curia angebracht werden.

In den genuesischen Niederlassungen ausserhalb der Hauptstadt Byzanz übte der consul die Gerichtsbarkeit aus. Darüber, ob er Beisitzer zuziehen musste, ist nichts bekannt.

Die byzantinischen Gerichte waren nur in zwei Fällen zuständig:

1. wenn der podestà sich weigerte, einen Genuesen wegen eines Verbrechens zu bestrafen; in diesem Falle konnte gemäss den Verträgen von 1275, 1304, 1352, 1382 der byzantinische Kaiser die Strafverfolgung anordnen.

2. gemäss dem Grundsatze: actor sequitor forum rei: wenn ein Genuese gegen einen Griechen Klage stellte. Aber auch in diesem letztern Falle waren besondere Garantieen gegeben. Auf Verlangen des podestà hatte der Kaiser zwei byzantinische Geschwornenrichter (viros bonos et sapientes) zu ernennen, die nach den griechischen Gesetzen entscheiden sollten. Verzögerte sich die Untersuchung oder Urteilsfällung, oder ergaben sich Schwierigkeiten infolge der Sprachverschiedenheit, so konnte der podestà unmittelbar den Richterspruch des Kaisers anrufen. Der Kaiser oder dessen ordentliche Richter (sui officiales) entschieden dann endgiltig.

Zu erwähnen ist noch, dass der podestà (bezw. consul) die Beobachtung der heimatlichen Gesetze durch die genuesischen Bürger zu überwachen hatte; er war befugt, hierauf bezügliche

Polizeiverordnungen zu erlassen und Zuwiderhandlungen gegen dieselben mit Geldstrafen bis zu 1000 genuesischen Pfunden zu ahnden. Endlich lag dem podestà, unterstützt durch das in Konstantinopel bestehende, genuesische Handelsamt (officium mercanciae) die Wahrung der den Genuesen eingeräumten Handelsprivilegien ob; anderseits durfte er aber auch keinen Missbrauch dieser Privilegien seitens der genuesischen Unterthanen dulden, sondern hatte mit Strafen dagegen einzuschreiten.[1]

Obwohl die Venezianer durch die Genuesen aus ihrer einflussreichen Stellung in Byzanz verdrängt worden waren, — die Genuesen hatten sich in dem Vertrage von 1261 sogar ausbedungen, dass der byzantinische Kaiser sie immer für Freunde, die Venezianer dagegen als seine Feinde zu betrachten habe und deshalb mit letzteren ohne Zustimmung Genuas nicht Frieden schliessen dürfe, — so kam trotzdem bereits im Jahre 1265 ein Vertrag zwischen Byzanz und Venedig zu stande, demzufolge die Venezianer in Konstantinopel und Salonichi Konsuln halten durften.[2] Auch an anderen Orten wurde in späteren Verträgen die Errichtung venezianischer Konsulate zugestanden. Der venezianische Vertreter in Konstantinopel hatte — wie schon erwähnt — auf die Führung des Titels podestà verzichten müssen, er hiess fortan bailo; seine Ernennung erfolgte durch den consiglio majore in Venedig; ihm waren alle übrigen venezianischen Konsuln im byzantinischen Reiche untergeordnet. Nach den Bestimmungen der Verträge von 1265 und 1270 erstreckte sich die venezianische Konsulargerichtsbarkeit auf alle Civil- und Kriminalprozesse der Venezianer untereinander. Bezüglich der gemischten Prozesse galt wahrscheinlich, wie schon früher, der Grundsatz: actor sequitur forum rei, mit einer Ausnahme: hatte ein Venezianer in der Hauptstadt Byzanz einen Griechen getötet, so war das byzantinische Gericht zuständig; war dieses Delikt ausserhalb der Hauptstadt begangen, so hatte das venezianische Konsulargericht das Urteil zu sprechen. Die Auseinandersetzung der Verlassenschaft

---

[1] Miltitz, Manuel des consuls. t. II. part. I. p. 438.

[2] Martens-Skerst. S. 88. 95f.; Heyd, Geschichte des Levantehandels im Mittelalter. Bd. I. S. 476. 510; Miltitz, Manuel des consuls. t. II. part. I. p. 407. Die Verträge von 1265 und 1268 (1270?) sind abgedruckt bei Tafel und Thomas, Urkunden etc. III. S. 62 f. 92f. Der venezianische Konsul heisst in den Texten: Baiulus, Rector, Bailo, *Μπάϊλος*, *Μπαίουλος*, *Βαίουλος*, *Κόνσουλος*.

eines im byzantinischen Reiche verstorbenen Venezianers hatte der bailo vorzunehmen. Nur wenn an dem Sterbeorte weder ein bailo noch sonst ein Venezianer vorhanden war, durften sich die byzantinischen Behörden mit der Auseinandersetzung des Nachlasses befassen, hatten aber hierbei den Anweisungen der venezianischen Regierungsorgane Folge zu leisten. Merkwürdig war, dass der Jurisdiktionsgewalt des bailo auch die in Konstantinopel ansässigen Juden und Armenier unterworfen waren. Dieselben waren verpflichtet, dem bailo für erwiesenen Schutz und Beistand sehr beträchliche Geldsummen zu zahlen. Die byzantinischen Kaiser kämpften vergebens gegen diese Rechtsanmassung des venezianischen Vertreters an.[1]

Ausser Genua und Venedig hatten noch die Pisaner, Florentiner und Spanier Konsuln in Byzanz.[2]

Der Kaiser Michael Paläologus bestätigte im Jahre 1261 das althergekommene Recht der Pisaner, ein bestimmtes Quartier bewohnen zu dürfen und Civil- und Kriminaljurisdiktion eines eigenen Konsuls zu unterstehen.[3]

Florenz, auf das Pisas politische und commerziele Machtstellung überging,[4] trat in die Rechte Pisas ein, erwirkte sich aber erst im Jahre 1439 die Erlaubnis zu einer Niederlassung und zur Errichtung eines Konsulats in Konstantinopel.

Die Spanier (Catalonier) unterhielten bereits seit dem XIII. Jahrhundert Handelsbeziehungen mit Byzanz;[5] jedoch erst in den Verträgen von 1320, 1352 werden catalonische Konsuln erwähnt,[6] obwohl schon im Jahre 1290 Barcelona mit Kaiser Andronikus II. einen Handels- und Niederlassungsvertrag abgeschlossen hatte. Über Rechte und Befugnisse der catalonischen Konsuln sind keine Nachrichten erhalten.

Endlich ist noch bemerkenswert, dass im Jahre 1391 der türkische Herrscher Bajasid I. mit dem byzantinischen Kaiser ein Übereinkommen traf, demzufolge in Konstantinopel über alle

---

[1] Miltitz, Manuel des consuls. t. II. part. I. p. 25. 436.

[2] Martens-Skerst. S. 89f.

[3] Miltitz, a. a. O. t. II. part. I. p. 124; Heyd, a. a. O. Bd. I. S. 518.

[4] Heyd, a. a. O. Bd. I. S. 520.

[5] Heyd, a. a. O. Bd. I. S. 521f. nimmt als Zeitpunkt des Beginnes der catalonischen Handelsbeziehungen mit Byzanz das Ende des XIII. Jahrhunderts an, Martens-Skerst, S. 90 dagegen den Anfang des XIII. Jahrhunderts.

[6] Miltitz, Manuel des consuls. t. II. part. I. p. 263.

dort verweilenden Türken ein türkischer Kadi die ausschliessliche Jurisdiktionsgewalt besitzen sollte.[1]

Die übrigen Ausländer, deren Regierungen mit Byzanz in keinem Vertragsverhältnis standen, waren während ihres Aufenthalts im byzantinischen Reiche der Gerichtsbarkeit der Landestribunale unterworfen.

---

### B. Die Konsulate in Syrien, Palästina und Cypern.

1. Unter dem Schutze der Kreuzfahrer entstanden die ersten Konsulate in Asien. Wie schon oben dargelegt, stellten die Seestädte des mittelländischen Meeres, allen voran Venedig und Genua, ihre Flotten in den Dienst der Kreuzfahrer, sei es zur Überfahrt, sei es zur Aufrechterhaltung der Verbindung zwischen Europa und dem heiligen Lande. Zur Belohnung für die geleisteten Dienste, insbesondere auch für die Unterstützung im Kampfe mit den Sarazenen wurde diesen Staaten nach Gründung des Königreichs Jerusalem eine Reihe ausgedehnter Privilegien, wie Abgabenfreiheit, ausschliessliche Einräumung von Teilen der eroberten Städte und vor allem das Recht, ihre Unterthanen der Jurisdiktion eigener Richter zu unterstellen, gewährt.[2]

So erhielten die Venezianer für die bei der Eroberung von Sidon im Jahre 1110 geleistete Hilfe einen Teil der Stadt Accon,[3] im Jahre 1123 für die Unterstützung bei der Einnahme von Tyrus den dritten Teil dieser Stadt, sowie selbständige Jurisdiktion über ihre Staatsangehörigen eingeräumt.[4]

---

[1] Depping, Histoire du commerce entre le Levant et l'Europe, t. II, p. 210. Hier möge noch die interessante Thatsache Erwähnung finden, dass während der kurzen Herrschaft der Venezianer in Thessalonich (1426—1430) ein türkischer Richter in dieser Stadt seinen Sitz hatte. Er war zuständig zur Schlichtung von Zahlungsprocessen zwischen Türken untereinander, welche sich in Thessalonich aufhielten. Die Aburteilung türkischer Verbrecher blieb jedoch den venezianischen Rectoren vorbehalten. Diese türkische Sonderjurisdiktion hatte sich Sultan Murad II. in einem Vertrage mit Venedig vom 20. April 1426 ausdrücklich ausbedungen, ein Zugeständnis, welches das allmähliche Sinken der venezianischen Macht im Orient deutlich bewies. 1430 wurde Thessalonich von den Türken erobert (s. Heyd, Geschichte des Levantehandels im Mittelalter, Bd. II, S. 280).

[2] Heyd, Geschichte des Levantehandels im Mittelalter. Bd. I. S. 150.

[3] Miltitz, Manuel des consuls. t. II. part. I. p. 27.

[4] Depping, Histoire du commerce entre le Levant et l'Europe. t. II. p. 30. Den Vertrag von 1123 s. bei Tafel und Thomas, Urkunden etc. I. S. 79. 84 f.

Im Jahre 1157 eximierte der König von Jerusalem die Pisaner von der Gerichtsbarkeit der Feudalherren Palästinas durch das Verbot, sich in die Angelegenheiten pisanischer Staatsangehöriger zu mischen;[1] im Jahre 1170 wurde ihnen die Errichtung von Konsulaten mit Jurisdiktion in Antiochia und Tripolis gestattet.[2]

Der Marquis von Montferrat, Herrscher von Tyrus, erteilte im Jahre 1187 der Stadt Marseille das Privileg, einen Konsul mit Richtergewalt über die Marseiller Staatsangehörigen in Tyrus zu halten.[3] Derselben Stadt erlaubte Gui de Lusignac im Jahre 1190 zu Accon einen Konsul zu ernennen.[4] Dieser Konsul musste jedoch dem König von Jerusalem den Eid der Treue leisten; er hatte Recht zu sprechen in allen Civil- und Kriminalsachen, an welchen Marseiller Bürger aktiv oder passiv beteiligt waren, mit der Ausnahme, dass die Aburteilung der Verbrechen des Diebstahls, des Mordes und Totschlages, des Verrats, der Falschmünzerei, der Notzucht den Landestribunalen vorbehalten blieb.

Die Genuesen hatten in Antiochia einen Richterkonsul.[5]

Was die innere Einrichtung der Konsulate in Syrien und Palästina anlangt, so besitzen wir über die italienischen Konsulate die meisten Nachrichten.

Die italienischen Niederlassungen in den Städten Palästinas und Syriens führten den Namen „Communen". Das Haupt einer jeden Commune wurde von der Regierung des Heimatstaates ernannt; so ernannte den venezianischen Repräsentanten der Doge von Venedig. Die Vertreter der Genuesen, Pisaner, auch der Franzosen hiessen Konsuln, der venezianische Vertreter dagegen führte den Titel bailo. Dem bailo stand gewöhnlich noch zur Seite ein visconte (eine Art Vicekonsul).[6] Im XIII. Jahr-

---

[1] Martens-Skerst. S. 63. Heyd, a. a. O. Bd. I. S. 175 nimmt das Jahr 1156 an.

[2] Depping, a. a. O. t. II. p. 20.

[3] Depping, a. a. O. t. II. p. 25.

[4] Depping, a. a. O. t. II. p. 26.

[5] Martens-Skerst, a. a. O. S. 63.

[6] Ursprünglich führten die Vertreter aller Nationen den Titel vicecomes, analog den vicecomites des Königreichs Jerusalem und der Feudalstaaten; letztere vicecomites (vicomtes) waren oberste Verwaltungsbeamte und zugleich Präsidenten der Geschwornengerichte (cour des bourgeois). Als König Balduin IV. den Pisanern eigene Gerichtsbarkeit zu Tyrus (1156) einräumte, geschah dies in

hundert standen an der Spitze aller genuesischen Niederlassungen in Syrien zwei Konsule mit dem Titel: „consules et vicecomites Januensium in Syria". Den italienischen Konsuln waren gewöhnlich eine Anzahl Räte, welche aus dem Heimatstaat abgeordnet wurden, beigegeben. Nach den Gesetzen Pisas musste im Konsular-Ratskollegium ein Jurist und ein Kaufmann vertreten sein. In aussergewöhnlichen Fällen, zur Beratung besonders wichtiger Angelegenheiten, hatte der Konsul einen Rat aus den im Orte anwesenden Landsleuten zu berufen (i collegi di consiglieri). Die Venezianer hatten zwei solcher Räte, das consilium maius und minus.[1]

Die Wirksamkeit der Konsuln erstreckte sich auf die selbständige Verwaltung aller Angelegenheiten der Niederlassung, auf die Wahrung der öffentlichen Ordnung und Sicherheit in den ihrer Obhut anvertrauten Stadtbezirken. Ihre wichtigste Pflicht jedoch war, den Vorsitz im Konsulargericht zu führen. Gemäss der von der Landesregierung zugestandenen selbständigen Jurisdiktionsgewalt wurden in den verschiedenen Quartieren Konsulargerichte (curiae) errichtet.[2] Diesen curiae unterstanden nicht nur die eigenen Landsleute, sondern auch alle Fremden, die sich in dem betreffenden Konsularbezirk angesiedelt hatten. So waren gemäss dem Vertrage vom Jahre 1123 die Hebräer und Syrier, die sich in einem den Venezianern eingeräumten Bezirke niedergelassen, der Jurisdiktion des venezianischen Konsulargerichts unterworfen.

Vorsitzender des Konsulargerichts war, wie erwähnt, der consul (bailo) oder auch der vicecomes, Mitglieder Geschwornen-Richter, entsprechend dem Vorbilde, das die Organisation der Landestribunale[3] bot.

---

Form der Verleihung des Vicekomitats. Erst 23 Jahre später wird der pisanische Vertreter in Accon consul genannt.

Dass Venedig schon 1117 einen bailo in Syrien gehabt hätte, ist unrichtig; 1183 wird zum ersten Male ein venezianischer vicecomes mit Namen angeführt, 1217 ist dann die Rede von einem bailo. (s. Heyd, Geschichte des Levantehandels im Mittelalter Bd. I. S. 175 f. S. 365 bis 367.)

[1] Martens-Skerst. S. 63. 64.

[2] Heyd, a. a. O. Bd. I. S. 176.

[3] Auf Grund des unter Balduin I. erlassenen Codex: „Assisses de Jérusalem" waren in Syrien und Palästina zweierlei Gerichtshöfe errichtet worden:

a) Cour de commerce dans la fonde (fonde = fundus, fundicus, fondaco, Faktorei, also etwa Faktoreihandelsgericht), zuständig für alle Civil- und Handelssachen

Im allgemeinen war das Konsulargericht für Civil- und Kriminalsachen zuständig, nur die Immobiliarstreitigkeiten, sowie die Verfolgung der schwersten Verbrechen, welche mit Verstümmelung oder Todesstrafe bedroht waren, blieben den Landestribunalen vorbehalten.[1] Die Konsulargerichte durften lediglich Freiheits- oder Geldstrafen verhängen. Dies war ausdrücklich in allen Verträgen, durch die eine Konsulargerichtsbarkeit zugestanden wurde, festgesetzt. Zuweilen wurden jedoch die Konsulargerichte mit der Voruntersuchung solcher schweren, ausserhalb ihrer Kompetenz liegenden Verbrechen beauftragt oder sie erhielten die Vollziehung des Urteils überwiesen.

Nur die Venezianer leiteten daraus, dass im Vertrage von 1123 keine Beschränkung zu Gunsten der Landestribunale getroffen war, für ihre Konsulargerichte das Recht ab, auch auf Todesstrafe erkennen zu dürfen.

In Civilsachen war übrigens das venezianische Konsulargericht nur für Klagen von Venezianern untereinander kompetent.[2]

War eine der Konsularjurisdiktion nicht unterworfene Person Beklagter, so musste die Klage vor dem Landestribunale angestrengt werden.

Auf dem Gebiete der freiwilligen Gerichtsbarkeit durften

---

zwischen Christen, Juden, Armeniern, Sarazenen und Einheimischen, bestehend aus 1 Präsidenten und 6 Richtern (2 Christen, 4 Syriern);

b) Cour de Bourgeois für Kriminalsachen, gebildet aus 1 Vicomte als Präsident und 12 Geschwornen. (s. Heyd, a. a. O. Bd. II. S. 175. 176; Martens-Skerst. S. 64.

[1] Vor die Landestribunale gehörten nach den Bestimmungen der Assisses de Jérusalem ausschliesslich ohne Rücksicht auf die Nationalität des Angeschuldigten:

1. coup apparent (schwere Körperverletzung),
2. murtre (Mord und Totschlag),
3. larecin (Raub),
4. trayson (Hochverrat),
5. herezerie (Ketzerei).

Alle Civilsachen, welche sich auf in Palästina gelegene Immobilien bezogen, wie vente de terre, de vigne, de jardin, de casau, gehörten ebenfalls, ohne Rücksicht auf die Nationalität der Streitsteile, vor die Landestribunale, Urkunden (s. Tafel und Thomas. etc. I. S. 79.)

[2] s. den Vertrag von 1123 (Pactum Warmundi):

„Verum si Veneticus super quemlibet alium hominem quam Veneticum clamorem fecerit, in curia regis emendetur." (Tafel und Thomas, Urkunden etc. I. S. 87.) s. a. Depping, Histoire du commerce entre le Levant et l'Europe. t. II. p. 24; Martens-Skerst. S. 66.

vor den Konsulargerichten nur Verträge über Mobilien abgeschlossen und beurkundet werden, Immobiliarverträge unterlagen der Kompetenz der Landestribunale, so weit nicht zufolge besonderer Privilegien Ausnahmen stattfanden.

Da den Konsuln auch die Wahrung der Handels- und Schiffahrtsangelegenheiten oblag, so hatten sie demgemäss alle Streitigkeiten zwischen den Kapitänen, der Schiffsmannschaft und den Passagieren auf Schiffen ihrer Nation zu entscheiden. Den Genuesen war diese Seejurisdiktion im Vertrage von 1195 ausdrücklich zugestanden worden.[1] Der inländische Gerichtshof für Schiffahrtsangelegenheiten (cour de la chaine) war nur kompetent, wenn es sich um Eingeborene oder Angehörige eines Landes handelte, das nicht durch Konsuln vertreten war.[2]

2. Auf Cypern hatten die Könige aus dem Hause Lusignan den Konsuln der italienischen Republiken ähnliche Jurisdiktionsbefugnisse wie in Syrien und Palästina gewährt.[3]

Die pisanischen Konsuln übten die Gerichtsbarkeit über ihre Landsleute in allen Civil- und Kriminalsachen aus, mit alleiniger Ausnahme der Kapitalverbrechen. Zur Vollstreckung von Freiheitsstrafen konnten sie sich der königlichen Gefängnisse bedienen.[4]

Die Genuesen durften auch alle schweren Verbrechen aburteilen, mussten jedoch den Strafvollzug den königlichen Behörden überlassen.[5]

Die Venezianer besassen seit 1306 Richterkonsuln auf Cypern.

---

[1] Martens-Skerst. S. 67.

[2] Heyd, a. a. O. Bd. I. S. 371.

Die Bezeichnung cour de la chaine, curia catenae rührt davon her, dass diese Gerichte vornehmlich in den Hafenorten errichtet worden sind. chaine, catena ist die Kette, welche zur Sperrung des Hafens dient, und ist im übertragenen Sinne für Hafenplatz gebraucht, ebenso wie in dem noch heute gebräuchlichen Ausdruck „Les échelles du Levant“ das Wort échelles (die Staffeln der Schiffstreppe zum Anlanden im Hafen) gleichfalls für Hafenort oder Platz gesetzt ist.

[3] Heyd, Geschichte des Levantehandels im Mittelalter. Bd. II. S. 5 f.

[4] Seit 1291 war es den Pisanern gestattet, in allen Städten des Königreichs Cypern Konsulate zu errichten.

[5] Die zwischen Genua und Cypern abgeschlossenen Verträge datieren aus den Jahren 1218, 1229, 1232, 1292. Auch die Genuesen, die in ein Lehensverhältnis zu dem König von Cypern traten, verblieben unter der Jurisdiktion des genuesischen Konsuls; der König von Cypern konnte ihnen nur die Nutzniessung des Lehens entziehen. (s. Martens-Skerst. S. 68 f.)

Durch die Verträge von 1328 und 1360 wurde die ursprünglich innerhalb der Grenzen der Assises de Jérusalem beschränkte Jurisdiktion der venezianischen Konsuln erweitert.[1]

Im XIV. Jahrhundert finden sich auch catalonische Konsuln (von Barcelona), deren Amtsbezirk sich auf Syrien und Cypern erstreckte.[2]

Konsuln von Marseille gab es auf Cypern bereits seit Ende des XII. Jahrhunderts;[3] ebenso war Montpellier durch Konsuln in Famagusta vertreten.[4]

---

### C. Die Konsulate in Armenien und in den Ländern am schwarzen Meer.

1. Die italienischen Seestädte unterhielten mit Armenien, so lange es unter christlicher Herrschaft stand, beständige Handelsbeziehungen.

Im Jahre 1201 wurde den Genuesen volle Konsularjurisdiktion zugestanden, die jedoch im Jahre 1215 dahin eingeschränkt wurde, dass Verbrechen des Diebstahls, Mordes und Totschlags den Landesbehörden zur Aburteilung überwiesen wurden. An der Spitze der genuesischen Niederlassungen stand ursprünglich ein vicecomes, vom Jahre 1279 ab ein consul.[5] Im Vertrage von 1288 ist auch die Rede von Sachverständigen (boni homines), welche verpflichtet waren, die Nationalität der nach Armenien kommenden Genuesen festzustellen.[6]

Die Venezianer durften seit 1271 einen bailo ernennen, der zur Entscheidung aller zwischen Venezianern untereinander anhängigen Civilprozesse zuständig war, dagegen blieb die Kriminaljurisdiktion den Landestribunalen ausschliesslich gewahrt.[7]

---

[1] Die Aburteilung der Kapitalverbrechen behielt sich der König vor, ebenso blieb das Recht des Fiskus an dem Nachlasse ohne Erben Verstorbener bestehen. (s. Heyd, a. a. O. Bd. II. S. 6 f.; Thomas, Diplomatarium Ven.-Lev. S. 212.)

[2] Miltitz, a. a. O. t. II. part. I. p. 224. 257; Martens-Skerst. S. 70; Heyd, a. a. O. Bd. II. S. 4. 15.

[3] Miltitz, a. a. O. t. II. part. I. p. 183; Martens-Skerst. S. 70.

[4] Heyd, a. a. O. Bd. II. S. 14.

[5] Miltitz, a. a. O. t. II. part. I. p. 98; Heyd, a. a. O. Bd. I. S. 407.

[6] Heyd, a. a. O. Bd. II. S. 87; Martens-Skerst. S. 71.

[7] Heyd, a. a. O. Bd. II. S. 86. Den Vertrag von 1271 s. bei Tafel und Thomas, Urkunden etc. III. S. 115. 117.

2. Eines der wichtigsten Handelsemporien im Mittelalter war Trapezunt. Diese Stadt war eine Station des grossen Warenzugs von Ost nach West.[1] Ihre Bedeutung hob sich noch, als sie im XIII. Jahrhundert die Hauptstadt des von den Komnenen gegründeten, unabhängigen Kaiserreichs Trapezunt wurde. Genua und Venedig erwirkten sich das Recht, in Trapezunt Konsulate mit eigener Jurisdiktion zu errichten.[2] Der Kaiser von Trapezunt versprach ausdrücklich, sich aller Einmischung in die Angelegenheiten der Genuesen zu enthalten.

3. Im Königreich Bulgarien hatten Genuesen und Venezianer im XIV. Jahrhundert die Befugnis zur Einsetzung eigener Konsuln mit voller Jurisdiktionsgewalt über ihre Staatsangehörigen eingeräumt erhalten.[3] In dem zwischen Genua und Bulgarien geschlossenen Vertrag aus dem Jahre 1317 verpflichtete sich der bulgarische Herrscher, von jeder Einmengung in Prozesse der Genuesen unter einander abzustehen, vielmehr den Konsuln jeden gewünschten Beistand angedeihen zu lassen.

Dieselben Vorteile wurden den Venezianern durch den Vertrag vom Jahre 1352 zugesichert und ferner noch bestimmt, dass der Nachlass eines verstorbenen Venezianers vom venezianischen Konsul oder einem venezianischen Staatsangehörigen in Verwahrung genommen und verwaltet werden, die Erbfolge sich nach venezianischem Gesetz regeln sollte.

In beiden Verträgen war das Prinzip der individuellen Verantwortlichkeit besonders betont. Vorher hatten die bulgarischen Machthaber (ähnlich wie die mohammedanischen) für das Verschulden eines Genuesen oder Venezianers stets die betreffende, gesamte Kolonialgemeinde haftbar gemacht und sich die willkürlichsten Erpressungen erlaubt; jetzt wurde festgesetzt, dass kein Genuese (bezw. Venezianer) für das Vergehen oder die Schulden eines andern zur Verantwortung gezogen werden könnte. Der

---

[1] Heyd, a. a. O. Bd. II. S. 95.

[2] Heyd, a. a. O. Bd. II. S. 100 ff. u. S. 185. Dem genuesischen wie dem venezianischen Konsul waren zwei Ratskollegien zur Unterstützung seiner administrativen und richterlichen Thätigkeit beigegeben. Bei den Genuesen hatte der engere Rat 6, der weitere 12 Mitglieder, welche aus den Bürgern der Kolonialgemeinde genommen wurden.

Martens-Skerst. S. 73. 82. 84; den Vertrag zwischen Venedig und Trapezunt vom Jahre 1319 s. Thomas, Dipl. Ven.-Lev. S. 122.

[3] Heyd, a. a. O. Bd. I. S. 579 ff. Martens-Skerst. S. 85 ff.

genuesische Vertrag enthielt noch die weitere Bestimmung, dass nur nach Leistung eines Eides ein Bulgare gegen einen Genuesen Zeugnis ablegen dürfe.

4. Ein Hauptziel der venezianischen und genuesischen Handelsbestrebungen war die Krim.[1] Schon im XIV. Jahrhundert, zur Zeit als die Tataren die taurische Halbinsel eroberten, fanden sich dort italienische Handelsniederlassungen. Im Jahre 1333 schlossen die Venezianer einen Vertrag mit dem Tataren-Chan Usbeck, demzufolge der venezianische Konsul in Tana Civil- und Kriminaljurisdiktion über seine Landsleute auszuüben ermächtigt wurde.[2] In gemischten Prozessen — wenn Venezianer und Einheimische beteiligt waren — entschied der Konsul gemeinsam mit den tatarischen Oberbeamten (cum dominis terrae).[3] Später (seit dem Vertrage von 1456) wurde die Regel: actor sequitur forum rei zur Anwendung gebracht.[4]

Eine ganz hervorragende Machtstellung nahm Genua in der Krim ein.[5] Seine Handelsniederlassungen wurden im Laufe des XIV. und XV. Jahrhunderts genuesische Pflanzstädte, Kolonieen im eigentlichen Sinne des Wortes; die Herrschaft der Tataren wurde nahezu völlig zurückgedrängt, ihre Territorialhoheit war nur mehr ein Schatten. Die Vertreter Genuas in den occupierten Gebieten waren nicht Konsuln im modernen Sinne, sondern Gouverneure der einzelnen Kolonien. Der genuesische Repräsentant in Kaffa, dem alle übrigen Vertreter untergeordnet waren, nahm die Stellung eines Generalgouverneurs oder Statthalters ein, obgleich er den Titel Console di tutta la Gazaria oder di tutto il mare Nero führte; er vereinigte alle Civil-, Militär- und politische Gewalt (innerhalb der Instruktionen seiner Regierung)[6] in sich;

---

[1] Heyd, a. a. O. Bd. II. S. 158 ff. Martens-Skerst. S. 74 ff.

[2] Heyd, a. a. O. Bd. II. S. 184 und 186. Dem Konsul standen zwei Ratskollegien zur Seite. Derselbe wählte sie aus der Zahl der in der venezianischen Kolonie ansässigen Nobili, waren keine oder nicht die nötige Anzahl vorhanden, so führte der Konsul allein die Verwaltung gemäss der ihm aus der Heimatstadt zukommenden Instruktionen.

[3] In dem Vertrag von 1333 heisst es: „Item, si cum hominibus istius contrate Veneti habeant verba vel questiones, cum dominis terre consul similiter (simul) sedentes examinet, et diffiniant, nec capiant unum pro alio.“ (s. Thomas, Diplom. Ven.-Lev. S. 243. Heyd, a. a. O. Bd. II. S. 184.)

[4] Martens-Skerst. S 76.

[5] Heyd, a. a. O. Bd. II. S. 173; Martens-Skerst. S. 75 ff.

[6] Die genuesische Republik hatte für ihre Besitzungen in der Krim (Gazaria)

er durfte Verträge abschliessen und sogar Konsuln ernennen. Das sogenannte Konsulat von Kaffa war eine Kolonialregierung; seine Einrichtung ist daher hier nicht weiter zu erörtern.

Die bisher dargestellte Entwicklung des Konsularwesens hat gezeigt, welch hervorragende Bedeutung diesem Institut zu der Zeit zukam, wo der grösste Teil der Levante noch unter christlicher Herrschaft stand. Das Bestreben der Staaten, ihre Unterthanen vor allen Eingriffen des Auslandes zu bewahren, ihnen auch im Auslande den Rechtsschutz der Heimat angedeihen zu lassen, führte zur Ausbildung der Konsularjurisdiktion und der dadurch bedingten Einschränkung der Landeshoheit. Gleichzeitig tritt der politische und diplomatische Charakter der Konsuln mehr und mehr in den Vordergrund. In noch höherem Grade gelangt dies zur Geltung bei der Errichtung von Konsulaten in den mohammedanischen Ländern. Infolge der — bereits oben dargelegten — durchgreifenden Verschiedenheit der Grundlagen des staatlichen und socialen Lebens bei Christen und Muselmännern mussten die christlichen Staaten bei Anknüpfung von Beziehungen mit den mohammedanischen Reichen vor allem auf strenge Durchführung des Personalprinzips: eigenes Recht, eigene Richter, dringen.

## Zweites Kapitel.

### Die Konsulate in den Ländern unter mohammedanischer Herrschaft.

#### I. Bedeutung und Inhalt der Kapitulationen.

Die Quelle des öffentlichen und Privatrechts, des Civil- wie Kriminalrechts bei den Mohammedanern ist der Koran, denn er ist nicht nur das religiöse Gesetzbuch der Muselmänner, sondern bildet auch die Richtschnur für die Politik und das Rechtsleben der Mohammedaner.[1]

ein eigenes Kolonialamt zu Genua geschaffen: das officium Gazariae. Dasselbe hatte den Konsul in Kaffa zu ernennen und dessen Thätigkeit, sowie überhaupt die politischen und merkantilen Angelegenheiten der Kolonieen in der Krim zu überwachen. (Martens-Skerst. S. 77 ff. Miltitz, Manuel des consuls. t. II. part. I. p. 103 ff.)

[1] Nach dem Ausspruch des arabischen Philosophen und Rechtsgelehrten Ibn Chaldun besteht die Rechtswissenschaft in der Kenntnis der göttlichen Vorschriften, die alle menschlichen Handlungen regeln, wie sie im Buche Gottes (Koran) und der Tradition (Sunna, Sounnet, Sonnah) niedergelegt sind. (s. Mar-

Ein Hauptgrundsatz des Koran ist schonungsloser Krieg gegen alle, die Nichtanhänger des Islams sind: Bekehrung und Unterwerfung der Ungläubigen oder Vernichtung derselben.

Nach diesem Grundsatz könnte nun ein dauernder friedlicher Verkehr mit den Ungläubigen nicht bestehen; alle etwaigen Friedensverträge wären nur Privilegien, die die Gnade des Beherrschers der Gläubigen den Ungläubigen erteilt; sie hätten daher keine bindende Kraft für die Anhänger Mohammeds und könnten jederzeit wieder einseitig aufgehoben werden.

Der Lehre des Koran entsprechend war das erste Zusammentreffen der Christen und Mohammedaner ein durchaus feindliches. Auf die Dauer konnte jedoch das feindselige Verhalten der Mohammedaner nicht fortbestehen. Nach der ersten Eroberungsperiode der Muselmänner machte sich bei ihnen mit der Erkenntnis der Wichtigkeit des Handels für den Wohlstand und das Gedeihen eines Landes die Notwendigkeit geltend, wenigstens zeitweise in friedliche Beziehungen mit den Ungläubigen zu treten. Die Erwägung der eigenen Vorteile veranlasste die Mohammedaner — ungeachtet der Vorschriften des Korans — einen friedlichen Verkehr mit den Christen anzubahnen.

So kamen denn zwischen den christlichen und mohammedanischen Staaten zahlreiche Handelsverträge zu stande. Sie wurden alle nur auf sehr kurze Dauer (2 bis 10 Jahre) geschlossen, so dass ein solcher Vertrag mehr einem Waffenstillstand zwischen Christen und Mohammedanern ähnlich war. Diese Ähnlichkeit gelangte auch durch die äussere Form dieser Verträge zum Ausdruck: sie waren gewissermassen Concessionen, Privilegien, die die mohammedanischen Machthaber den Christen auf deren Bitten erteilten.

Die in diesen Traktaten anerkannten Grundsätze regeln auch heute noch die Beziehungen zwischen den christlichen Staaten und den Mohammedanern und bilden die Grundlage des ganzen Konsularrechts; sie wiederholen sich in den Verträgen, welche die Türken nach der Unterwerfung der sarazenischen Reiche und nach der Eroberung Konstantinopels mit den christlichen Staaten Europas abgeschlossen. Dieselben Prinzipien wurden auch mass-

---

TENS-SKERST. S. 104 ff. MIKONIOS, Les Consuls en Orient. p. 30. LISZT, Strafgesetzgebung der Gegenwart. Bd. I. S. 693. 718. E. SACHAU, Muhammedanisches Recht nach schafiitischer Lehre. [Stuttgart u. Berlin 1897.] S. VII.)

gebend für die mit den nichtmohammedanischen, heidnischen Staaten Asiens vereinbarten Verträge; denn auch hier bestand die gleiche Verschiedenheit zwischen Christen und Nichtchristen: in Kultur und Bildung, in religiösen wie rechtlichen Anschauungen.

Die Verträge der christlichen Staaten mit den mohammedanischen sind unter dem Namen: Kapitulationen[1] bekannt; sie unterscheiden sich von den internationalen Verträgen durch ihre äussere Form, wie oben erwähnt. Über die Bedeutung des Namens „Kapitulationen" existieren verschiedene Ansichten. Nach der einen Ansicht[2] rührt der Name von der Art und Weise her, wie die diplomatischen Unterhandlungen zwischen Christen und Mohammedanern geführt wurden. Die von beiden Seiten Bevollmächtigten fertigten für ihre Sitzungen Entwürfe des abzuschliessenden Vertrags an. Diese Entwürfe bestanden aus einer Reihe von einzelnen Artikeln (capitula).[3] Kam dann eine Vereinbarung zu stande, so wurden die vereinbarten Artikel zu einem Ganzen zusammengestellt und als Vertrag niedergeschrieben, der nach der Ratifikation den Namen Kapitulation erhielt.[4]

Nach einer andern Ansicht[5] ist der Name Kapitulation eine Übersetzung des arabischen Wortes „sulh" d. i.: Waffenstillstand, zeitweilige Aufhebung des Kriegszustandes, der nach dem Koran zwischen Gläubigen und Ungläubigen bestehen muss. Das Wort „Kapitulation" hätte demnach die im Völkerrecht allgemein übliche Bedeutung: Vereinbarung, Abmachung zwischen den Führern feindlicher Heere.

Die Vertragsnatur der Kapitulationen ist freilich bestritten. Es wird behauptet, die Kapitulationen seien ihrer äussern Form

---

[1] Eine kurze und sehr einleuchtende Erörterung über den Ursprung der Kapitulationen findet sich bei Laget, Essai sur la condition juridique des Français en Égypte. p. 18—29.

[2] s. Martens-Skerst. S. 107. Anm. 1. Mas Latrie, Traités de paix et de commerce et documents divers concernant les relations des Chrétiens avec les Arabes etc. Introduction historique. p. 275. 276.

[3] vgl. die Instruktion des Königs Jakob II. von Arragonien an seinen Gesandten Wilhelm Ulomar vom Jahre 1313 betr. den Abschluss einer Kapitulation mit Tunis. Hier enthält bereits die Instruktion die einzelnen Kapitel. s. Mas Latrie, Traités etc. Supplément p. 51.

[4] vgl. den Wortlaut und die Form der ägyptisch-venezianischen Kapitulation vom Jahre 1238. Mas Latrie, Traités etc. Documents p. 73.

[5] s. Antonopoulos, a. a. O. S. 100.

entsprechend einseitige Concessionen, Privilegien oder Exemtionen, die nur aus reiner Liberalität seitens der mohammedanischen Machthaber zugestanden und daher für diese nur so lange, als es ihnen gutdünkt, bindend seien.[1] Richtig ist, dass mit Ausnahme der Kapitulation von 1535, (die in der Form eines gegenseitige Zusicherungen enthaltenden Vertrages abgefasst ist), fast alle übrigen Kapitulationen bis zum Jahre 1740 sich weder ihrem Wesen noch ihrem Charakter nach als zweiseitige Rechtsgeschäfte darstellen; sie gleichen vielmehr Regierungsverordnungen der mohammedanischen Herrscher, Befehlen an die muselmännischen Verwaltungsorgane, wie sie sich in den die Christen betreffenden Angelegenheiten verhalten sollten.[2] Demnach sind sie nicht als Ausfluss reiner Vergünstigung zu betrachten. Ihre Bestimmungen wurden von beiden Teilen, Christen und Mohammedanern, gemeinschaftlich beraten und festgesetzt. Weiter sind in den Verträgen des XVIII. und XIX. Jahrhunderts, die auch ihrer Form nach sich als internationale Verträge darstellen, die Bestimmungen der Kapitulationen insgesamt aufgenommen und bestätigt.[3] Die türkischen Herrscher selbst haben eine einseitige Abänderung der Kapitulationen nie vorgenommen. In der auf dem Pariser Kongress vom Jahre 1856 abgegebenen Erklärung des türkischen Bevollmächtigten ist die Rede von den Privilegien, die in den Kapi-

---

[1] FLASSAN, Histoire de la diplomatie française. t. II. p. 171. FÉRAUD-GIRAUD, De la Juridiction française dans les Échelles du Levant et de Barbarie. t. I. p. 88[1]). Der türkische Ausdruck für Kapitulation ist: „adhnamé" grossherrlicher Gnadenbrief. s. a. BEACH-LAWRENCE, Commentaire sur Wheaton. t. IV. p. 124; ferner LAMBA, De l'évolution de la condition juridique des Européens en Égypte. p. 12.

[2] ANTONOPOULOS, a. a. O. S. 101; vgl. insbesondere die Kapitulation zwischen Ägypten und Florenz vom Jahre 1481 bei AMARI, Dipl. arab. p. 363; der Schlusssatz jedes Artikels dieser Kapitulation enthält den Befehl an den sarazenischen Statthalter, die zu Gunsten der Florentiner erlassenen Vorschriften in Vollzug zu setzen und zu beobachten.

[3] PRADIER-FODÉRÉ sagt:

„..... les traités internationaux sout venus s'appuyer sur les capitulations, rappeler les privilèges qu'elles conféraient et se les annexer. Les puissances étrangères transformèrent ainsi en contrats les concessions que la Turquie leur avait accordées temporairement.

La substitution du traité à la concession gracieuse dépouilla cette dernière de son caractère révocable et se fut de la sorte que la Porte Ottomane se trouva liée synallagmatiquement vis à vis des États européens." (Revue de droit international. 1869. t. I. p. 118.)

tulationen enthalten sind, ohne dass diese selbst als Privilegien bezeichnet werden. Und auch heute noch ist sich die türkische Regierung wohlbewusst, dass eine Einschränkung oder Aufhebung der Kapitulationen ohne Zustimmung der Mächte nicht möglich ist. De facto — wenn auch nicht immer de iure — haben die mohammedanischen Staaten den beide Teile bindenden Vertragscharakter der Kapitulationen allezeit anerkannt. Es sind daher die Kapitulationen hinsichtlich ihrer Autorität und Verbindlichkeit den übrigen internationalen Staatsverträgen völlig gleich zu achten.[1]

Ehe auf die Geschichte der einzelnen Kapitulationen eingegangen wird, soll zunächst in kurzen Umrissen eine Darstellung der wichtigsten, immer wiederkehrenden Grundsätze, wie sie in den Kapitulationen enthalten sind, gegeben werden.[2]

1. Grundlage jeder Kapitulation ist die Gewährung von Garantieen für Freiheit der Person und Sicherheit des Eigentums. Den Christen wurde von den mohammedanischen Machthabern Unantastbarkeit ihrer Person und ihres Gutes zu Lande wie zur See zugesichert. Ausschreitungen gegen die Christen sollten bestraft, Schadensersatz durch den Vorstand der mohammedanischen Zollbehörde beigetrieben werden. Die Anlage von Faktoreien (fundicus, fondaco) und innerhalb der Faktoreien von Kirchen, Friedhöfen etc. auf mohammedanischem Stadt- oder Hafengebiet wurde ebenfalls gestattet.[3]

---

[1] ANTONOPOULOS, Über die Exterritorialität der Ausländer in der Türkei. S. 101; LAGET, Essai sur la condition juridique des Français en Égypte. p. 25.

[2] MAS LATRIE, Traités de paix et de commerce etc., Introduct. hist. p. 84 et suiv; MARTENS-SKERST, S. 148—176 und die in den Anmerkungen hiezu aufgeführten Kapitulationen.

[3] Ein Eigentumsrecht an den fondachi hatten die christlichen Kaufleute nicht, dieselben wurden ihnen vom Zollamt zur Verfügung gestellt und auf Kosten der mohammedanischen Regierung eingerichtet. s. HEYD, a. a. O. Bd. II. S. 430. 431; MARTENS, S. 158 nimmt an, dass sogar die Kirchen auf Kosten der Mohammedaner erbaut worden seien.

Die Christen ihrerseits hatten alles zu vermeiden, was die religiösen Gefühle der Mohammedaner beleidigen konnte. MARTENS-SKERST. S. 168.

An der Spitze jedes fondaco stand ein Verwalter (fundicarius), der dem Konsul untergeordnet war. Die Entscheidung darüber, wer im fondaco wohnen durfte, sowie die Handhabung der Polizei oblag dem Konsul. Die sarazenischen Behörden durften nur im Benehmen mit dem Konsul Haussuchungen im fondaco halten. Der Konsul selbst residierte in einem fondaco. HEYD, a. a. O. B. I. S. 452. II. S. 431; MAS LATRIE, a. a. O. Intr. hist. p. 91.

Eine äusserst wichtige Bestimmung war, dass niemand für fremde Schuld haften solle. Wenn ein Christ einen Sarazenen geschädigt oder verletzt hatte, so durfte nur der Schuldige zur Verantwortung gezogen werden.[1] Gegen dieses Prinzip der individuellen Verantwortlichkeit wurde von den Mohammedanern fortwährend verstossen; so oft sich Gelegenheit bot, wurden Christen oder deren Konsuln ins Gefängnis geworfen, ihr Vermögen konfisziert.

Das Strandrecht wurde aufgehoben;[2] die Uferbewohner sollten sich an der Rettung der Schiffbrüchigen beteiligen, die Güter bergen und bis zur Ablieferung an die Eigentümer aufbewahren. In Wirklichkeit haben aber weder die mohammedanischen noch die christlichen Strandbewohner sich des Strandraubs enthalten.

Das Heimfallsrecht (droit d'aubaine) wurde ebenfalls beseitigt und zwar schon im XIII. Jahrhundert, zu einer Zeit, wo es in den christlichen Staaten Europas noch vielfach bestand.[3] Den Nachlass eines verstorbenen Christen sollte dessen Konsul oder sonst ein Landsmann in Verwahrung und Verwaltung nehmen bis zur Verteilung unter die Erben. War an dem Orte, wo der Fremde verstorben, weder ein Konsul noch ein Angehöriger desselben Staates vorhanden, so sollten die mohammedanischen Lokalbehörden, in erster Linie der Vorstand des Zollamtes, die Rechte der Erben wahren.

2. Den Angehörigen der christlichen Vertragsstaaten wurde Exterritorialität gewährt. Vertretung durch Konsuln und Konsularjurisdiktion wurde von den mohammedanischen Machthabern zugestanden.

Der Konsul war Repräsentant der Regierung seines Staates und Haupt seiner Landsleute, über die er richterliche und administrative Gewalt ausübte. Seiner ausschliesslichen Zuständigkeit unterlagen alle Civil- und Kriminalprozesse, an denen ledig-

---

[1] Mas Latrie, a. a. O. Introd. hist. p. 92. Auch wenn Korsaren des vertragschliessenden, christlichen Staates die Mohammedaner geschädigt hätten, sollten keine Repressalien gegenüber den andern Unterthanen dieses Staates ausgeübt werden; s. die Kapit. zwischen Venedig und Tunis von 1231 Art. 15; 1251 Art. 18; 1392 Art. 21; bei Mas Latrie, Traités de paix et de commerce. Doc. p. 198. 201. 235.

[2] Mas Latrie, a. a. O. Introd. hist. p. 97.

[3] Ders. p. 93.

lich Angehörige seines Staates beteiligt waren. Bezüglich der gemischten Prozesse galt im allgemeinen der Grundsatz: actor sequitur forum rei. Der Kläger hatte vor dem Konsul des Beklagten Recht zu nehmen. Es gab jedoch auch Ausnahmen;[1] an Orten, wo kein Konsul des Beklagten residierte, entschied in Streitsachen zwischen Christen und Sarazenen, ja mitunter auch bei Streitigkeiten zwischen Christen verschiedener Nationen der Zollamtsvorstand oder der Gouverneur oder der Festungskommandant der Sarazenen, ebenso bei Rechtsverweigerung durch den Konsul.[2] In allen übrigen Fällen, wo der Beklagte Sarazene war, war der Zollamtsvorstand als Richter kompetent.

Die Verlassenschaftsverhandlungen verstorbener Christen waren durch den betreffenden Konsul zu pflegen; Erbrecht und Erbfolge bestimmten sich nach den nationalen Gesetzen oder dem Testamente des Verstorbenen.[3] Jede Einmischung in diese Angelegenheiten seitens der mohammedanischen Behörden war verboten, nur wenn ein Unterthan eines christlichen Staates an einem Platze starb, wo sich weder ein Konsul noch sonstige Angehörige seines Staates befanden, hatte der Zollamtsvorstand den Nachlass in Verwahrung zu nehmen und den Erben oder Gläubigern des Verstorbenen auszuhändigen.[4]

Die Durchsuchung einer Faktorei oder eines christlichen Schiffes nach einem Verbrecher oder nach Contrebande durfte vom mohammedanischen Zollamtsvorsteher nur unter Zuziehung des Konsuls oder eines von diesem Bevollmächtigten bethätigt werden.[5]

---

[1] vgl. die Kapitulation zwischen Pisa und Marokko von 1358; Mas Latrie, a. a. O. Introd. hist. p. 86. Doc. p. 68; Martens Skerst. S. 153.

[2] s. Art. 3 der Kapit. zwischen Venedig und Tunis von 1305; Art. 5 der Kap. zwischen Genua und Tunis von 1433; bei Mas Latrie, a. a. O. Doc. p. 212. 135.

[3] Martens-Skerst. S. 151. 162.

[4] Martens-Skerst. S. 157.

[5] Martens-Skerst. S. 157. 170.

Im Hinblick auf die Jurisdiktions- und Polizeigewalt der Konsuln ist hier noch die wichtige und einflussreiche Stellung des mohammedanischen Zollamtsvorstands zu erörtern. Dieser Beamte (dominus dugane, provisor dugane, alcaïtus dugane) war (neben dem Konsul) der Träger und Beschützer aller Beziehungen zwischen Christen und eingebornen Muhammedanern. Abgesehen von seiner Thätigkeit in Zollangelegenheiten hatte er die Hafenpolizei unter sich und übte zugleich richterliche Funktionen aus. Wie bereits gezeigt, war er Richter:

Weiter wurde dem Konsul das Recht der Unverantwortlichkeit für Handlungen seiner Landsleute zugesichert.[1] In Wirklichkeit wurde aber trotz der feierlichsten Versprechungen — namentlich in Ägypten — keine Bestimmung der Kapitulationen so sehr verletzt, wie diese. Der ägyptische Sultan betrachtete die Konsuln der Abendländer gewissermassen als Geiseln, die er zur Verantwortung und Strafe ziehen konnte, sobald ihre Nation sich Feindseligkeiten gegen Ägypten zu schulden kommen liess.[2]

Endlich hatte der Konsul das Recht des unmittelbaren Zutrittes zum Sultan oder Emir bezw. deren Vertreter, Gouverneure oder Statthalter. In der Regel durfte der Konsul ein- oder zweimal im Monat um Audienz nachsuchen. Bei dem Zusammenhalten der mehr oder minder korrupten mohammedanischen Beamtenschaft war dieses Recht von besonderer Bedeutung, namentlich wenn es sich um Beschwerden über Erpressungen oder Betrügerein handelte.[3] Die Reise zum Sultan durfte von den Lokalbehörden nicht gehindert werden, im Gegenteil sie mussten dem Konsul hiebei jede Förderung angedeihen lassen und für seine persönliche Sicherheit durch Beigebung eines Kawassen (nuntius, ductor) sorgen.[4]

Die ägyptischen Herrscher gewährten den Konsuln eine jährliche Dotation von 200 Dukaten.[5]

---

a) in Prozessen, in denen ein Sarazene der Beklagte war,

b) in Streitsachen zwischen Christen verschiedener Nationen (jedoch nicht immer, mitunter galt: actor sequitur forum rei),

c) in Sachen, wo der Konsul die Entscheidung ablehnte oder verweigerte.

Er war weiter Exekutionsorgan gegenüber den Muselmännern, die Christen geschädigt hatten und trotz Verurteilung Schadensersatz nicht leisteten Ebenso konnte er die Erfüllung von Verträgen erzwingen, die Christen verschiedener Nationen vor ihm auf dem Zollamte geschlossen hatten.

Seine Thätigkeit als Verlassenschaftsbeamter an Orten, wo kein Konsul war, ist soeben erwähnt worden.

Endlich hatte er die Autorität der Konsuln — selbst deren Landsleuten gegenüber — aufrecht zu erhalten und zu unterstützen. (s. Mas Latrie, Traités de paix et de commerce etc. Introd. hist. p. 187. 188.

[1] Martens-Skerst. S. 153.

[2] Heyd, Geschichte des Levantehandels etc. Bd. II. S. 455.

[3] Mas Latrie, Traités de paix et de commerce. Introd. hist. p. 87. Martens-Skerst. S. 154. 155. Heyd, a. a. O. Bd. II. S. 435. 436.

[4]) u. [5]) Heyd, a. a. O. Bd. II. S. 454.

An dieser Stelle sei noch erwähnt, dass jedem Konsul ein Sekretär (scriba)

3. Einen wesentlichen Inhalt der Kapitulationen bilden — wie ja ganz natürlich, da sie hauptsächlich wegen des Handelsverkehrs abgeschlossen wurden — die Bestimmungen über die Förderung der Handelsbeziehungen.

Der Handel war im allgemeinen vollkommen freigegeben.[1] Die christlichen Kaufleute waren zwar auf bestimmte Häfen beschränkt,[2] sie durften aber die mitgebrachten Waren (nach Zahlung des Zolles) frei verkaufen oder wieder zurückführen; niemand konnte gezwungen werden, sein Eigentum zu veräussern. Ein Vorkaufsrecht (droit de préemption) durften die mohammedanischen Herrscher in der Regel nicht ausüben.[3] Ebenso war den christlichen Kaufleuten freigestellt, alle Landesprodukte zu kaufen und auszuführen, so weit nicht gegenteilige Abmachungen in den Kapitulationen enthalten waren. Monopole waren ausdrücklich verboten.[4]

Das Beschlagnahmerecht (arrêt de prince) wurde geregelt und eingeschränkt. Es war dies das Recht des Landesherrschers,

---

zur Seite stand, der ebenfalls von der Regierung ernannt wurde. Diesem oblag:

a) die Abfassung aller Notariatsurkunden,

b) die Erhebung der Gebühren für die Benutzung der öffentlichen Magazine, Warenhäuser etc.,

c) die Prüfung der durch die mohammedanischen Zollbehörden bestimmten Zollansätze.

(s. Heyd, a. a. O. Bd. II. S. 454; Martens-Skerst. S. 156. 165.)

Die Araber hatten keine Konsuln in den christlichen Ländern. Die sich dort aufhaltenden Angehörigen der muselmännischen Staaten standen unter dem Schutze der Regierung des Aufenthaltsortes. In der zwischen Tunis und Florenz abgeschlossenen Kapitulation von 1445 wird die florentinische Republik für die Sicherheit der Person und des Eigentums aller auf florentinischen Schiffen reisenden Tunisier verantwortlich gemacht. (s. Mas Latrie, a. a. O. Intr. hist. p. 115.)

[1] Martens-Skerst. S. 150.

[2] Ders. S. 167. Diese Beschränkung hatte teils in finanziellen Erwägungen — wegen der Zollämter — teils in politischen — aus Furcht vor einem Überfall durch allzu zahlreich im Lande verstreute Christen — ihren Grund. Mas Latrie, Traités de paix etc. Introd. hist. p. 102 ist der Ansicht, dass lediglich die Erleichterung der Zollüberwachung und Zolleinhebung zu dieser Massregel Veranlassung gab.

[3] Martens-Skerst. S. 171; Heyd, a. a. O. Bd. I. S. 454; Mas Latrie, a. a. O. Intr. hist. p. 112. Für Gegenstände, die der Landesherr beanspruchte, wurde nicht nur entsprechende Bezahlung, sondern auch zollfreie Einfuhr gewährt.

[4] Martens-Skerst. S. 150; Mas Latrie, a. a. O. Intr. hist. p. 113.

fremde in seinen Häfen befindliche Schiffe — auch wider Willen der Eigentümer — zurückzuhalten und sie für öffentliche Zwecke, sei es zum Transport von Kriegsmaterial oder zur Fortschaffung der Einkünfte aus den landesherrlichen Domänen, oder von Naturalabgaben, Kontributionen etc. zu verwenden. Bei dem Mangel der Sarazenen an tüchtigen Seeleuten und Schiffen kam eine solche Beschlagnahme sehr oft vor. Die Kapitulationen setzten nun fest, dass nur der dritte Teil aller im Hafen ankernden Schiffe einer bestimmten Nation für die Dienste des Herrschers gegen entsprechendes Entgelt requiriert werden könnte. Die Konsuln hatten darüber zu wachen, dass das arrêt de prince nicht missbraucht würde; sie bezeichneten und sonderten die einzelnen Schiffe aus, welche auf Requisition gestellt werden sollten.[1]

Endlich verpflichteten sich Christen wie Mohammedaner gegenseitig, der Seeräuberei nach Kräften zu steuern. Die Korsaren sollten in den Häfen der Kontrahenten keine Unterkunft finden; im Falle ihrer Gefangennahme sollten sie mit dem Tode bestraft, ihr Vermögen zu Gunsten der Geplünderten konfisziert werden. Das Verbot der Piraterie war aber gänzlich illusorisch. Der Handel im mittelländischen Meere litt bis ins XIX. Jahrhundert herein unter den Verwüstungen christlicher und mohammedanischer Seeräuber.[2]

---

II. Dies ist der wesentliche Inhalt der in der Zeit vor Eroberung Konstantinopels geschlossenen Kapitulationen. Von diesen Kapitulationen im einzelnen und den auf Grund derselben errichteten Konsulaten soll im nachstehenden die Rede sein.

## A. Die Konsulate in Ägypten.

Ägypten war von altersher infolge seiner vorteilhaften geographischen Lage, seinem ausgezeichneten Klima und seiner Fruchtbarkeit das Ziel der merkantilen Thätigkeit der europäischen und asiatischen Völker.[3] Es war — wie heute wieder nach Durch-

---

[1] Martens-Skerst. S. 171; Mas Latrie, a. a. O. Introd. hist. p. 113.

[2] Martens-Skerst. S. 163; Heyd, a. a. O. s. das Register unter „Seeräuberei".

[3] Heyd, Geschichte des Levantehandels im Mittelalter. Bd. I. S 417. Wilhelm von Tyrus nennt Alexandria „forum publicum utrique orbi".

stechung der Landenge von Suez — der kürzeste Transitweg von Indien und China nach Europa, insbesondere nach den Häfen des mittelländischen Meeres. Auch nach der Eroberung Ägyptens durch die Araber und sogar während der Kreuzzüge hörten die Beziehungen mit den seefahrenden Handelsvölkern Südeuropas nie auf, da die Araber, wenngleich selbst keine hervorragenden Seefahrer, die Vorteile eines regen Handelsverkehrs mit den Staaten Südeuropas wohl erkannten. Die kriegerischsten und den Kreuzfahrern am feindseligsten gesinnten Sultane kamen gleichwohl den handeltreibenden Christen wohlwollend entgegen und dies um so mehr, wenn sie Schiffsbauholz, Pech, Theer, Metalle, Waffen u. dgl. brachten. Vergebens verboten Konzilien und Päpste, ja sogar einzelne Seestaaten selber (wie Genua 1151, Venedig 1226, 1254, König JAYME I. von Arragonien der Stadt Montpellier 1231, Barcelona 1276) den Handel mit dieser Kriegscontrebande unter harten Strafen, — die Bürger der Seestädte kümmerten sich nicht darum, der Gewinn war zu verlockend, auch wurden ihre Regierungen auf die Dauer sehr lässig mit strafendem Einschreiten oder spielten gar eine zweideutige Rolle wie die Republik Pisa, welche das Verbot in ihr Statut aufnahm, ihre Kaufleute aber mit Rücksicht auf die zu Pisa blühende Eisen- und Stahlmanufaktur nicht verhinderte, gerade einen besonders schwungvollen Handel mit Kriegscontrebande nach Ägypten zu betreiben.[1]

Die erste[2] Kapitulation mit Ägypten schloss Pisa im Jahre 1154 ab.[3] Sie gewährte den Pisanern das Recht des Handels in

---

[1] Die Päpste ALEXANDER III., NIKOLAUS IV., BONIFAZIUS VIII., BENEDIKT XI. drohten den Bann an ohne Ausnahme für jeden Handelsverkehr mit Ägypten. Der grosse Rat in Venedig wies 1254 seine Konsuln an, alle nach Ägypten eingeführten Waffen zu konfiszieren. (s. MAS LATRIE, Traité de paix et de commerce etc. Supplément p. 1.) Ägypten war die Seele des Widerstandes gegen die Kreuzfahrer; letztere richteten daher mehrere Unternehmungen direkt gegen dieses Land, z. B. die Erstürmung von Damiette 1219. (s. DEPPING, Histoire du commerce entre le Levant et l'Europe. t. II. p. 171. 172. 186; HEYD, a. a. O. Bd. 1. S. 426. 427. II. S. 27.)

[2] Die ersten Kapitulationen überhaupt wurden 1133 zwischen Marokko und Pisa (Text nicht völlig erhalten), 1149 zwischen Pisa und dem mohammedanischen Herrscher von Valencia abgeschlossen (letztere s. bei AMARI, Dipl. arab. p. 239).

[3] MARTENS-SKERST. S. 110f.

Die Kapitulationen von 1154, 1155, 1173, 1215 sind bei AMARI, Dipl. arab.

Alexandria, Freiheit der Person, Unverletzlichkeit des Eigentums, eigene Konsuln und eigene Gerichtsbarkeit; auch das Prinzip der individuellen Verantwortlichkeit — niemand soll für die Schuld eines andern haften — findet sich darin ausgesprochen. Diese Kapitulation wurde 1155 erneuert und 1173 von Sultan SALADIN bestätigt; zugleich wurde den Pisanern der Besitz einer Faktorei und Kirche zu Alexandria gestattet. Durch eine weitere Kapitulation von 1215 erhielten sie für den Fall der Verletzung oder Schädigung durch einen ägyptischen Unterthan das Beschwerderecht an den höchsten mohammedanischen Beamten (Emir) in Alexandria und bei verweigerter Genugthuung an den Sultan selbst eingeräumt.[1]

Zu Anfang des XIII. Jahrhunderts trat auch Venedig mit Ägypten in näheren freundschaftlichen Verkehr.[2] Durch die Kapitulationen von 1238, 1254, 1302[3] wurde allen Venezianern Freiheit der Person und Unantastbarkeit des Vermögens garantiert. Kein Venezianer sollte für Schulden oder Vergehen eines anderen, auch nicht für einen durch venezianische Korsaren angerichteten Schaden einstehen, nur der Schuldige zur Rechenschaft gezogen werden (s. c. 6, 7 der Kap. von 1238; c. 7, 13 der Kap. von 1254; c. 32 der Kap. von 1302). Das Strandrecht wurde für venezianische Güter beseitigt (c. 12/1238; c. 3/1254; c. 15, 16/1302), der Besitz zweier Faktoreien zu Alexandria eingeräumt, (c. 15/1254).

Die Vermittlung der politischen wie rechtlichen Beziehungen zwischen den Landesbehörden und den venezianischen Staatsangehörigen sollte durch ihren Konsul erfolgen. Wenn ein Christ oder Mohammedaner gegen einen Venezianer Klage erheben wollte, so musste er sie vor das Forum des venezianischen Konsuls bringen (c. 9/1238, c. 21/1254), nur wenn es sich um ein Kapitalverbrechen handelte, hatte der sarazenische Statthalter (Emir, mirus) das Urteil zu fällen (c. 22/1302). Für Klagen gegen

---

p. 241 und 246. 250. 257. 285 abgedruckt. Nur die Kap. von 1215 hat die übliche Kapitelform, die vorhergehenden sind als reine Privilegienbriefe abgefasst.

[1] Späterhin werden noch pisanische Konsuln zu Alexandria und Damiette in dem Pisaner Kommunalstatut (Breve Pisani communis) von 1286 erwähnt. (s. HEYD, a. a. O. Bd. I. S. 455.)

[2] MARTENS-SKERST. S. 115.

[3] MAS LATRIE, Traités de paix et commerce etc. Supplément p. 72. 77. 82.

Mohammedaner waren die Landesbehörden (der Statthalter) zuständig, jedoch hatten die Venezianer das Recht, sich direkt an den Sultan zu wenden, vorausgesetzt, dass der venezianische Konsul die Sache für geeignet hielt,[1] um sie vor den Thron des Herrschers zu bringen. In einem solchen Falle hatte der mohammedanische Richter (cadhy) dem Beschwerdeführer einen Kawassen (ductor) und ein Begleitschreiben mitzugeben (c. 16/1238; c. 22/1254; c. 12/1302). Entstand über einen auf dem Zollamt vor dem Zollamtsvorstand abgeschlossenen Kaufvertrag Streit, so sollte der Kadi entscheiden, war aber beim Kaufabschluss auch der Konsul zugegen, so hatte er die Entscheidung zu treffen (c. 21, 34/1302).

In Civil- und Kriminalprozessen der Venezianer untereinander war der Konsul ursprünglich ausschliesslicher Richter (c. 21/1254). Durch die Kapitulation von 1302 (c. 22) wurde seine Kriminaljurisdiktion dahin eingeschränkt, dass alle todeswürdigen Verbrechen, auch wenn sie von Venezianern an Venezianern begangen worden, der Aburteilung durch den Statthalter (Emir) des Sultans unterliegen sollten.[2] Den Nachlass in Ägypten ver-

[1] s. a. Depping, Histoire du commerce etc. t. II. p. 117.

Die Beschwerdeführung an den Sultan unterlag der Prüfung und Genehmigung durch den Konsul; der Kadi hatte damit nichts zu schaffen, er hatte lediglich für sicheres Geleit des Beschwerdeführers zu sorgen. Eine „Ermächtigung" durch den Kadi zum Beschwerdeführen, wie Martens-Skerst, S. 116 annimmt, hätte das ganze Beschwerderecht illusorisch gemacht.

[2] Martens-Skerst, S. 117 behauptet, dass die Einschränkung der Kriminaljurisdiktion des venezianischen Konsuls erst durch die Kapitulation von 1344 erfolgt sei. Dies ist nicht richtig, eben so wenig die weiteren Schlussfolgerungen, der venezianische Konsul sei anfänglich berechtigt gewesen, nicht nur über Venezianer, sondern auch über christliche Unterthanen des ägyptischen Sultans die Todesstrafe zu verhängen und zu vollziehen; die Einschränkung seiner Kriminaljurisdiktion betreffe daher nur das Recht, Kapitalverbrechen christlicher Unterthanen des Sultans abzuurteilen. Für diese Ansicht finden sich weder in den früheren, noch späteren venezianisch-ägyptischen Kapitulationen Anhaltspunkte. Der klare Wortlaut der Kapitulationen ergibt nur, dass zuerst in gemischten wie nicht gemischten Kriminalprozessen der venezianische Konsul auch alle Kapitalverbrechen, welche von Venezianern an Sarazenen oder an Christen gleich viel welcher Nation begangen worden, aburteilen durfte, hernach aber ihm diese Befugnis zu Gunsten der Landesjurisdiktion entzogen wurde. (s. c. 22 der Kap. v. 1302; c. 24 der Kap. v. 1355.) Es ist auch ganz natürlich, wenn die Territorialgewalt sich ihr höchstes und weittragendstes Recht: den Blutbann vorbehält und die Verhängung wie den Vollzug der Todesstrafe über Einheimische und Fremde den heimischen Gerichten zuweist. Ein solcher Vorbehalt findet sich nicht nur in den Kapitulationen von Syrien,

storbener Venezianer sowie Strandgüter von venezianischen Schiffen hatte der Konsul gleichfalls in Verwahrung zu nehmen (c. 8/1238; c. 14/1254; c. 16/1302).[1]

Diese Privilegien der Venezianer wurden durch die späteren Kapitulationen von 1344,[2] 1355,[3] 1361, 1374, 1388[4] aufrecht erhalten. In der Kapitulation von 1344 erlaubte der Sultan Ismail die Ernennung venezianischer Konsuln nicht nur für Alexandria, sondern auch in allen anderen Orten Ägyptens. Gemäss c. 14 der Kapitulation von 1355 hatte der Emir von Alexandria dem venezianischen Konsul oder den venezianischen Kaufleuten, welche sich über erlittenes Unrecht beim Sultan beschweren wollten, freies und sicheres Geleit zu verschaffen oder, wenn der Beschwerdeführer nicht persönlich die Reise an den Hof des Sultans machen wollte, für die sichere Überbringung der Beschwerdeschrift durch einen besonderen Boten zu sorgen.[5]

Als im Jahre 1517 die Türken Ägypten erobert hatten, bestätigten sie auf Verlangen Venedigs die mit den ägyptischen Sultanen geschlossenen Kapitulationen.[6]

Weniger ausgedehnt war der Verkehr zwischen Genua und Ägypten. In sehr spärlichen Nachrichten aus dem Jahre 1204 finden sich einige Anhaltspunkte, dass es genuesische Konsuln in

---

Palästina, Cypern (s. o.), sondern auch in den ersten türkisch-christlichen Verträgen (s. u. die Kapitulationen von 1528, 1535).

Vgl. noch den Wortlaut von c. 22 der Kap. v. 1302: „Item, quod consul Venetie facere debeat racionem inter eos. Et etiam si aliquis peteret aliquid alicui Veneto, quaestio diffiniatur per eundem consulem, excepto de sanguine, de quo debeat diffiniri per mirum.“ c. 24 der Kap. von 1355: „Item quod consul Venetorum debeat facere et tenere rationem suis Venetis, salvo quod non possit se intromittere in sanguine.“

[1] Befand sich am Sterbeorte oder am Strandungsorte kein Konsul oder sonst ein Venezianer, so waren die Nachlass- bezw. Strandgüter durch die Lokalbehörden in die Residenz des Sultans überzuführen, der sie bis zur Reklamation durch den Konsul oder die Berechtigten aufbewahren liess. (s. c. 18 und 19 d. Kap. von 1355.)

[2] Der Originaltext dieser Kapitulation ist nicht erhalten; Mas Latrie, a. a. O. Suppl. p. 88 n. 3 und Heyd, a. a. O. Bd. II. S. 49. 51 nehmen an, dass die Kap. von 1344 mit der von 1355 gleichlautend sei.

[3] Mas Latrie, a. a. O. Suppl. p. 88.

[4] Mas Latrie, a. a. O. Suppl. p. 93; Martens-Skerst. S. 118; Heyd, a. a. O. Bd. II. S. 51.

[5] Heyd, a. a. O. Bd I. S. 453. II. S. 454.

[6] Martens-Skerst. S. 118.

Alexandria gab.[1] Aber erst im Jahre 1290 wurde, um gegenseitigen Kapereien ein Ende zu machen, eine Kapitulation von Seiten des ägyptischen Sultans mit Genua vereinbart,[2] der zufolge Person und Eigentum der Genuesen für unantastbar erklärt, ferner der Besitz eines fondaco bewilligt wurde. Für die Civil- und Kriminalprozesse der Genuesen untereinander war der genuesische Konsul in Alexandria zuständig, hinsichtlich der Prozesse zwischen Genuesen und Sarazenen galt das Prinzip: actor sequitur forum rei.[3] In gleicher Weise, wie der venezianische Vertreter, hatte auch der genuesische Konsul das Beschwerderecht an den Sultan.[4] Die Landesbehörden waren angewiesen, jeden Genuesen, der es wagen sollte, sich der Gerichtsbarkeit seines Konsuls zu entziehen oder sich demselben zu widersetzen, — festzunehmen und dem Konsul zu überantworten.[5]

Die Kapitulation von 1290 ist die ausführlichste vor 1453, sie blieb auch die einzige, welche die Beziehungen zwischen Genua und Ägypten regelte.

Im Jahre 1422 trat Florenz (nach Unterwerfung von Pisa und infolge des dadurch ermöglichten Zutrittes zum Meere) in direkte Handelsbeziehungen mit Ägypten. Da sich die Florentiner als Rechtsnachfolger der Pisaner betrachteten, so wurden ihnen auf ihr Verlangen dieselben Rechte zugestanden, wie sie die Pisaner, Genuesen und Venezianer hatten, insbesondere die Errichtung eines Konsulats in Alexandria und eigene Konsularjurisdiktion.[6]

---

[1] Heyd, a. a. O. Bd. I. S. 456.

[2] Heyd, a. a. O. Bd. I. S. 457. 458; Martens-Skerst. S. 118.

[3] Heyd, a. a. O. Bd. I. S. 459.

[4] Heyd, a. a. O. Bd. I. S. 459.

[5] Depping, Histoire du commerce etc. t. I. p. 36. 120—123; Martens-Skesrt. S. 119. Letzterer nimmt an, dass auch in Prozessen zwischen Genuesen und andern Christen der genuesische Konsul schlechtweg zuständig war. Dies scheint jedoch nicht recht glaublich. Eine derartige Bestimmung musste bei der feindlichen Stimmung der rivalisierenden christlichen Staaten (z. B. Venedig und Genua) zu den schärfsten Kompetenzkonflikten führen. Ob eine dementsprechende Vereinbarung zur Schlichtung solcher Konflikte unter den christlichen Staaten existierte, ist nicht bekannt. Wahrscheinlicher ist, dass das Prinzip: actor s. f. r. auch hier zur Anwendung gelangte oder dass der sarazenische Zollamtsvorstand in den Prozessen von Christen verschiedener Nationalität die Zuständigkeit hatte.

[6] Depping, a. a. O. t. II p. 125; Heyd, a. a. O. Bd. II. S. 478; Martens-Skerst S. 120. Seit 1423 wurde der Konsul in Alexandria von dem Handels-

Neue Kapitulationen aus den Jahren 1481[1] und 1488[2] bestätigten die früheren Privilegien der Florentiner und bestimmten zugleich, dass der florentinische Konsul in Bezug auf Rang wie auf Jurisdiktion alle Vorrechte des venezianischen Konsuls geniessen sollte (c. 12 der Kap. von 1488). Streitigkeiten unter den Florentinern waren von ihrem Konsul nach den heimatlichen Gesetzen zu entscheiden (c. 14/1488); dagegen gehörte jeder Prozess zwischen Florentinern und Muselmännern vor das Forum des ägyptischen Zollamtsvorstandes (c. 5 und 11/1481, c. 11/1488), doch konnte bei Klagen von Mohammedanern gegen Florentiner das ergangene Urteil mit der Revision zum höchsten Gericht des Sultans angegriffen werden (c. 11/1488).

Eine sehr merkwürdige Bestimmung enthält c. 24 der Kap. von 1488; es heisst hier:

„Wenn Florentiner gegen Angehörige anderer christlicher Staaten eine Forderung hätten oder von diesen zur See oder auf dem Lande irgend welchen Schaden an Person oder Gütern erlitten hätten, so soll der Gouverneur des Ortes, wo die Schuldigen ergriffen würden, verpflichtet sein, dieselben zu bestrafen und zum Ersatz des Schadens anzuhalten; liesse sich dies nicht ausführen oder hätten die Florentiner ihrerseits die Gegner beleidigt, so soll die ganze Angelegenheit der hohen Pforte zur Entscheidung unterbreitet werden."[3] Diese Bestimmung verstösst ihrem Wortlaut nach direkt gegen den Grundsatz der übrigen

amt zu Florenz (den consoli del mare) gewählt. (s. Heyd, a. a. O. Bd. II. S. 479.) Die Kap. von 1422 ist abgedruckt bei Amari, Dipl. arab. p. 341.

[1] Heyd, a. a. O. Bd. II. S. 487 Anm. 2 weist nach, dass die Jahreszahl 1488 als Zeitpunkt für den Abschluss dieses Vertrages nicht richtig ist. Ebenso muss die von Martens-Skerst, S. 121 vorgenommene, auf dieselbe Stelle bei Amari, Dipl. arab. p. 363 gestützte Jahreszahl 1468 irrtümlich sein.

[2] Martens-Skerst. S. 121 giebt als Zeitpunkt für den Abschluss dieser Kapitulation das Jahr 1484, Amari, Dipl. arab. p. 382. 386 dagegen 1488 (1489?) an.

[3] cap. 24/1488:

„Che se li Fiorentini avessero qualche ragione contro l'altre nazioni europee franche, o ricevessero in mare o in terra dalle medisime qualche affronto o danno nelle persone e robbe, sia tenuto il governatore delle respettive piazze, in caso che le dette nazioni europee capitassero nel nostro dominio, di castigarle et obbligarle a risarcire il danno cagionato a Fiorentini; e quando ciò non s'eseguisca, ovvero se le navi fiorentine offendessero altri, si ricorra alla nostra illustre porta per render ragione giuridicamente a chi troverassi meritevole."

Kapitulationen, dass jeder fremde Christ nur der Jurisdiktion seines Konsuls unterstellt sein solle.[1] Da nun nicht anzunehmen ist, dass die ägyptische Regierung sich zu Gunsten der Florentiner durch eine derartige Vertragsverletzung den schärfsten Konflikten mit den andern Staaten ausgesetzt hätte, so muss man die fragliche Bestimmung dahin interpretieren, dass dieselbe nicht allgemein, sondern nur für die Streitfälle zwischen Florentinern und Christen solcher Nationen, die durch Konsuln in Ägypten nicht vertreten waren, Geltung hatte.[2]

In den Kapitulationen von 1481 und 1488 war ferner noch festgesetzt, dass kein Florentiner für Schulden oder Vergehen anderer, selbst nicht für den durch florentinische Korsaren angerichteten Schaden einzustehen habe (c. 18/1488; c. 16/1481); endlich war den ägyptischen Behörden verboten, sich in Nachlassangelegenheiten eines Florentiners einzumischen oder den Nachlass mit Auflagen zu beschweren; nur der Konsul war zur Auseinandersetzung der Verlassenschaft berechtigt, (c. 9/1481; c. 9/1488.)

Die Rechte der Florentiner wurden späterhin zuerst durch eine sehr ausführliche Kapitulation von 1496,[3] dann durch mehrere Privilegienbriefe aus den Jahren 1506—1509[4] bestätigt.

Zu den Kaufleuten, welche nach Alexandria Handel trieben, gehörten auch die Arragonier und Catalonier, und zwar vorzüglich die Bürger von Barcelona.[5] Die ersten Handelsbeziehungen datieren wahrscheinlich vom Beginn des XIII. Jahrhunderts an; wenigstens finden sich in dem Seerechts-Codex „Consulado del mar" Bestimmungen, die auf Seefahrten nach Alexandria Bezug haben.[6] Die erste Kapitulation mit Ägypten

---

[1] vgl. z. B. c. 9 der venez. Kap. von 1238; c. 21 der venez. Kap. von 1254, s. o.

[2] Martens-Skerst. S. 122. 123 geht noch weiter und ist der Ansicht, dass dieses cap. 24 überhaupt nicht zur Anwendung gebracht worden sei.

[3] Amari, Dipl. arab. p. 184; Martens-Skerst. S. 124.

[4] Amari, Dipl. arab. p. 214—226, 388—391.

[5] König Jayme I. von Arragonien verbot im Jahre 1127, nach Alexandria oder Syrien bestimmte Waren in fremde Schiffe zu verladen, so lange ein einheimisches Fahrzeug zur Aufnahme im Hafen von Barcelona bereit stünde. Im Jahre 1137 wurden Arragonien und Catalonien vereinigt; dadurch wuchs die politische und merkantile Bedeutung Barcelonas noch mehr. (s. Heyd, Geschichte des Levantehandels im Mittelalter. Bd. I. S. 465.)

[6] Heyd, a. a. O. Bd. I. S. 465.

wurde im Jahre 1289 abgeschlossen, jedoch ist weder in dieser Kapitulation noch in der aus dem Jahre 1383 von Konsuln die Rede.[1] Ein Zeugnis aber, dass es zu jener Zeit bereits catalolonische Konsuln in Ägypten gab, liegt darin vor, dass Barcelona unmittelbar auf die königliche Autorisation zur Ernennung von Konsuln für die überseeischen Gegenden (partes ultramarinae) hin — Urkunden vom Jahre 1266 und 1268 — den Petrus Guillelmi als Konsul nach Alexandria sandte.[2] Weiter hatte Barcelona sich im Jahre 1353 durch einen Gnadenbrief des ägyptischen Sultans die Zusicherung gleicher Rechte, wie sie die Venezianer besassen, erwirkt.[3] 1381 erliess die Munizipalität dieser Stadt ein ausführliches Reglement über das Konsulat in Alexandrien.[4] Nach mehrfachen Konflikten, welche teils durch Gewaltthätigkeiten der ägyptischen Regierung, teils durch gegenseitige Kapereien hervorgerufen waren, kam im Jahre 1436 noch eine Kapitulation zu stande, welche die früher eingeräumten Rechte aufs neue gewährte.[5]

Was die Franzosen anlangt, so soll Ludwig der Heilige im Jahre 1250 während seiner Gefangenschaft in Ägypten mit dem dortigen Sultan einen Vertrag abgeschlossen haben, demzufolge zwei französische Konsuln in Alexandrien und Syrien ernannt werden durften. Sicher ist, dass im XIV. Jahrhundert ein französischer Konsul in Alexandrien residierte und dass im Jahre 1447 den Franzosen alle Rechte einer meistbegünstigten Nation eingeräumt wurden.[6] Marseille und Narbonne hatten ihre besonderen Konsuln.[7]

Bezüglich der innern Verfassung und Einrichtung der christlichen Konsulate in Ägypten ist nur einiges über das venezia-

---

[1] Miltitz, Manuel des consuls. t. II. part. I. p. 225. 236; Martens-Skerst. S. 125.

[2] Heyd, a. a. O. Bd. I. S. 466 Anm. 1.

[3] Depping, Histoire du commerce entre le Levant et l'Europe. t. II. p. 111.

[4] Heyd, a. a. O. Bd. II. S. 467 Anm. 3; Martens-Skerst. S. 126.

[5] Depping, a. a. O. t. II. p. 113.

[6] Martens-Skerst. S. 126.

[7] Miltitz, Manuel des consuls. t. II. part. I. p. 205. 206.

Der französische Konsul hiess „Konsul der Franken und Fremdlinge"; er hatte sowohl die Rechte seiner Landsleute wie der Fremden, die keine besondern Konsuln hatten, zu wahren. Die französische Faktorei war zugleich Pilgerherberge, daher wohl auch die Bezeichnung des Konsuls als „Consolo de' Franceschi e de' pellegrini" oder „Consulle de Nerbonne et des pélerins". (s. Heyd, Geschichte des Levantehandels im Mittelalter. Bd. II. S. 432—433.)

nische Konsulat bekannt. Der venezianische Konsul wurde vom Grossen Rat (Consiglo Maggiore) in Venedig ernannt, seine Instruktionen erhielt er aber vom Senate der Republik (Consiglio dei Pregadi). Dem Konsul stand ein Rat von 12 Mitgliedern der venezianischen Kolonie in Alexandria zur Seite. Dieses Kollegium hatte bei der Beratung besonders wichtiger und schwieriger Angelegenheiten — und zwar mit entscheidender Stimme — mitzuwirken; es wurde für jeden einzelnen Fall neu gebildet. Der Konsul ernannte die Ratsmitglieder, doch durfte er keine ihm nahestehenden Persönlichkeiten hiezu auswählen. Die Entscheidungen des Kollegiums wurden mit Dreiviertel-Majorität gefällt. Zur Führung seiner Privatangelegenheiten und zur Entscheidung von Prozessen zwischen ihm und andern Personen musste der Konsul einen Vicekonsul aufstellen. Später, im Jahre 1406, erging ein Dekret des Consiglio dei Pregadi, dass der Vicekonsul für jede einzelne Sache vom Rat der Zwölf ausschliesslich zu bestimmen sei; die fernere Wahl des Vicekonsuls durch den Konsul solle die Nichtigkeit der ergangenen Entscheidung nach sich ziehen.[1]

---

### B. Die Konsulate in Syrien und Palästina.

Als die Sarazenen die Kreuzfahrerreiche in Syrien und Palästina erobert hatten, bemühten sich die seefahrenden Staaten Europas ihre Handelsbeziehungen mit diesen Ländern zu erhalten oder wieder neu anzuknüpfen. Die bedeutendsten See- und Handelsstädte des ehemaligen Königreichs Jerusalem waren verwüstet, nur Accon hatte sich noch einigen Verkehr bewahrt. Die grossen muselmännischen Emporien Damaskus und Aleppo waren jetzt auf kommerziellem Gebiet massgebend und allein diejenigen Küstenstädte, welche mit ihnen in direkter Verbindung standen, wie Beirut, Tripolis, Laodicea, erholten sich wieder von ihrem Falle.[2]

Die Venezianer waren die ersten, welche in Syrien wieder festen Fuss zu fassen suchten, sie hatten den syrischen Handel auch nach dem Verlust von Accon, der letzten christlichen Be-

---

[1] Martens-Skerst. S. 129 f. 132.

Über die Konsulats-Sekretäre und die Verwalter der Faktoreien ist bereits oben das Nötige gesagt.

[2] Heyd, Geschichte des Levantehandels im Mittelalter. Bd. II. S. 68.

sitzung, nie ganz aufgegeben.[1] So finden wir im XIV. Jahrhundert wieder venezianische Konsuln in Damaskus, Aleppo, Beirut und Tripolis. Von keinem dieser Konsulate ist überliefert, wann sie gegründet wurden. Die älteste Verfügung venezianischer Behörden, welche einen in Damaskus residierenden Konsul angeht, ist der Beschluss des Grossen Rates vom Jahre 1331, demzufolge diesem Konsul ein Rat von 12 Kaufleuten beigeordnet wurde. Die früheste bekannte Urkunde, kraft welcher ein venezianischer Konsul in Damaskus vom Sultan von Ägypten anerkannt wird, ist aus dem Jahre 1373 oder 1374. Der venezianische Konsul in Damaskus war zugleich Generalkonsul für ganz Syrien, die übrigen Konsuln waren ihm untergeordnet; so wird der venezianische Vertreter in Tripolis als Vicekonsul bezeichnet.[3] Da die Pilgerfahrten nach Jerusalem noch fortdauerten und die Pilger meist auf venezianischen Schiffen und unter venezianischem Schutze reisten, so bat der Doge Tommaso Mocenigo im Jahre 1415 den ägyptischen Sultan um Erlaubnis, in Jerusalem einen Konsul mit Jurisdiktionsbefugnis über die Pilger ernennen zu dürfen. Die Bitte wurde gewährt als eine „in den alten Gewohnheiten der Venezianer“ gegründete. Der Versuch der Genuesen, den venezianischen Konsul aus Jerusalem zu verdrängen und alle christlichen Pilger ihrem dortigen Konsul zu unterstellen, misslang, obwohl die deshalb im Jahre 1431 nach Kairo abgeordnete Gesandtschaft sich auf ein angeblich altes Herkommen berief, dass alle Pilger unter genuesischer Obhut stünden. Auch in Rama (einem Orte zwischen Jaffa und Jerusalem) befand sich zum Schutze der Pilger ein venezianisches und genuesisches Konsulat.[4]

Barcelona bestellte für Syrien und das angrenzende, von Ägypten ebenfalls eroberte Armenien einen Konsul mit dem Sitze in Damaskus und erliess 1386 ein Statut, das dem dort fungierenden Konsul als Norm dienen sollte.[5]

Die Florentiner hatten Konsuln im Damaskus und Beirut.[6]

---

[1] Heyd, a. a. O. Bd. II. S. 40.

[2] Derselbe, Bd. II. S. 463.

[3] Heyd, Geschichte des Levantehandels im Mittelalter. Bd. II. S. 464.

[4] Derselbe, Bd. II. S. 466.

[5] Heyd, a. a. O. Bd. II. S. 463. 467 Anm. 3.

[6] s. die Kapitulation zwischen Florenz und Ägypten aus dem Jahre 1481. (Amari, Dipl. arab. p. 363.)

Allen diesen Konsuln standen dieselben Rechte zu, wie sie in den mit Ägypten abgeschlossenen Kapitulationen zu Gunsten der dortigen christlichen Konsuln in Ägypten festgesetzt waren.[1]

---

Infolge der Entdeckung des Seeweges nach Ostindien verloren Syrien und Ägypten ihre Bedeutung als Stapelplätze und Transitwege des indisch-arabischen Handels nach Europa.[2] Der europäische Handelsverkehr nach diesen Ländern nahm mehr und mehr ab, damit sank auch die Wichtigkeit der dort errichteten Konsulate. Als im Jahre 1517 Ägypten durch die Türken erobert worden war, verfiel der Haupthandelsplatz Alexandria zusehends; das venezianische Konsulat wurde nach Kairo verlegt, in Alexandria nur ein Vicekonsul gelassen.[3] Endlich bemühten sich auch die türkischen Sultane, ihre neue Residenz Konstantinopel zum Stapelplatz für die Waren des Orients, insbesondere für Seide und Spezereien zu machen; Ägypten und Syrien wurden zu untergeordneten Provinzen herabgedrückt.[4] Die Blüte des Levantehandels hatte ihr Ende erreicht.

---

### C. Die Konsulate in der Berberei.

Handelsbeziehungen zwischen Italien und dem nordwestlichen Afrika hatten schon mit Rücksicht auf die nahe geographische Lage von jeher bestanden. Auch als die Araber die Küsten Nordafrikas erobert hatten, hörten diese Beziehungen trotz vieler gegenseitiger Feindseligkeiten nicht auf; selbst die Kreuzzüge blieben ohne Einfluss, da die Herrscher Maghrebs[5] jede Hilfeleistung gegen die Christen den ägyptischen Sultanen abschlugen.[6]

---

[1] Syrien und Palästina standen nach ihrer Eroberung durch die Sarazenen unter ägyptischer Herrschaft. Es beziehen sich daher die meisten mit Ägypten geschlossenen Kapitulationen auch auf die Konsulate in diesen Ländern. (s. a. Martens-Skerst. S. 129.)

[2] Heyd, a. a. O. Bd. II. S. 494.

[3] Diese Verlegung erfolgte in der Mitte des XVI. Jahrhunderts. Heyd, a. a. O. Bd. II. S. 534.

[4] Heyd, a. a. O. Bd. II. S. 534. 535.

[5] Maghreb ist die arabische Bezeichnung für die Gebiete der Berberei, nämlich Tripolis, Tunis, Algier, Marokko. (s. Mas Latrie, Traités de paix et de commerce etc. Introd. hist. p. 1; Martens-Skerst. S. 134 f.

[6] Mas Latrie, a. a. O. Introd. hist. p. 83. 84.

Kaufleute von Venedig und Amalfi fuhren bereits im IX. und X. Jahrhundert nach Maghreb.[1]

Pisa schloss 1133 mit Marokko und 1157 mit Tunis Verträge ab, die seinem Handel und seinen Kaufleuten die nötige Sicherheit gewährten.[2] In diesen sowie in den 1150 und 1164 zwischen Genua und Tunis vereinbarten Kapitulationen ist von Konsuln noch nichts erwähnt.[3] Erst zu Anfang des XIII. Jahrhunderts werden in Marokko (besonders in Cëuta) genuesische Ansiedelungen und Konsulate angetroffen.[4]

Seit dieser Zeit kamen zahlreiche Kapitulationen zwischen den christlichen Mittelmeerstaaten und den maghrebinischen Reichen zu stande. Diese Kapitulationen tragen fast alle das nämliche Gepräge; sie garantierten den christlichen Staaten für ihre Angehörigen und Schutzbefohlenen: ungestörten Handelsverkehr, (Verbot der Piraterie und des Strandraubs), Sicherheit der Person und des Vermögens, den Besitz von Faktoreien, die Errichtung von Konsulaten. Die Konsuln hatten die ausschliessliche Gerichtsbarkeit in Civil- wie Kriminalsachen ihrer Landsleute untereinander; bei Streitigkeiten zwischen Christen und Muselmännern galt im allgemeinen der Grundsatz: actor sequitur forum rei. Monatlich einmal durfte der Konsul sich an den Hof des Herrschers oder in die Residenz des Gouverneurs begeben, um dort Klagen oder sonstige Anliegen vorzubringen. Die Hinterlassenschaft eines Christen musste dessen Konsul oder einem Angehörigen der gleichen Nation zur Verwahrung und Auseinandersetzung übergeben werden. Endlich sollte kein Christ für die Handlungen eines andern — selbst nicht der Vater für den Sohn — zur Rechenschaft gezogen werden; auch wenn Christen Seeraub getrieben hätten, sollten nur die Schuldigen bestraft werden.

---

[1] Martens-Skerst. S. 134.

[2] Mas Latrie, a. a. O. Intr. hist. p. 36; Doc. p. 22. 23.

[3] Mas Latrie, a. a. O. Intr. hist. p. 47; Doc. p. 106 et suiv. Es ist nur bekannt, dass 1160 oder 1161 der Konsul Ottobone als Gesandter der Republik Genua sich zu dem Herrscher von Maghreb Abd-el-Mumen begab und einen Handelsvertrag abschloss.

[4] Mas-Latrie, a. a. O. Intr. hist. p. 64.

Merkwürdigerweise enthalten die Kapitulationen zwischen Genua und Tunis von 1236 und 1250 keine Bestimmungen über Konsuln und Konsulargerichtsbarkeit, obwohl den letzteren Vertrag ein genuesischer Konsul von Tunis mitunterzeichnet hat. (s. Mas Latrie, a. a. O. Doc. p. 121.)

Die wichtigsten Kapitulationen sind nachstehende:[1]

a. zwischen Venedig und Tunis aus den Jahren 1231 (Art. 5); 1251 (Art. 23); 1305, 1317, 1392, 1427, 1438 (Art. 3);
b. zwischen Pisa und Tunis von 1234 (Art. 24); 1264 (Art. 31); 1313 (Art. 36); 1353 (Art. 35); 1397 (Art. 5);
c. zwischen Florenz und Tunis von 1421 (Art. 2 und 5);
d. zwischen Genua und Tunis von 1433 (Art. 5);
e. zwischen Arragonien und Tunis aus den Jahren 1271, 1285 (Art. 28); 1344 (Art. 15); 1323 (Art. 16, 17, 19); zwischen Arragonien und Bugia von 1309 (Art. 5).

An besonderen Einzelheiten, die von den allgemeinen Grundsätzen abweichen, sind zu erwähnen:

Einige der mit Tunis abgeschlossenen Kapitulationen (Venedig 1305 und folgende, Art. 3; Pisa 1357 Art. 5; Florenz 1421 Art. 5; Arragonien 1323 Art. 16) bestimmen, dass in Prozessen von Muselmännern gegen Christen bei Rechtsverweigerung durch den Konsul der mohammedanische Zollamtsvorstand die Entscheidung zu fällen habe. Ebenso beanspruchte die tunesische Regierung in den Kapitulationen mit Pisa von 1313 und 1353 (Art. 9) und mit Florenz von 1445 (Art. 5), dass der Zollamtsvorstand in sämtlichen Streitigkeiten zwischen Christen und Arabern, sowie zwischen Christen verschiedener Nationalität der allein zuständige Richter sein solle. Art. 11 der Kapitulation zwischen Pisa und Marokko von 1358 überweist bei Prozessen zwischen Christen verschiedener Staatsangehörigkeit nur die Sachen von grosser Wichtigkeit dem Landesrichter zur Entscheidung, lässt dagegen für die unbedeutenderen Streitfälle die Zuständigkeit der Konsuln bestehen. An Orten, wo kein Konsul sich befindet, sollten derartige Streitigkeiten durch den Gouverneur oder Festungskommandanten geschlichtet werden.[2] Art. 18

[1] Diese sämmtlichen Kapitulationen enthalten die vorerwähnten Grundsätze. Die in Klammern gesetzten Artikel beziehen sich auf die Konsulargerichtsbarkeit. Sie sind abgedruckt bei Mas Latrie, Traités de paix et de commerce etc. Documents, die pisanischen und florentinischen Kapitulationen auch bei Amari, Dipl. arab.

[2] Art 11: „. . . Che se alcuno mercatante pisano havesse quistione con un altro Cristiano d'altra lingua, che sia la quistione dinanzi del vostro consolo; salvo che se la quistione fusse grande che portasse pondo, che vengha a sententiarla alcadi della terra. E quando nel luogo non havesse consolo e la detta questione fusse, che la veggia tra loro lo aveli de la terra, e sino lo signore del castello . . .“

der Kapitulation zwischen Arragonien und Tunis vom Jahre 1323 hinwiederum gestattet den Christen jeder Nation die freiwillige Unterwerfung unter die Gerichtsbarkeit des Königs von Arragonien.

Eine zwischen Venedig und Tripolis vereinbarte Kapitulation aus dem Jahre 1356 gewährte dem venezianischen Konsul in Tripolis das Recht, Vicekonsuln an allen Orten der tripolitanischen Herrschaft einzusetzen (Art. 3).

Art. 26 Abs. III der pisanisch-tunesischen Kapitulation von 1397 macht die Konsuln Pisas für alle feindseligen Handlungen pisanischer Unterthanen gegenüber den Arabern verantwortlich. Diese Bestimmung, welche nicht nur gegen ein Fundamentalprinzip der Kapitulationen verstösst, sondern auch mit Art. 15 desselben Vertrages von 1397 in direktem Widerspruch steht,[1] findet sich nur in der lateinisch-italienischen Version, nicht aber in dem für den mohammedanischen Vertragsteil ausschliesslich massgebenden arabischen Text vor. Mas Latrie ist daher der Ansicht, die pisanische Regierung habe diesen Passus selbst eingefügt, um ihre Vertreter zu erneuter Wachsamkeit anzuspornen, damit sie die Beteiligung pisanischer Unterthanen am Seeraub und an feindlichen Expeditionen gegen Tunis so viel wie möglich verhindern möchten.[2] Martens dagegen meint, Art. 26 Abs. III der genannten Kapitulation beweise nur, dass die politische Macht und der Einfluss Pisas stark im Sinken war.[3] Richtig ist ja allerdings, dass je nach der Machtstellung und dem Ansehen des vertragschliessenden christlichen Staates auch die Vorrechte seiner Unterthanen und Konsuln in mehr oder minder ausgedehntem

---

[1] Art. 26 Abs. I und II der Kapitulation von 1397 behandelt die Unterdrückung des Piratenwesens. Abs. III lautet dann:

„Item quod nullus Pisanus in portubus terrarum dicti regis audeat vel praesumat alicui damnum inferre, quoniam tunc pro omnibus consul sive consules Pisanorum puniretur sive punirentur."

Art. 15 derselben Kap. dagegen:

„....... Et quod, si aliquis Pisanus, vel qui pro Pisano appellatur, dixerit aliquod malum, seu damnum dederit Saracenis vel Christianis, vel cuicumque personae, non propterea aliquis Pisanus vel qui pro Pisano appellatur, molestatur, seu impediatur, nec detineatur in persona, vel rebus; ita quod pater non teneatur pro filio, nec alter pro altero dicta causa molestari vel gravari possit in aliquo." (s. Amari, Dipl. arab. p. 319, 123; Mas Latrie, Traités de paix etc. Doc. p. 70. 84.)

[2] Mas Latrie, a. a. O. Introd. hist. p. 244. 299.

[3] Martens-Skerst. S. 139.

Masse festgestellt wurden, aber es ist doch nicht denkbar, dass die Pisaner eine solche flagrante Verletzung des Prinzips der individuellen Verantwortlichkeit — das sonst in allen früheren und späteren Kapitulationen mit dem grössten Nachdruck betont worden ist — auch nur vorübergehend vertragsmässig sanktioniert hätten. Es bleibt sonach — wenn anders dieser Widerspruch überhaupt zu lösen ist — nichts übrig, als hierin eine von der pisanischen Regierung selbst verfügte Androhung von Disziplinarmassregeln gegen ihre Konsuln zu erblicken.

Die Stadt Marseille hatte seit dem XIII. Jahrhundert eigene Konsuln in Tunis und Bugia.[1] Das Statut von 1255 setzt den Modus der Ernennung der Konsuln sowie deren Obliegenheiten fest.[2] Kapitulationen dieser Stadt mit den nordafrikanischen Staaten sind nicht erhalten.

---

Die bisher betrachteten Kapitulationen lassen erkennen, wie sehr die Mohammedaner anfangs bemüht waren, durch weitgehende Zugeständnisse — Zugeständnisse, die wie die Konsularjurisdiktion in die Territorialhoheit eingriffen — den Handel mit den christlichen Staaten zu fördern und gute Beziehungen zu unterhalten; in den Kapitulationen werden sogar Grundsätze aufgestellt, welche die christlichen Staaten des Mittelalters untereinander fast nie anerkannten: so z. B. die Abschaffung des Strandrechts, des Heimfallsrechts. Gleichwohl kann man nicht behaupten, dass diese Vereinbarungen immer unverbrüchlich gehalten worden wären. Von Zeit zu Zeit kam der religiöse Fanatismus der Muselmänner zum Durchbruch und vergriff sich an Person und Eigentum der Christen; die christlichen Kaufleute und Konsuln wurden misshandelt und ihres Vermögens beraubt. Gerade die grosse Anzahl der Kapitulationen, ihre wiederholte, feierliche Vereinbarung zeigt, wie oftmals sie gebrochen wurden. Andrerseits kann aber auch nicht geleugnet werden, dass die christlichen Staaten Gleiches mit Gleichem vergalten. Die Folge war, dass in der weitern Entwicklung der christlichen und mohammedanischen Völker die zwischen ihnen bestehenden, fundamentalen Gegensätze immer offenbarer hervortraten und zu einer

[1] Mas Latrie, a. a. O. Introd. hist. p. 117. Doc. p. 88—97.
[2] Mas Latrie, a. a. O. Doc. p. 90.

immer grösser werdenden Entfremdung führten. Die Eroberung Konstantinopels durch die Türken: der Triumph des Islams über das Christentum liess in den Muselmännern die Flammen des Fanatismus hell auflodern, die Kapitulationen wurden nicht mehr beobachtet, die christlichen Kaufleute waren auf muselmännischem Gebiete schutzlos. Als dann noch Tunis im Jahre 1583 in die Hände der Türken fiel, wurde die Stellung der Christen und ihrer Konsuln in Maghreb vollends unhaltbar. Tunis, Tripolis und Algier bildeten sich unter der Herrschaft türkischer Statthalter zu förmlichen Seeräuberstaaten aus, sie wurden die Geissel des mittelländischen Meeres und sogar eines Teiles des atlantischen Oceans bis in dieses Jahrhundert herein.

---

## Zweite Periode.

Die Entwicklung der Konsulargerichtsbarkeit vom Jahre 1453 an bis zum Vertrage von 1783 zwischen Russland und der Türkei.

### Erstes Kapitel.

Anknüpfung von Beziehungen mit dem neugegründeten osmanischen Reich durch Genua, Venedig, Florenz, Frankreich. — Überwiegender Einfluss Frankreichs im Orient. Die Bedeutung der zwischen Frankreich und der Türkei abgeschlossenen Kapitulationen.

Die stets gleichbleibenden, unveränderlichen Grundlagen des Islam, wonach es keine andern Gesetze oder Bestimmungen zur Regelung der Rechtspflege, der Staatsverwaltung und der religiösen Angelegenheiten im Staate gibt ausser dem Koran, und wonach ewiger Krieg gegen die Ungläubigen als heilige Pflicht gilt, liessen anfangs gleich nach der Gründung der türkischen Herrschaft keine friedlichen Beziehungen mit den christlichen Staaten aufkommen.

Die Erkenntnis gemeinsamer politischer und merkantiler Interessen führte jedoch bald eine Annäherung zwischen der Türkei und einzelnen Staaten des christlichen Europas herbei; auch zeigten sich nach der ersten Eroberungsperiode der Türken schon Anzeichen innerer Auflösung des osmanischen Reiches, welche in seiner Eigenschaft als despotischer Militärstaat sich gründeten. Da, wie bereits oben erwähnt, der Koran ein zeitweiliges Einstellen der Feindseligkeiten gegen die Ungläubigen nicht verbietet, so konnten auch die Osmanen mit den Christen in friedlichen Verkehr treten und Kapitulationen abschliessen, wie es die Sarazenen und Araber gethan hatten. Zwar betrachteten auch sie diese Kapitulationen als Akte, welche, der Gnade des Beherrschers der Gläubigen entsprungen, den Christen gegenüber keine verpflichtende Wirkungen äusserten, im Laufe der Zeit aber mussten sie sich doch dazu verstehen, die Kapitulationen als beide Vertragsteile bindende, weil mit gegenseitiger Übereinstimmung geschlossene und daher nur mit gegenseitiger Zustimmung wieder aufhebbare, internationale Verträge anzuerkennen.

Am 30. Mai 1453 — einen Tag nach der Eroberung Konstantinopels — gewährte der Sultan MOHAMMED II. den in Galata (Pera) angesiedelten Genuesen, welche sich dem Sieger freiwillig auf Gnade und Ungnade ergeben hatten, Sicherheit der Person und des Eigentums sowie Freiheit des Handelsverkehrs, ferner versprach er, keinen türkischen Gouverneur über die genuesische Niederlassung einzusetzen, vielmehr sollte es den Genuesen freistehen, aus ihrer Mitte einen Ältesten zu wählen, der die Befugnis hätte, die Streitigkeiten unter ihnen zu schlichten.[1]

---

[1] Der Gnadenbrief, welcher die Zusicherungen des Sultans enthält, ist von dem Wesir MOHAMMEDS II. SAGANOS PASCHA verfasst und findet sich abgedruckt bei HAMMER, Geschichte des osmanischen Reiches. Bd. I. S. 576. Die einschlägigen Stellen hieraus lauten:

„........ *εἴ μητα νὰ βάλῃ ἡ Αὐθεντεία μου σκλάβον* (= Sklave, ein in den Kapitulationen oft gebrauchter Ausdruck für Untergebene eines mohammedanischen Herrschers), — *νὰ τοὺς βλέπῃ, αὐτοὶ δὲ οἱ Γαλατιανοὶ νὰ ἔχουν ἄδειαν νὰ βάλλουν πρωτύγηρον εἰς τὸ μέσον των, διὰ νὰ διορθώνῃ τὰς δουλείας ὅπου ἔχουν οἱ πραγματευτάδες .....*“

vgl. HAMMER, a. a. O. S. 558; DEPPING, Histoire du commerce entre le Levant et l'Europe. t. II. p. 214; HEYD, Geschichte des Levantehandels im Mittelalter. Bd. II. S. 308—310. Letzterer ist der Ansicht, dass der genuesische „Älteste“ — im Gegensatz zu dem früheren podestà — nur mehr in Handelssachen Recht zu sprechen hatte.

MARTENS-SKERST, S. 181 führt aus, dass den Genuesen alle Rechte und Vorzüge einer meistbegünstigten Nation durch den Firman MOHAMMEDS II. eingeräumt worden seien. Dies dürfte nicht richtig sein. Die den Genuesen auferlegten Bedingungen waren äusserst harte. Die politische Selbständigkeit der genuesischen Gemeinde Pera-Galata wurde vernichtet, ihr Statutarrecht und ihre Verfassung beseitigt, der podestà abgesetzt. Die Befestigungen der Kolonie auf der Landseite wurden geschleift, Waffen und Munition mussten ausgeliefert werden. Das Glockengeläute in den christlichen Kirchen wurde verboten, den Genuesen die Zahlung einer Kopfsteuer (kharadsch) auferlegt. Später wurde auch trotz des gegebenen Versprechens ein türkischer Gouverneur über Pera gesetzt. (s. HEYD, a. a. O. Bd. II. S. 110. 111.)

DEPPING, a. a. O. t. II. p. 215 sagt: „Dévorant tous ces affronts les Génois durent s'estimer heureux de pouvoir conclure avec Mahomet II. un traité qui pouvait passer alors pour une grace insigne. Voilà comme fut traitée la nation favorisée!“ Dies ist natürlich nur in ironischem Sinne aufzufassen. Die Genuesen waren insofern begünstigt, als ihnen die erbetene Schonung zu teil

Der Republik Venedig gelang es nach schwierigen Unterhandlungen im Jahre 1454 einen Vertrag mit der Türkei zu stande zu bringen.[1] Den Venezianern wurde freier Handelsverkehr im ganzen osmanischen Reiche gestattet; in Konstantinopel durfte wieder ein bailo mit administrativer und richterlicher Gewalt über seine Landsleute residieren; seine Jurisdiktionsbefugnisse beschränkten sich allerdings nur auf die Civilsachen.[2] Der türkische Stadtpräfekt (Subaschi) war angewiesen, dem bailo in Ausübung seines Amtes auf Verlangen jede Hilfe zu leisten. Bei Todes- und Strandungsfällen sollte die Habe der Venezianer den Schutz der Behörden geniessen. Obwohl Venedig in der Folgezeit mehrere unglückliche Kriege gegen die Türkei führte und sich in politischer Hinsicht sehr schwere Bedingungen auferlegen lassen musste, wurden in den Kapitulationen von 1479,[3] 1502[4] und 1540[5] die Rechte des venezianischen bailo und seine Jurisdiktionsgewalt wiederholt bestätigt, doch bedang sich die Pforte (seit 1502) aus, dass alle drei Jahre ein neuer bailo ernannt werden sollte. Im übrigen hatten die türkischen Behörden sich jeder Einmischung in Prozesse, an denen nur Venezianer beteiligt waren, zu

---

wurde, während die Venezianer und Catalonier bei der Erstürmnng der Stadt nicht nur Hab und Gut, sondern zum Teil auch Freiheit und Leben verloren und ihre Konsuln hingerichtet wurden. (s. Heyd, a. a. O. S. 308.) Wenn Martens-Skerst S. 182 weiter davon spricht, die Person des „Ältesten“ sei für sakrosankt erklärt worden, so ist dies gleichfalls irrtümlich. Die betreffeude Stelle in dem Firman des Sultans lautet nur: „*Οἱ ἄρχοντες καὶ οἱ πραγματευτάδες των νὰ μηδὲν ἀγγαρεύωνται.*“

[1] Depping, a. a. O. t. II. p. 217; Miltitz, Manuel des consuls. t. II. part. I. p. 74; Aristarchi Bey, Législation Ottomane, IVème partie. p. 234; Martens-Skerst. S. 183; Heyd, a. a. O. S. 316. 317. Letzterer sagt über die Stellung des bailo:

„Leidenschaftliche, brutale, allem Völkerrecht Hohn sprechende Ausbrüche gehörten bei den Sultanen so wenig zu den Seltenheiten, dass das Amt eines Vertreters fremder Nationen ein sehr dornenvolles, ja gefährliches wurde, zumal das des bailo der Republik Venedig, welche so häufig in kriegerische Konflikte mit der Pforte geriet.“

[2] „In civil rezer et governar et justitia administrar.“

[3] Heyd, a. a. O. Bd. II. S. 327.

[4] Heyd, a. a. O. Bd. II. S. 331. Der definitive Friedensschluss erfolgte erst 1503. Im Jahre 1517 bestätigte Selim I. die Privilegien der Venezianer in Ägypten (s. o.). Heyd, a. a. O. Bd. II. S. 534.

[5] Miltitz, Manuel des consuls. t. II. part. I. p. 76; Charrière, Négociations de la France dans le Levant. t. I. p. 451 et suiv.; Martens-Skerst. S. 183.

enthalten; in gemischten Prozessen musste, wenn ein Venezianer Beklagter war, zu dem Verfahren vor dem türkischen Gericht der venezianische Dragoman zugezogen werden. Weiter wurde die gegenseitige Auslieferung von Verbrechern zugesichert, das Prinzip der individuellen Verantwortlichkeit anerkannt.

Dies waren die letzten Kapitulationen von Wichtigkeit, welche Genua und Venedig mit der Türkei abschlossen.[1] Beide Republiken hatten einen grossen Teil ihrer Kolonien an die Türkei verloren, ihre Handelsbeziehungen schwanden dahin, da infolge der Auffindung des Seeweges nach Ostindien und der Entdeckung Amerikas der Handel andere Bahnen einschlug; damit sank auch ihre politische Macht und Bedeutung.

Nur vorübergehend war der Einfluss der Republik Florenz in Konstantinopel. Dieser Staat hatte es verstanden, in seinem Rivalitätskampf mit Venedig sich die besondere Gunst der Sultane Mohammed II. und Bajasid II. zu erwerben und sich für seine Kolonie in Konstantinopel-Pera bedeutende Privilegien auszuwirken. Der florentinische Konsul (consul Constantinopolis, consul Perae, consul levantis, von 1500 ab musste er auf Anordnung des Sultans den türkischen Titel Emin führen) residierte in Konstantinopel und bekleidete in der Regel drei Jahre sein Amt. Er übte Jurisdiktions- und Polizeigewalt über alle auf türkischem Boden angesiedelten oder verweilenden Florentiner aus. Seine Rechtsprechung erstreckte sich auf alle Streitsachen seiner Landsleute untereinander. Liederliche Personen, Vagabunden, Gotteslästerer konnte er durch die türkischen Behörden ausweisen lassen. Im Jahre 1513 wurden zum letzten Mal die Freiheiten der Florentiner bestätigt.[2]

An die Stelle der italienischen Handelsrepubliken, deren Glanz im Erlöschen war, trat jetzt Frankreich, das die im Abendlande durch die Kriege mit Kaiser Karl V. verlorene Macht im Orient wieder zu gewinnen hoffte und deshalb mit der Türkei

---

[1] Weitere venezianisch-türkische Kapitulationen finden sich aus den Jahren: 1573, 1575, 1576, 1586, 1595, 1604, 1615, 1618, 1619, 1624, 1640, 1699, 1701, 1718. Der Vertrag von 1699 (Art. 18) enthielt die Bestimmung, dass Prozesse gegen die Konsuln ausschliesslich vor die hohe Pforte gehörten; in Abwesenheit des Sultans sollte jedoch der Stadtkommandant von Konstantinopel gemeinsam mit dem Kadi die Sache entscheiden. (s. Féraud-Giraud, De la juridiction française dans les Échelles du Levant et de Barbarie. t. I. p. 156. 135.

[2] Heyd, a. a. Bd. II. S. 338 f. 343 f.

nicht nur merkantile sondern vor allem politische Beziehungen anzuknüpfen suchte.[1] Französische Schriftsteller behaupten freilich, Frankreich habe lediglich im Interesse der Civilisation und der Christenheit einen näheren Verkehr mit der Türkei angebahnt;[2] es ist ja auch richtig, dass die französischen Könige durch die mit dem Sultan geschlossenen Verträge die Sicherung der Zugänge zu den heiligen Stätten für die Pilger und den Schutz des französischen Handels im Orient (namentlich in Ägypten) erstrebten — das hauptsächlichste Ziel aber, welches sie verfolgten, war — und dies gesteht der französische Gesandte am türkischen Hofe de Noailles in einem Berichte an Karl IX. vom März 1572 ganz offen zu —: „der übermässigen Grösse des österreichischen Hauses ein Gegengewicht zu bieten, da dieses unter seinem Scepter durch Erbschaft und durch Usurpation die besten Kronen und Reiche Europas mit Ausnahme von Frankreich aufgeschichtet habe".[3] Die Weltmonarchie der Habsburger zu erschüttern, Deutschland von zwei Seiten zu bedrohen, das war das vornehmste Motiv, weshalb der „allerchristlichste" König Franz I. mit dem Erbfeind der Christenheit Handelsverträge abschloss, welche zugleich die Basis für ein politisches Bündnis zum Kampf gegen Karl V. bilden sollten. In der That musste Karl V. im Jahre 1529 Frankreich den billigen Frieden von Cambrai zugestehen, da der Sultan Suleiman mit einem Einfall in Österreich drohte. Und in demselben Jahre 1535, in welchem Karl V. als Rächer der gesamten Christenheit gegen die Korsaren von Tunis und Algier zu Felde zog, vereinbarte Franz I. mit dem Sultan Suleiman, jene Kapitulation, die den Grundstein für alle ferneren Be-

---

[1] Martens-Skerst. S. 185; Antonopoulos, Über die Exterritorialität der Ausländer in der Türkei. S. 103 f.

[2] s. Charrière, a. a. O. t. I. Introd. p. IV: „La France est unie au dehors, sa politique se confond, sur ce point, avec celle des autres nations, et son histoire ne cesse d'être par là l'histoire de la chrétienté et de la civilisation européenne." Ähnlich auch auf p. XLVII; ferner Féraud-Giraud, a. a. O. t. I. p. XIII: „Dans tous ces actes, la France, loin d'agir avec egoïsme dans un intérêt privé et particulier, stipule toujours dans l'intérêt général des puissances européennes."

[3] s. Charrière, a. a. O. t. III. p. 255 note:

„. . . . . . pour contreprezer l'excessive grandeur de la maison d'Autriche qui avoit accumulé soubz la domination sienne ou des siens, par succession ou usurpation, les meilleures couronnes et estatz de l'Europe hors la France . . . . ." s. a. Antonopoulos, a. a. O. S. 104 f.

ziehungen — politischen, wie merkantilen — zwischen Frankreich und der Türkei legte. Die Kapitulation von 1535 ist ein zweiseitiger Vertrag, der zwischen beiden vertragschliessenden Teilen Gegenseitigkeit der Rechte und Pflichten festsetzt, und entspricht auch ihrer Form nach allen wesentlichen Erfordernissen eines völkerrechtlichen Traktates.[1] Frankreich und die Türkei stehen sich auf vollkommen gleichem Fusse gegenüber. Auch sollte die Kapitulation — im Gegensatze zu allen früheren, welche nur auf sehr kurze Zeit geschlossen wurden — ihre Gültigkeit für die Lebensdauer beider Monarchen bewahren. Sie enthält zwar keine Bestimmung über ein politisches Bündnis, ihr Inhalt bezieht sich auf den Schutz der Pilger im heiligen Lande und die Wahrung der Rechte der Franzosen in der Türkei, — aber sie hatte eine Annäherung beider Staaten zur Folge und bereitete das politische Einverständnis vor, auf Grund dessen der Sultan in den spätern Kriegen Frankreich mit bewaffneter Macht unterstützte.[2]

---

[1] Charrière, a. a. O. t. I. p. 283 et suiv.; Martens-Skerst. S. 187. Beach-Lawrence, Commentaire sur Wheaton. t. IV. p. 120 et suiv.

Schon vor 1535 hatte Frankreich mit der Türkei eine Kapitulation abgeschlossen. Im Jahre 1528 hatte es sich von Suleiman die den französischen und catalonischen Konsuln in Ägypten von den früheren Herrschern verliehenen Rechte bestätigen lassen. Sicherheit der Person und des Eigentums, Unantastbarkeit des Nachlasses wurde den Franzosen, Cataloniern und ihren Schutzbefohlenen gewährleistet, das Princip der individuellen Verantwortlichkeit ausgesprochen. Die Konsulargerichtsbarkeit erstreckte sich auf alle Streitigkeiten zwischen Franzosen und Catalonier, nur Verbrechen, die mit Leibes- oder Lebensstrafe bedroht waren, unterlagen der Aburteilung durch die Landestribunale. („S'il survenoit quelque différent entre les Cathelans ou Françoys, le consul aye à le juger, exceptant toutes foys s'il y intervenoit sang; que en ce cas noz présidens l'auront à juger." s. Charrière, a. a. O. t. I. p. 125.) Die Person des Konsuls wurde für unverletzlich erklärt; Klagen gegen ihn mussten, ehe sie geltend gemacht werden durften, auf ihre Begründetheit hin durch die türkische Regierung untersucht werden; er genoss ferner Zollfreiheit. (s. Charrière, a. a. O. t. I. p. 121; Martens-Skerst. S. 185—187.) Die Kapitulation von 1528 gehört sowohl ihrer Form wie ihrem Inhalte nach zu den Kapitulationen, wie sie im Mittelalter mit den sarazenischen und arabischen Staaten abgeschlossen wurden; sie war eine Art Gnadenbrief des Sultans und hatte nur für Ägypten Geltung. Deshalb wird als erste (für alle Gebiete des türkischen Reiches geltende) Kapitulation zwischen Frankreich und der Türkei der Vertrag vom Jahre 1535 bezeichnet.

[2] Beach-Lawrence, Commentaire sur Wheaton. t. IV. p. 122 erwähnt einen im Jahre 1537 zwischen Frankreich und der Türkei geschlossenen geheimen Vertrag, der eine Offensiv-Allianz bezweckte. s. a. Antonopoulos, a. a. O. S. 105.

Die hauptsächlichsten Bestimmungen des Vertrages von 1535 sind folgende:[1]

Die Unterthanen der Vertragsteile sollen in allen Orten beider Reiche frei und ungefährdet Handel treiben dürfen. Dem französischen Könige steht das Recht zu, nach Konstantinopel, Pera oder an sonstige Plätze des osmanischen Reiches Konsuln zu entsenden, in gleicher Weise, wie ein solcher bereits in Alexandria ernannt ist. Der Konsul hat in Civil- wie Kriminalstreitigkeiten der Franzosen allein zu entscheiden; die türkischen Behörden haben sich jeder Einmischung zu enthalten, sie sind vielmehr verpflichtet, dem Konsul bei der Vollstreckung seiner Urteile thätigen Beistand zu leihen und seine Autorität aufrecht zu erhalten; jede Entscheidung der türkischen Richter in Prozessen zwischen französischen Kaufleuten untereinander ist nichtig, selbst wenn dieselbe auf Anrufen der beiden Parteien gefällt sein sollte — (also keine prorogatio fori zulässig). Zur Entscheidung von Civilprozessen zwischen Franzosen und Türken ist der türkische Kadi zuständig. Zur Verhandlung des Rechtsstreites muss ein vom französischen Könige ernannter Dragoman zugezogen werden. Doch kann bei Klagen von Türken gegen Franzosen weder die Vorladung des französischen Beklagten vor das türkische Gericht erfolgen noch auch ein Urteil gegen ihn ergehen, wenn nicht der Kläger ein schriftliches Beweisstück von der Hand des Gegners oder dessen Konsuls vorzulegen im stande ist. Wird ein französischer Unterthan wegen eines an einem Türken begangenen Verbrechens angeklagt, so ist die Sache vor die hohe Pforte zu bringen; der Grossvezier oder dessen Stellvertreter hat dann die Untersuchung zu führen und das Urteil zu sprechen.[2]

Das Vermögen jedes Franzosen ist unantastbar; kein Franzose kann für Schulden oder Vergehen eines andern zur Rechenschaft gezogen werden; jeder darf frei testieren; die Behandlung des Nachlasses eines ohne letztwillige Verfügung verstorbenen Franzosen wird vom Konsul eingeleitet und durchgeführt.

---

[1] Beach-Lawrence, a. a. O. t. IV. p. 121.

[2] Der Grundsatz der mittelalterlichen Kapitulationen: actor sequitur forum rei, war sonach aufgehoben. Für alle Klagen türkischer Unterthanen gegen Franzosen waren die türkischen Behörden zuständig. Die türkischen Sultane waren in der Verzichtleistung auf ihre Territorialhoheitsrechte weniger freigebig als die sarazenischen und arabischen Herrscher.

Da Frankreich bereits damals die Rolle eines Protektors und Vermittlers zwischen dem christlichen Abendland und dem mohammedanischen Orient zu spielen versuchte, reservierte es dem Papst, den Königen von England und Schottland — übrigens ohne deren Zuthun — den Beitritt zu der Kapitulation von 1535 durch Abgabe einer innerhalb 8 Monate zu erfolgenden Ratifikationserklärung.

Grossbritannien machte aber keinen Gebrauch von der zu seinen Gunsten getroffenen Vereinbarung, es trat im XVI. Jahrhundert selbständig in direkten Verkehr mit der Türkei, ein Beispiel, dem auch die übrigen europäischen Staaten nachfolgten, trotz des eifrigen Bestrebens Frankreichs, alle Beziehungen der christlichen Staaten mit dem osmanischen Reiche von seiner Vermittlung abhängig zu machen und unter seine Kontrolle zu stellen.[1] Das freundschaftliche Verhältnis mit der Pforte dauerte auch unter dem Nachfolger Franz I., Karl IX. fort, wenngleich manche Verletzungen der Kapitulation von 1535 vorkamen. Auf eine Beschwerde des französischen Vertreters, dass die Türkei den wegen Verbrechen verfolgten Franzosen ein Asyl gewähre, verpflichtete sich die Pforte (im Jahre 1561), diese Personen dem Konsul auszuliefern.[2]

Im Jahre 1569 kam zwischen Karl IX. und Selim II. eine neue Kapitulation zu stande,[3] — ihrer äusseren Form nach war dieselbe mehr ein Gnadenbrief, wie die Kapitulationen vor 1535, — die den französischen Unterthanen und Konsuln ihre bisherigen Rechte und Privilegien wiederholt verbürgte, vor allem die Konsularjurisdiktion. Art. 11 der Kapitulation schärft noch besonders ein, dass der türkische Richter in gemischten Prozessen ohne Zuziehung des französischen Dragomans nicht verhandeln dürfe, auf der andern Seite sollte der französische Konsul das Erschei-

---

[1] Der französische Gesandte de Noailles beklagt sich auch in dem bereits erwähnten Bericht vom Jahre 1572 darüber, dass die christlichen Staaten sich dem Schutze Frankreichs entzögen und eigene Konsulate errichteten: „Néanmoins il n'y a aujourd'hui si petite province en Italie et Espaigne qui, ne guecte l'opportunité de dresser ung concul à par soy, et par ce moyen à se séparer de la protection qui leurs a esté toujours si utile soubz le nom et bannière de France.“ (s. Charrière, a. a. O. t. III. p. 255 note; Martens-Skerst. S. 190.)

[2] Charrière, a. a. O. t. II. p. 672.

[3] Charrière, a. a. O. t. III. p. 65 note.

nen des Dragomans vor dem türkischen Gericht weder verhindern noch verzögern, (was bis dahin öfters vorkam, um das türkische Gericht zu umgehen oder dessen Aussprüche nichtig zu machen).[1]

Wiederholte Vertragsverletzungen durch die Türken veranlassten im Jahre 1581 den Abschluss einer neuen Kapitulation (zwischen MURAD III. und HEINRICH III.), welche zwar lediglich die früheren Verträge wiederholt, aber insofern merkwürdig ist, als ein Artikel beigefügt wurde, kraft dessen die Venezianer, Genuesen, Engländer, Catalonier, die Bürger von Ancona und Ragusa in Zukunft nur unter französischer Flagge und der Protektion der französischen Konsuln in türkischen Gewässern und Besitzungen sich zeigen durften.[2] Dem Vertreter Frankreichs bei der Pforte wurde der Vorrang vor allen andern Gesandten, die je am Hofe des Sultans beglaubigt würden, zuerkannt. Auch erhielt die französische Regierung die Befugnis eingeräumt, Konsuln in Alexandrien, (dem syrischen) Tripolis, Algier und allen übrigen Hafenstädten des türkischen Reiches zu ernennen, was die Türkei trotz der Kapitulation von 1535 bisher nicht bewilligt hatte.

Neue Bedrängungen der französischen Unterthanen durch die Türken führten zur Vereinbarung der Kapitulation vom Jahre 1604 (zwischen HEINRICH IV. und ACHMED I). Diese Kapitulation ist von gleicher Wichtigkeit, wie die vom Jahre 1535, da sie eine besonders ausführliche Festsetzung der französischen Privilegien enthält.[3]

Ihre ersten Artikel geben verstärkte Garantieen für den ungefährdeten Aufenthalt der Franzosen und ihrer Konsuln in der Türkei. Art. 3 bestätigt eine zwischen HEINRICH IV. und MOHAMMED III. im Jahre 1597 abgeschlossene Kapitulation, welche ledig-

---

[1] MILTITZ, Manuel des consuls. t. II. part. I. p. 104.

[2] Diese Staaten hatten nie die Protektion Frankreichs nachgesucht, insbesondere die Venezianer nicht, welche stets unter eigener Flagge fuhren und ihre eigenen Konsuln in der Türkei hatten. Wie schon oben erwähnt, schlossen sie noch in den Jahren 1575, 1595, 1604, 1615, 1618, 1699 und 1718 selber Kapitulationen mit der Türkei ab.

Die Aufnahme dieses Artikels in die genannte Kapitulation wurde durch die Eifersucht auf England veranlasst, das 1580 mit der Türkei einen unmittelbaren Verkehr anzubahnen suchte (s. u.). MARTENS-SKERST. S. 198.

[3] BEACH-LAWRENCE, Commentaire sur Wheaton. t. IV. p. 122. 123; MARTENS-SKERST. S. 200 f.

lich eine Wiederholung der früheren Traktate ist.[1] Art. 4 stellt wiederum die Venezianer, Engländer und die Angehörigen der übrigen bereits oben erwähnten Staaten unter französischen Schutz.[2] Der ungehinderte Besuch der heiligen Orte wird gewährt. Art. 38 sichert die den Venezianern eingeräumten Privilegien auch den Franzosen zu. Art. 3, 33, 41 bestätigen aufs neue das Recht des Königs von Frankreich, an allen Orten des osmanischen Reiches Konsuln zu ernennen und auch wieder zu versetzen.

Person und Eigentum der Konsuln wurde für unverletzbar erklärt; jede Forderung oder Beschwerde gegen sie musste bei der hohen Pforte angebracht werden (Art. 25).[3] Die französischen Vertreter sollten den Vorrang vor allen andern Gesandten und Konsuln haben (Art. 20).[4]

Alle Civil- und Kriminalprozesse, in welchen beide Streitsteile Franzosen waren, gehörten vor das Forum des französischen Konsuls; die frühere Bestimmung, dass für Anklagen wegen Mordes oder Totschlages die türkischen Gerichte zuständig sein sollten, wurde für aufgehoben erklärt (Art. 24, 43, 18).[5] Der französische Konsul durfte sogar diejenigen türkischen Unterthanen aburteilen, welche als Seeräuber von französischen Kriegsschiffen aufgegriffen wurden.[6]

Zu dieser Kapitulation von 1604 wurde im Jahre 1607 eine Ergänzungsakte vereinbart, die eine neue Bestätigung der französischen Privilegien enthielt und zugleich festsetzte, dass mit Ausnahme der Venezianer und Engländer alle auswärtigen Nationen, die keine Gesandten bei der Pforte besässen und des

---

[1] Beach-Lawrence, a. a. O. p. 122; Féraud-Giraud, De la juridiction française dans les Échelles du Levant et de Barbarie. t. I. p. 88.

[2] Beach-Lawrence, a. a. O. p. 122; Martens-Skerst. S. 200.

Der Art. 4 ist um so auffälliger, als bereits vor 1604 England in offizielle, unmittelbare Beziehungen zur Türkei getreten war und seinen eigenen Vertreter bei der Pforte hatte; in einer Zusatzakte vom Jahre 1607 zur Kapitulation von 1604 wurde sie allerdings widerrufen (s. u.).

[3] Um die Konsuln gegen unberechtigte Ansprüche zu schützen, mussten alle Kontrakte über Kauf und Verkauf, welche die Konsuln, Dragomane oder deren sonstiges Personal mit türkischen Unterthanen abschlossen, beim Kadi insimuiert werden. (s. Martens-Skerst. S. 201.)

[4] Beach-Lawrence, a. a. O. t. IV. p. 123.

[5] Martens-Skerrt. S. 201—202.

[6] Diese Bestimmung war von besonders weittragender Bedeutung, als gerade in jener Zeit vornehmlich türkische Seeräuber den Archipel und das mittelländische Meer unsicher machten.

Handels wegen in das osmanische Reich kämen, nach altem Herkommen unter französischer Flagge segeln sollten.[1]

Diese Bestimmung war die Folge der Thatsache, dass England trotz aller gegenteiligen Bemühungen Frankreichs durch die Kapitulationen von 1583 und 1606 das Recht erlangt hatte, unter englischer Flagge im Gebiete des osmanischen Reiches Handel zu treiben und daselbst Konsuln zu ernennen (s. u. 2. Kapitel).

Nicht lange dauerte es nach dem Abschluss der Kapitulation von 1604/1607, als die Türkei durch Bedrückungen und Misshandlungen der französischen Konsulate und Kaufleute wiederum Anlass zu Klagen wegen grober Verletzung der Kapitulationen gab. Wie ausführlich und kasuistisch auch die Garantieen der Sicherheit des Verkehrs und der Unverletzlichkeit der französischen Konsuln und Handeltreibenden festgesetzt waren, die Türkei brach stets wieder ihre feierlichsten Versprechungen, sie war eben ein Land, in dem Willkür und Despotismus herrschte und religiöser Fanatismus gegen die Nichtmohammedaner die Richtschnur aller Handlungen der Machthaber wie des Volkes blieb. Nur nach dem jeweiligen Grade des politischen Einflusses, den Frankreich im gegebenen Momente besass, wurden die Kapitulationen von der Pforte mehr oder minder eingehalten. So war gerade die Zeit bis zum Jahre 1673 eine Zeit der schlimmsten Gewaltthätigkeiten seitens der Pforte gegenüber den französischen Unterthanen, da Frankreich durch die in Mitteleuropa sich abspielenden Ereignisse viel zu sehr in Anspruch genommen war, als das es sein Augenmerk auf den Orient richten konnte. Die schärfsten Proteste Frankreichs verhallten bei der Pforte ungehört. Erst als die Pforte die glänzenden Siege Ludwigs XIV. in den Niederlanden erfuhr, wurde sie Verhandlungen zugänglicher, und es kam 1673 zwischen Ludwig XIV. und Mohammed IV. eine neue Kapitulation zum Abschluss, die in den Hauptpunkten eine Wiederholung des Vertrages von 1604 war. Die Rechte der Konsuln und ihre Jurisdiktionsgewalt wurden wiederum bestätigt.[2] Einige neue Artikel kamen hinzu, so vor allem die (jetzt noch gültige) Bestimmung: übersteigt die Forderung eines türkischen Unterthanen gegen einen Franzosen die Höhe von 4000 Aspern, so sollte kein anderes türkisches Gericht als der grossherrliche Divan zuständig

[1] Martens-Skerst. S. 204.

[2] Martens-Skerst. S. 206.

sein.[1] Art. 52 ferner verbot den türkischen Behörden, von den französischen Unterthanen Erlegung eines Wehr- oder Blutgeldes (prix du sang) für einen Mord zu fordern, der in dem französischen Quartier verübt war; nur die durch gerichtliches Erkenntnis festgestellten Schuldigen sollten zur Rechenschaft gezogen werden.[2]

Art. 40—42 erklärte Frankreich als vornehmsten Protektor der heiligen Orte in Palästina, sowie der Pilger römisch-katholischer Religion.

Es muss übrigens bemerkt werden, dass den vielfachen Beschwerden Frankreichs über Verletzung der Kapitulationen auch manche berechtigte Klagen der türkischen Regierung über die französischen Konsuln und Unterthanen gegenüber standen.

Schon damals übte der Orient eine grosse Anziehungskraft auf geldgierige Abenteurer und Vagabunden aus, die sich auf Kosten der unwissenden türkischen Bevölkerung ebenso schnell wie unrechtmässig zu bereichern verstanden. Auch unter den französischen Konsuln — sie wurden von den Handelskorporationen erwählt — gab es zahlreiche unfähige, wie gewinnsüchtige Persönlichkeiten, die sich weder um das Wohl des Handels noch der Kaufleute kümmerten und ihr Amt nur dazu ausnützten, um sich nach Möglichkeit zu bereichern. Auch wurden die Konsularämter verkauft und gekauft. Erst Colbert schaffte diesen Unfug ab. Die Konsuln wurden dem Marineministerium unterstellt, und im Jahre 1681 erging die berühmte Ordonnance de la marine,[3] welche den Grundstein zur Organisation des französischen Konsularwesens legte. Der Grundgedanke dieser Ordonnance ist, dass die Konsuln administrative Organe der Staatsgewalt sind; ihre Funktionen werden durch die völkerrechtlichen Verträge und das positive Recht bestimmt.[4] Die Konsuln wurden mit einer sehr umfassenden Polizeigewalt gegenüber ihren Landsleuten und

---

[1] Miltitz, Manuel des Consuls. t. I. p. 523. t. II. part. II. p. 460. — 4000 Aspern = 33⅓ Piaster (= 6 M. 17 Pf.), s. u. Art. 41 und 69 der Kapitulation von 1740.

[2] Miltitz, a. a. O. t. II. part. II. p. 119.

[3] Martens-Skerst. S. 208 ff.; Pardessus, Collection des lois maritimes. t. IV. p. 325.

[4] Das Edikt vom 28. Juni 1778 bestimmt dann das Verfahren vor den Konsulargerichten. Es gilt heute noch. (s. Féraud-Giraud, a. a. O. t. II. p. 263.

Schutzbefohlenen ausgestattet, um Zusammenstösse mit den türkischen Lokalbehörden zu vermeiden und alle abenteuerlichen Elemente der französischen Kolonie im Zaume zu halten. Diese Organisation der französischen Konsulate wirkte sehr wohlthätig auf Handel und Verkehr mit der Türkei. Im Jahre 1719 bestanden bereits neun Konsulate im osmanischen Reiche. Das politische Ansehen Frankreichs hob sich und zwang die türkische Regierung, der Beobachtung der Kapitulationen eine grössere Sorgfalt zuzuwenden. Die unmittelbare Teilnahme Frankreichs am Abschlusse des Friedens von Belgrad im Jahre 1739, der unter seine Garantie gestellt wurde, verlieh seinem Einfluss in der Türkei ein derartiges Übergewicht, dass es im Jahre 1740 eine Bestätigung und Erweiterung seiner Rechte von der Pforte verlangen konnte.[1]

Die Kapitulation von 1740, welche unter der Regierung Ludwigs XV. und Mahmuds I. geschlossen wurde, bestimmt ausführlich die Rechte des französischen Handels und der französischen Konsuln in der Türkei. Ihre Bedeutung ist eine ganz hervorragende: sie bildet heute noch die Grundlage der internationalen Beziehungen zwischen Frankreich und der Türkei; sie diente auch als Vorbild für die mit den übrigen europäischen Staaten in der Folgezeit abgeschlossenen Verträge, ihre Bestimmungen gingen meist unverändert in die andern Verträge über. Die Kapitulation von 1740 ist der letzte Traktat, der den speciellen Namen einer Kapitulation trägt und nie ausser Kraft gesetzt worden ist. Alle späteren Verträge zwischen Frankreich und der Türkei bestätigen stets die fortdauernde Gültigkeit der Kapitulation von 1740.

Sie besteht aus 85 Artikeln, die zum grossen Teil eine buchstäbliche Wiederholung der Verträge von 1604 und 1673 enthalten und in regelloser Aufeinanderfolge zusammengestellt sind.[2]

Die einzelnen Artikel betreffen:

a. Das religiöse Protektorat Frankreichs über die hei-

---

[1] Martens-Skerst. S. 210; Beach-Lawrence, Commentaire sur Wheaton. t. IV. p. 125; Féraud-Giraud, De la juridiction française dans les Échelles du Levant et de Barbarie. tom I. p. 92 et suiv.

[2] Die Kapitulation von 1740 findet sich in ihrem Wortlaut abgedruckt bei: Féraud-Giraud, De la juridiction française dans les Échelles du Levant et de Barbarie. t. I. p. 92—196; Aristarchi Bey, Législation Ottomane. IVème partie. p. 169.

ligen Orte in Syrien und Palästina, das Schutzverhältnis zu den dorthin wallfahrenden Pilgern, ferner den Besitz christlicher Kirchen im Gebiete des osmanischen Reiches.

(Art. 82: Einräumung des religiösen Protektorats über Jerusalem und die heiligen Orte.

Art. 1, 32—34: Gewährleistung des ungestörten Aufenthalts in Syrien und Palästina für die französischen Unterthanen und die unter französischem Schutze dort weilenden Pilger und Kaufleute aller Nationen.

Art. 35: Die Pforte gestattet den Besitz christlicher Kirchen in Galata — für die Jesuiten und Kapuziner —, Smyrna, Saida, Alexandrien und an anderen Orten der Levante.

Art. 36: Zusicherung freier Religionsausübung im christlichen Hospitale zu Galata.)

b. Garantieen für die Freiheit und Sicherheit des französischen Handels und der Schiffahrt, Herabsetzung der Zölle, Beseitigung lästiger Zollschranken für die französischen Staatsangehörigen und die unter französischer Flagge fahrenden Schutzgenossen.

(Art. 2—10, 12—13, 20, 27, 30; 37, 39; 55—57; 40 und 51.)

Art. 73—81: Schutz der Schiffahrt; Erlaubnis zur Benutzung der türkischen Werften; Garantie der Zahlung der Miete für die von dem türkischen Fiskus oder von türkischen Unterthanen gecharterten französischen Schiffe.

Art. 19: Unterstützung in Seenot: Die Kapitäne der türkischen Kriegs- und Handelsschiffe sind angewiesen, französischen Fahrzeugen allen Beistand angedeihen zu lassen. Verbot des Strandrechts.

Art. 11, 54, 81: Verabredung gemeinsamer Massregeln zur Unterdrückung der Piraterie.

c. Schutz der persönlichen Freiheit und des Eigentums; Befreiung von der Kopfsteuer (kharadsch), Anerkennung des Prinzipes der individuellen Verantwortlichkeit.

1. Art. 22—24: Kein Franzose soll für den anderen einstehen:

nicht für fremde Schulden, ausser er ist Bürge (Art. 22, Abs. I, 23),
nicht für den betrügerischen Bankerutt anderer (Art. 53),
nicht für den von Korsaren angerichteten Schaden (Art. 54).

Art. 68: Die Reise eines französischen Kaufmannes darf unter dem Vorwand, er müsse seine Schulden zahlen, nicht aufgehalten werden, wenn der Gesandte oder Konsul für ihn Bürgschaft leistet.

2. Jeder Franzose kann frei über seinen Nachlass verfügen. Stirbt er ohne Hinterlassung einer letztwilligen Verfügung, so hat der Konsul den Nachlass in Verwahrung zu nehmen und die Verlassenschaftsauseinandersetzung zu bethätigen; die türkischen Fiskalbehörden dürfen sich nicht einmischen, auch keine Abgaben erheben (Art. 22, Abs. II).

3. Renegaten haben die in ihren Händen befindlichen Waren französischer Kaufleute sofort nach dem Übertritt zum Islam bei dem französischen Gesandten oder Konsul zu deponieren (Art. 69).

4. Soll eine Haussuchung bei französischen Unterthanen stattfinden, so haben die türkischen Behörden zuvor den französischen Gesandten oder Konsul hievon in Kenntnis zu setzen; die Haussuchung kann alsdann nur in dem Beisein dieser oder deren Bevollmächtigten vorgenommen werden (Art. 70).

d. Prärogativen der französischen Gesandten, Konsuln und ihres Personals, insbesondere der Dragomane (Art. 44 bis 50, 43).

Art. 17: Die französischen Vertreter haben den Vorrang vor den Vertretern aller übrigen Nationen.

Art. 48: Sie brauchen vor Gericht nicht in Person zu erscheinen und dürfen sich durch ihre Dragomane vertreten lassen.

Art. 50: Auf ihr Verlangen wird ihnen eine Schutzwache von Janitscharen gestellt.

Art. 25: Wird ein Konsul an einen andern Ort versetzt, so darf von ihm keine (Abzugs-)Gebühr erhoben werden; seinem Abzug dürfen keine Hindernisse in den Weg gelegt werden.

Art. 61: Französische Unterthanen wie türkische, letztere dann, wenn sie sich für ihren Handel französischer Schiffe bedienen, haben an die Konsuln für amtliche Akte Gebühren zu entrichten.

Die französischen Vertreter dürfen ihre Dragomane, Offizianten und sonstiges Personal aus der Zahl der türkischen Unterthanen entnehmen; diese geniessen dann dieselben Vorzüge wie französische Unterthanen, insbesondere unterstehen sie der französischen Konsulargerichtsbarkeit (Art. 43f.).

e. Die Konsulargerichtsbarkeit:

1. Zur Entscheidung von Civil- wie Kriminalprozessen, an denen lediglich Franzosen beteiligt sind, ist der französische Gesandte oder Konsul ausschliesslich zuständig (Art. 26, 15).[1]

2. Alle Civil- und Kriminalstreitigkeiten zwischen französischen und türkischen Unterthanen werden vom Kadi in Gegenwart des französischen Dragomans entschieden. Ohne Zuziehung des Dragomans ist das ganze Verfahren nichtig (Art. 26, 65).[1]

Übersteigt der Streitwert die Summe von 4000 Aspern,[2] so ist das erkennende Gericht der grossherrliche Divan (Art. 41 und 69).

Strengt ein türkischer Unterthan einen Prozess gegen den französischen Gesandten oder Konsul an, so ist die hohe Pforte allein zur Entscheidung zuständig. (Art. 16.)

Rechtsgeschäfte zwischen französischen und türkischen Unterthanen sollen vom Kadi insinuiert und in ein Register eingetragen werden, damit bei etwaigen Prozessen vollgültige Beweismittel vorhanden wären (Art. 23).

3. Streitigkeiten zwischen Konsuln sowie Unterthanen verschiedener Nationen können auf Verlangen und Wunsch beider Streitsteile vor das Forum ihrer betreffenden Gesandten gebracht werden (Art. 52).[3] Es war demnach dem Ermessen der Parteien anheimgegeben, ob sie sich an einen der bei der Pforte beglaubigten christlichen Gesandten oder an die türkischen Gerichte

---

[1] Art. 15 begründet die Kriminaljurisdiktion der Konsuln ausdrücklich, selbst in den Fällen, wo es sich um eine Anklage wegen Mordes oder Totschlages handelt

Wurde das Verbrechen an einem türkischen Unterthanen begangen, so ist das türkische Gericht zuständig, jedoch muss auch hier der französische Vertreter, Dragoman oder sonst ein Bevollmächtigter zum Verfahren zugezogen werden. Art. 65. (s. a. Antonopoulos, a. a. O. S. 152.)

[2] 1 Türkisches Pfund (Lira) = 100 Piaster = 4000 Para = 12000 Aspern. 1 Türk. Pfund = 18 ℳ 50 ₰; 1 ägypt. Pfund = 100 ägypt. Piaster = 110 türkische Piaster.

[3] Art. 52 lautet:

S'il arrive que les Consuls et les négociants français aient quelques contestations avec les Consuls et les négociants d'une autre nation chrétienne, il leur sera permis, du consentement et a là réquisition des parties, de se pourvoir par-devant leurs Ambassadeurs qui résident à ma Sublime Porte; et tant que le demandeur et le défendeur ne consentiront pas à porter ces sortes de procès par-devant les pachas, cadis, officiers ou douaniers, ceux-ci ne pourront pas les y forcer, ni prétendre en prendre connaissance.

wenden wollten; Voraussetzung war natürlich hinsichtlich der Prorogation an das Forum des christlichen Richters Übereinstimmung beider Parteien. Einigten sich die Parteien nicht, so wurde der Prozess vor dem türkischen Richter verhandelt. Dass dies so war, ist aus dem Schlusspassus des Art. 52 zu entnehmen, wo es heisst: sind beide Parteien nicht einig, den Prozess vor das Forum des türkischen Pascha, Kadi oder Vorstand des Zollamts zu bringen, so dürfen letztere sie nicht dazu zwingen. Demnach wurden offenbar in erster Linie die türkischen Gerichte zur Entscheidung von Prozessen zwischen Christen verschiedener Nation als zuständig erachtet, und erst eine freiwillige Übereinkunft beider Streitsteile konnte eine Änderung des Gerichtsstandes herbeiführen. Die unklare Fassung dieses Artikels wurde in der Folgezeit durch die Praxis der christlichen Staaten beseitigt, welche das alte Prinzip: actor sequitur forum rei wieder zur Geltung brachte.[1]

4. Die Dragomans, welche französischer Abstammung und zur Vertretung der Gesandten bezw. Konsuln berechtigt waren, sollten ausschliesslich der Disziplinar- und Jurisdiktionsgewalt ihrer Gesandten und Konsuln unterstehen. Eine Verfolgung durch die türkischen Behörden war unzulässig. (Art. 46.)

Obwohl in diesem Artikel nur von dragomans véritablement français die Rede ist, musste (und wurde auch in der That) dessen Geltung auf die Dragomane nichtfranzösischer (also auch türkischer) Abstammung erstreckt werden, da Art. 43 die den Franzosen eingeräumten Privilegien auch auf die im Dienste der Gesandten (Konsuln) stehenden Dragomane ausdehnte (ebenso Art. 83 und 84).

5. Die willkürliche Wiederaufnahme bereits durch rechtskräftiges Urteil (hoget) entschiedener Prozesse seitens der türkischen Behörden verbietet Artikel 71.

Man ersieht hieraus, dass es ein beliebtes Mittel war, ein Wiederaufnahme-Verfahren einzuleiten, wenn ein Prozess zwischen einem Franzosen und einem Türken zu Gunsten des ersteren entschieden war. Wo möglich wurde dann ein Zeitpunkt gewählt, wo dem Christen nicht mehr die nötigen Beweismittel zu Gebote standen, so dass die türkische Partei in dem wieder aufgenommenen

[1] Über die weitere Entwicklung s. u. (S. 90) die Anmerkung zu Art. 58 des russisch-türkischen Vertrages von 1783.

Prozesse obsiegen musste. Um diesem Missbrauch zu steuern, bestimmt Art. 71, dass der Antrag auf Wiederaufnahme dem französischen Vertreter mitgeteilt werden muss. Zugleich ist dem Konsul und der Partei, gegen die sich der Antrag richtet, eine genügende Frist zur Entgegnung und Aufklärung der Thatsachen zu geben. Erst nach Einlauf der Antwort beschliesst — nicht das Gericht, dessen Urteil angefochten wird, sondern — die hohe Pforte allein über die Wiederaufnahme und verhandelt, wenn sich die Notwendigkeit einer Wiederaufnahme herausgestellt hat, die Sache von neuem. In dem Wiederaufnahmeverfahren dürfen von Seiten der türkischen Prozesspartei nur schriftliche Belege zum Beweise ihrer Ansprüche gegen den französischen Streitsteil vorgebracht werden; Zeugenaussagen werden nicht gehört.

6. Der im Prozess unterliegende Teil hat die Kosten des Rechtsstreits zu tragen. Haben französische Unterthanen Gerichtsgebühren zu entrichten, so soll statt sämtlicher einzelner Gebühren eine Pauschalgebühr von 2% des Streitwertes in Ansatz kommen (Art. 72).[1]

f. Bestimmungen allgemeinen Inhalts:

1. Bestätigung der früheren französisch-türkischen Kapitulationen (Art. 43, Abs. II).

2. Die Franzosen sollen sich der gleichen Privilegien erfreuen, wie die Venezianer. (Art. 29).

3. Frankreich werden die Rechte einer meistbegünstigten Nation eingeräumt (Art. 83).

4. Die strenge Beobachtung und Einhaltung der Kapitulationen wird allen türkischen Behörden wiederholt eingeschärft. (Art. 31 und 76).

Mit der Kapitulation von 1740 schliesst die erste Periode des Verkehrs zwischen Frankreich und der Türkei. Den fortgesetzten Bemühungen Frankreichs war es endlich gelungen, eine genaue und eingehende Festsetzung aller Rechte und Privilegien seiner Unterthanen wie Konsuln zu erzielen. Da, wie schon angeführt, die Bestimmungen der Kapitulation von 1740 durch die späteren französisch-türkischen Verträge erneuert und bestätigt wurden,[2]

---

[1] Gegenwärtig sind die Gerichtsgebühren für Ausländer durch eine türkische Justizministerialverordnung festgesetzt. (s. ANTONOPOULOS, a. a. O. S. 145.)

[2] Die wichtigsten Verträge sind:

Der Friedensvertrag vom 9. Oktober 1801; die Konvention vom 25. No-

so haben seitdem die Jurisdiktionsgewalt und sonstigen Prärogativen der französischen Konsuln keine wesentliche Änderung erfahren.

Im Zusammenhange mit den zwischen Frankreich und der Türkei vereinbarten Kapitulationen stehen die Verträge, welche Frankreich mit den Barbareskenherrschaften abgeschlossen hat. Obwohl diese Gebiete an der Nordküste Afrikas — mit Ausnahme des Sultanats Marokko — Bestandteile des osmanischen Reiches geworden waren, verstanden es doch bald die dort eingesetzten Paschas und Statthalter, sich in eine sehr lose Abhängigkeit zur Pforte zu bringen; sie kümmerten sich sehr wenig um die von letzterer getroffenen Anordnungen. Die türkische Regierung war auch zu ohnmächtig, um die von ihr Frankreich gegenüber eingegangenen Verpflichtungen in den Barbareskengebieten mit Nachdruck zur Geltung zu bringen. Die französischen Unterthanen und Konsuln wurden in der Berberei aufs gröblichste misshandelt, beschimpft, ihres Vermögens, ja sogar ihrer Freiheit beraubt; Piraterie und Sklavenhandel wurden im ausgedehntesten Masse betrieben. Bereits im Jahre 1567 hatte die französische Regierung auf Grund der mit der Pforte abgeschlossenen Kapitulationen einen Konsul in Algier ernannt, welcher aber erst 1581 von dem dortigen Pascha anerkannt wurde.[1] Frankreich trat daher mit den von der Pforte halb unabhängigen Machthabern der Barbareskengebiete in direkte Verhandlungen und schloss Sonderverträge ab, die seinen Angehörigen und Konsuln den nötigen Schutz verschaffen sollten. Solche Verträge kamen zu stande:

mit Algier[2] in den Jahren 1628, 1666, 1684, 1689, 1694, 1719, 1764, 1801; —

mit Tunis[3] 1604, 1665, 1666, 1672, 1685, 1698, 1710, 1720, 1729, 1742, 1765, 1774, 1802, 1824, 1830; —

mit Tripolis[4] 1681, 1685, 1693, 1720, 1729, 1774, 1801, 1830.

Durch diese Kapitulationen wurden den französischen Kon-

---

vember 1838 (ausdrücklich als Anhang zu den Kapitulationen bezeichnet), der Handelsvertrag vom 29. April 1861. (s. Aristarchi Bey, Législation Ottomane. IVème partie. p. 193. 194. 201.)

[1] Féraud-Giraud, De la juridiction française dans les Échelles du Levant et de Barbarie. t. I. p. 225; Martens-Skerst. S. 219.

[2] Féraud-Giraud, a. a. O. t. I. p. 247.

[3] Derselbe. t. I. p. 224.

[4] Derselbe. t. I. p. 204.

suln und Staatsangehörigen dieselben Vorrechte und Privilegien zugesichert, wie sie in den mit der Pforte abgeschlossenen Verträgen vereinbart waren.[1]

Alle Prozesse der Franzosen untereinander gehörten vor das Forum ihres Konsuls.[2] Streitigkeiten zwischen Franzosen und Mauren oder Türken waren vom Divan oder dem Rate des Paschas oder dem Kommandanten des Hafens, wo der Streit ausgebrochen war, zu entscheiden, — nicht von den gewöhnlichen Lokalgerichten, auch musste der französische Vertreter zum Verfahren zugezogen werden.[3] Mauren oder Türken durch einen Franzosen zugefügte Verletzungen waren von den Landesbehörden zu bestrafen; der Konsul musste jedoch von der Anklage in Kenntnis gesetzt werden, auch war ihm das Recht eingeräumt, mit allen gesetzlichen Mitteln zur Verteidigung des Angeklagten einzutreten. Entzog sich der Angeklagte dem Urteilsspruch durch die Flucht, so durfte der Konsul hiefür nicht verantwortlich gemacht werden;[4] ebenso wenig hatte er für Schulden seiner Landsleute einzustehen.[5]

Einige Abweichungen enthalten die tunesischen Kapitulationen. So wurde die ursprünglich vereinbarte Bestimmung, dass Civilprozesse zwischen Franzosen und Mohammedanern von dem Rate des Dey entschieden werden sollten, später dahin abgeändert, dass diese Streitsachen vor ein gemischtes Gericht gebracht werden mussten, welches aus mehreren französischen, vom Konsul gewählten Kaufleuten und aus der gleichen Anzahl maurischer Kaufleute zusammengesetzt war. Die Wahl der maurischen Ge-

---

[1] Art. 1 des Zusatzvertrages von 1743 zu dem zwischen Frankreich und Tunis geschlossenen Vertrage von 1742 lautet:

„Que les capitulations faites et accordées entre l'Empereur de France et e Grand-Seigneur ou ses prédécesseurs, ou celles qui seront accordées de nouveau par l'Ambassadeur de France à la Porte, pour la paix et repos des dits Etats, seront exactement gardées et observées, sans que, de part et d'autre, il y soit contrevenu directement ou indirectement.“ Ebenso Art. 1 des Vertrages zwischen Frankreich und Tripolis vom Jahre 1801. (s. Féraud-Giraud, De la juridiction française etc. t. I. p. 246. 206.

[2] s. Art. 13 der Kapitulation mit Tunis von 1742; Art. 18 der Kap. mit Tripolis von 1801. (Féraud-Giraud, a. a. O. t. I. p. 240. 213.)

[3] s. Art. 19 der Kap. mit Tripolis von 1801.

[4] s. Art. 19 der Kap. mit Tunis von 1742; Art. 23 der Kap. mit Tripolis von 1801.

[5] s. Art. 17 der Kap. mit Tunis von 1742; Art. 20 der Kap. mit Tripolis von 1801.

richtsmitglieder hatte der Anim oder sonst ein hoher Beamter des Dey vorzunehmen. Konnte sich dieses Gericht auf einen Richterspruch nicht einigen, so sollte der Dey persönlich im Einverständnis mit dem französischen Konsul die Entscheidung nach Recht und Billigkeit fällen.[1] Für flüchtige Verbrecher französischer Herkunft hatte der Konsul ebenfalls nicht aufzukommen, desgleichen nicht für Sklaven, welche sich an Bord französischer Kriegsschiffe flüchteten; erfolgte jedoch die Flucht auf ein Handelsschiff, so konnte der Kommandant von Tunis nach den Flüchtigen suchen lassen und der Konsul hatte ihm seinen Beistand zu gewähren.[2]

Da ähnliche Zustände, wie in den der Türkei unterworfenen Barbareskengebieten auch in Marokko herrschten, schloss Frankreich mit diesem Reiche Kapitulationen ab, so in den Jahren 1630, 1631, 1635, 1682.[3] Die wichtigste Kapitulation ist aber die vom Jahre 1767; sie besitzt heute noch verbindliche Kraft.[4] Gemäss Art. 11 dieses Vertrages kann der französische Herrscher (l'Empereur de France) im Kaisertum Marokko so viele Konsuln ernennen, als ihm beliebt, damit diese „seine Person in den Häfen des Reiches Marokko repräsentieren, den Kaufleuten und Seefahrern Beistand leisten, ihre Streitigkeiten entscheiden, ohne dass sich ein marokkanischer Gouverneur einmischen darf". Die französischen Konsuln haben den Vorrang vor allen andern, sie können sich ihre Dragomane und ihr Kanzleipersonal frei wählen, welche ebenso wenig, wie die Konsuln selbst, in Erfüllung ihrer Dienstobliegenheiten behindert werden sollen. Civilprozesse zwischen Franzosen und Marokkanern entscheidet der Kaiser von Marokko oder dessen Statthalter, die gewöhnlichen Landesgerichte sind nicht zuständig (Art. 12). Merkwürdigerweise ist diese erhöhte Garantie einer unparteiischen Rechtsprechung für Kriminalfälle, bei welchen es sich um Verletzung sei es eines Franzosen durch einen Mauren oder umgekehrt handelt, nicht gegeben,[5] denn in derartigen Strafsachen haben die marokkanischen

---

[1] s. Art. 16 des Vertrages mit Tunis von 1801; Art. 7 von 1802; Art. 14 von 1824. (Féraud-Giraud, a. a. O. t. I. p. 240. 241.)

[2] s. Art. 19 des Vertrages mit Tunis von 1801.

[3] s. Féraud-Giraud, a. a. O. t. I. p. 250 et suiv.

[4] Der Wortlaut des Vertrages von 1767 ist abgedruckt bei Féraud-Giraud, a. a. O. t. I. p. 252—261.

[5] Martens-Skerst. S. 222.

Lokalgerichte, allerdings in Gegenwart des französischen Konsuls, zu verhandeln und abzuurteilen (Art. 13). Die Auseinandersetzung der Verlassenschaft eines in Marokko verstorbenen Franzosen obliegt dem Konsul (Art. 14).

Endlich soll Frankreich als meistbegünstigte Nation behandelt werden (Art. 5).

Hiermit schliesst die Reihe der bis zum Ende des XVIII. Jahrhunderts von Frankreich mit der Türkei und den Barbareskengebieten vereinbarten Kapitulationen. Frankreich gebührt unzweifelhaft das Verdienst, zuerst in seinen Kapitulationen diejenigen Prinzipien zur Geltung gebracht zu haben, welche noch heute die Grundlage der Konsularjurisdiktion bilden. Denn diese Prinzipien finden sich in allen Kapitulationen wieder, die von den übrigen christlichen Nationen mit der Türkei vereinbart worden sind. Der wesentliche Inhalt dieser ist fast gleichlautend mit dem der französischen Kapitulationen, lediglich die äussere Verteilung der Artikel und die mehr oder minder ausführliche Festsetzung der gegenseitigen Rechte und Pflichten vermag einen Unterschied zu begründen.[1]

## Zweites Kapitel.

### Abschluss von Kapitulationen mit England, Holland, Österreich, Schweden, Dänemark, Preussen, Spanien und Russland.

Als der Handelsverkehr zwischen England und der Türkei im XVI. Jahrhundert an Bedeutung zunahm, sah sich die englische Regierung veranlasst, ihr Augenmerk auf die Levante zu richten und mit dem osmanischen Reiche in direkte diplomatische Beziehungen zu treten, um den übermächtigen Einfluss Frankreichs im Orient einzudämmen und den englischen Handel von seiner Bevormundung durch die französischen Konsularbehörden zu befreien. Nach mehrfachen Verhandlungen, die bereits 1578 begonnen hatten und bei denen vor allem die Intriguen Frankreichs zu bekämpfen waren (s. o.), kam im Jahre 1580 eine Kapitulation zu stande, durch die England der Handel unter eigener Flagge und die Errichtung eigener Konsulate im Gebiete des

[1] Martens-Skerst. S. 222.

osmanischen Reiches gestattet wurde.[1] Auf den Protest der französischen Regierung hin wurde jedoch diese Kapitulation wieder ausser Kraft gesetzt. Der Geschicklichkeit des englischen Konsuls in Konstantinopel gelang es aber, im Jahre 1583 den Abschluss einer neuen Kapitulation durchzusetzen, worin die den Franzosen zugestandenen Privilegien auch den Engländern eingeräumt wurden, so namentlich die Konsularjurisdiktion. In den Jahren 1606, 1619 und 1662 bestätigten weitere Kapitulationen das Recht Englands, in einer Reihe von Städten des osmanischen Reiches Konsuln mit Civil- und Kriminaljurisdiktion zu ernennen.[2]

Mit der steigenden Entwicklung seines Handelsverkehrs und durch die gewandte Diplomatie seiner Vertreter hob sich auch der politische Einfluss Englands bei der Pforte, und so wurde im Jahre 1675 eine Kapitulation abgeschlossen, in welcher aufs ausführlichste die Rechte der englischen Unterthanen und Konsuln festgesetzt wurden.[3]

Nach dieser Kapitulation sind die englischen Staatsangehörigen befugt, im ganzen Gebiete des türkischen Reiches sich frei und unbehindert aufzuhalten und unter englischer Flagge Handel zu treiben. Sicherheit der Person und des Vermögens wird garantiert. Die englischen Kaufleute und Konsuln sollen alle Rechte und Privilegien geniessen, welche den Franzosen, Venezianern und andern Nationen von der Pforte eingeräumt wurden oder noch werden.

Wird ein englischer Unterthan als Sklave auf türkischem Territorium ermittelt, so muss er auf Reklamation des englischen Vertreters nach Feststellung seiner Nationalität freigelassen werden (Art. 12).

Von der Kopfsteuer und allem Tribut sind die englischen Unterthanen befreit (Art. 13).

---

[1] s. Charrière, Négociations de la France dans le Levant. t. II. p. 884. 913. 924. Die ersten Verhandlungen führte ein englischer Kaufmann Namens Harebone. Der französische Gesandte de Germigny erfuhr hievon, liess ein Schiff des Harebone bei Skios anhalten, nach Briefen durchsuchen und man fand auch ein Beglaubigungsschreiben der Königin von England.

[2] Martens-Skerst. S. 223.

[3] Du Mont, Corps diplomatique. t. VII. part. I. p. 197; Hertslet, A complete Collection of the Treaties and Conventions etc. vol. II. p. 346; Aristarchi Bey, Législation Ottomane. IVème partie. p. 88.

Der Abreise eines Engländers darf wegen einer Schuld oder sonstigen Forderung kein Hindernis in den Weg gelegt werden, wenn sein Konsul für ihn einzustehen verspricht (Art. 69, Abs. II).

Niemand ausser dem Bürgen hat für fremde Schuld aufzukommen (Art. 8, 11, 58).

Rechtsgeschäfte zwischen englischen und türkischen Staatsangehörigen können vor dem Kadi abgeschlossen werden, welcher hierüber eine Beglaubigungsurkunde (hoget, hodjet) auszustellen und in ein Register einzutragen hat. Gegenüber solchen hogets werden Zeugenaussagen nicht zugelassen (Art. 9).

Der Nachlass eines auf türkischem Gebiet verstorbenen englischen Unterthanen oder Schutzgenossen wird dessen Testamentsexekutor oder mangels einer letztwilligen Verfügung dem englischen Konsul ausgehändigt. Befindet sich an dem Sterbeorte kein Konsul, so soll der türkische Richter den Nachlass in Verwahrung nehmen und dem englischen Gesandten in Konstantinopel mit nächster Schiffsgelegenheit übersenden (Art. 26).

Engländer, die zum Islam übergetreten sind, haben alle englischen Güter, welche sich in ihren Händen befinden und nicht ihr Eigentum sind, dem englischen Konsul oder Gesandten sofort auszuliefern.

Besonders eingehende Bestimmungen enthält die Kapitulation von 1675 über die Privilegien und Jurisdiktionsbefugnisse der Konsuln.

Die englische Regierung ist berechtigt, an allen in Art. 14 aufgezählten Orten Konsulate zu errichten.

Die Konsuln dürfen in Erfüllung ihrer Amtspflichten in keiner Weise durch die türkischen Behörden behindert werden; unter keinem Vorwande ist deren Einkerkerung oder die Sequestration ihrer Häuser noch sonst eine Belästigung statthaft (Art. 25).

Alle Klagen oder Beschwerden gegen die Konsuln können nur bei der hohen Pforte angebracht werden, vor welcher dann der englische Gesandte Rede stehen wird (Art. 25).

Alle Prozesse, an denen ausschliesslich englische Unterthanen oder Schutzbefohlene beteiligt sind, unterliegen dem Richterspruche des englischen Gesandten oder Konsuls; jede Einmischung der türkischen Richter oder Verwaltungsbeamten ist verboten (Art. 16).

Gehört nur eine der Parteien der englischen Nation an, so sind die türkischen Gerichte zuständig; jedoch ist während des ganzen Verfahrens (in Civil- wie Kriminalsachen) der englische Gesandte, Konsul oder Dragoman bezw. deren Stellvertreter zu den Verhandlungen beizuziehen (Art. 15, 24, 42, 10).[1]

Für Prozesse mit einem Streitwert über 4000 Aspern ist die ausschliessliche Zuständigkeit der hohen Pforte gegeben (Art. 24, 69).

Art. 18 enthält die Meistbegünstigungsklausel, wonach England alle den Venezianern, Franzosen oder sonstigen christlichen Nationen bewilligten Vorrechte zugestanden werden.

Die Bestimmungen der Kapitulation von 1675 haben ihre Gültigkeit bis auf die Gegenwart erhalten. Alle späteren Verträge zwischen England und der Türkei (so insbesondere vom 5. Januar

---

[1] Bezüglich des Art. 10 gibt es zwei Lesarten; die eine nach Du Mont, Corps diplomatique. t. VII. part. I. p. 198 lautet:

„Et si quelque personne de l'etendue de nos États accuse quelque Anglois de lui avoir fait tort, et que pour ce sujet il prétende d'agir contre lui par voye de violence, ou de témoins partiaux, nos Ministres ne les écouteront pas et ne les recevront à en faire les preuves par cette voye là, mais l'Ambassadeur ou le Consul de la Nation Angloise en seront informéz afin que l'affaire puisse être décidée avec sa participation et en sa présence, et que les Anglois puissent toujours avoir recours à leur appui et protection."

Dagegen bringen Hertslet, A complete collection of Treaties and Conventions etc. (auf Grund der Publikation der Compagnie du Levant vom Jahre 1820) vol. II. p. 643, und nach ihm Féraud-Giraud, De la juridiction franç. etc. t. I. p. 118, Piggot, Exterritoriality, p. 195, ferner Aristarchi Bey, Législation Ottomane, IVème part. p. 88, folgenden Wortlaut:

„Si quelqu'un calomnie un Anglais, en l'accusant de lui avoir fait tort, et en produisant de faux témoins contre ledit Anglais, nos juges ne l'écouteront pas, mais la cause sera renvoyée à l'Ambassadeur, afin qu'il en décide, et ledit Anglais pourra toujours avoir recours à la protection de l'Ambassàdeur."

Nach der zweiten Version könnte man annehmen, dass der englische Vertreter Strafsachen, an denen Türken und Engländer beteiligt sind, abzuurteilen hätte. Man muss jedoch die Bestimmung des Art. 10 im Zusammenhalt mit der ersten Version dahin interpretieren, dass der englische Vertreter nur befugt ist, beim Verfahren mitzuwirken und bei der Urteilsfällung anwesend zu sein, aber nicht selbst das Urteil zu fällen. Seine Mitwirkung beim Verfahren kann sich nun darin äussern, dass er neben den türkischen Behörden die Zeugen verhört und feststellt, ob es nicht etwa falsche Zeugen sind. In dieser Weise wird — in Übereinstimmung mit den übrigen Kapitulationen — der Passus: afin qu'il en décide, aufzufassen sein; Art. 10 soll eben die Vorbringung falscher Zeugen in einem Prozesse gegen einen Engländer verhindern, deshalb darf sich der englische Vertreter am Zeugenverhör beteiligen und die Zeugen auf ihre Glaubwürdigkeit hin prüfen.

1809, 16. August 1838 und 29. April 1861) bestätigen lediglich die früheren Vereinbarungen von 1675.[1]

Mit den Barbareskenstaaten schloss England im XVII. und XVIII. Jahrhundert ebenfalls Verträge ab, durch welche den britischen Konsuln die gleichen Rechte und die gleiche Jurisdiktionsgewalt wie den Vertretern Frankreichs gewährt wurden.[2]

Hervorzuheben ist noch, dass in Art. 33 der Kapitulation von 1675 die Holländer bezüglich ihres Handels mit der Levante dem Schutz der britischen Flagge unterstellt und hierdurch jeder ferneren Einwirkung Frankreichs entzogen wurden.[3]

Jedoch bereits 1612 und 1634 hatten die Generalstaaten mit der Pforte Kapitulationen abgeschlossen und sich das Recht freier Schiffahrt nach der Levante unter eigener Flagge, sowie die Errichtung einer Gesandtschaft und von Konsulaten im osmanischen Reich ausgewirkt. Auf Grund einer neuen Kapitulation von 1680 erfolgte die Gleichstellung der holländischen Staatsangehörigen mit den Franzosen und Engländern, sowohl was deren persönliche Vorrechte anlangt, wie auch bezüglich des Handels und der Konsularjurisdiktion (s. besonders Art. 40, 5, 36).[4]

Die Kapitulation von 1618 wurde durch die holländisch-türkischen Handelsverträge vom 14. März 1840 und 25. Februar 1862 aufrecht erhalten.[5]

Besondere Verträge mit den Barbareskenstaaten (aus dem

---

[1] Beach-Lawrence, Commentaire sur Wheaton. t. IV. p. 135; Martens-Skerst. S. 227—228; die Verträge von 1809, 1838, 1861 s. bei Aristarchi Bey, Législation Ottomane, IVème partie. p. 107. 109. 115.

[2] Miltitz, Manuel des Consuls. t. II. part. III. p. 589; s. a. Martens-Skerst. S. 228 Anm. 1.

[3] Dies war ein weiterer Erfolg der englischen Orientpolitik. Neben den französischen Konsuln fungierten jetzt auch die englischen Vertreter als Beschützer der Angehörigen christlicher Staaten. Übrigens unterstellten die Engländer auch die florentinischen Staatsangehörigen ihrem Schutz, obwohl diese ihre eigenen Konsuln hatten. (s. Beach-Lawrence, a. a. O. t. IV. p. 134. 135; Martens-Skerst. S. 226.

[4] Du Mont, Corps diplomatique. t. VII. part. II. p. 4; Miltitz, Manuel des Consuls. t. II. part. III. p. 941; Beach-Lawrence, a. a. O. t. IV. p. 140; Martens-Skerst. S. 228 f.; Aristarchi Bey, Législation Ottomane. p. 291. — Im Jahre 1741 erliess Holland an seine Unterthanen ein strenges Verbot, sich einer andern als der nationalen Flagge zu bedienen und fremde Konsuln um Hilfe anzugehen.

[5] Beach-Lawrence, a. a. O. t. IV. p. 140; Aristarchi Bey, Législation Ottomane. p. 309. 313.

XVII. und XVIII. Jahrhundert) gestatteten den dortigen holländischen Vertretern die Ausübung der Konsularjurisdiktion in gleichem Umfange wie in der Türkei zugestanden wurde.[1]

Österreich erwirkte sich im Wiener Friedensvertrage vom Jahre 1615 das Recht, Konsuln mit eigener Jurisdiktion im Gebiete des osmanischen Reiches zu ernennen,[2] ein Recht, welches durch den grossherrlichen Firman von 1617 sowie durch den Carlowitzer Vertrag von 1699 bestätigt wurde. Der Friedens- und Handelsvertrag von Passarowitz vom Jahre 1718 endlich gewährte den österreichischen Konsuln und Unterthanen die Vorrechte und Privilegien von Angehörigen einer meistbegünstigten Nation.[3] Der österreichische Konsul hat die Jurisdiktion in allen Civil- und Kriminalsachen der österreichischen Staatsangehörigen untereinander. Streitigkeiten zwischen Österreichern und Türken werden durch die türkischen Gerichte, bei einem Streitwerte von über 3000 Aspern = 25 Thalern durch die hohe Pforte entschieden. Zu den Verhandlungen muss der österreichische Konsul oder Dragoman beigezogen werden, ebenso zur Vollstreckung eines gegen einen österreichischen Unterthanen erlassenen Urteils.

Die Abschlüsse von Handelsgeschäften zwischen österreichischen und türkischen Unterthanen sollen vom türkischen Richter registriert und hierüber ein Certifikat (hoget) ausgefertigt werden. Der Nachlass eines auf türkischem Gebiete verstorbenen Österreichers wird von seinem Konsul in Obhut genommen. Der österreichischen Regierung ist auch erlaubt, statt Konsuln Konsularagenten aufzustellen (Art. 5). Ein gültiger Übertritt eines österreichischen Unterthanen zum Islam kann nur in Gegenwart des österreichischen Dragomans erfolgen. Der Religionswechsel befreit den Konvertiten nicht von seinen Schuldverbindlichkeiten (Art. 16).

In Art. 6 finden wir, zum ersten Male in einer Kapitulation, dass auch die Türkei die Ernennung von Konsuln (shahbender) auf christlichem Gebiete sich ausbedingt. Doch steht diesen türkischen Konsuln nur die Wahrnehmung der Handelsinteressen

[1] Martens-Skerst. S. 229 Anm. 2.

[2] Miltitz, Manuel des Consuls. t. II. part. IV. p. 1410; Féraud-Giraud, De la juridiction française etc. t. I. p. 133 et suiv.; Martens-Skerst. S. 230 f.

[3] Du Mont, Corps Dipl. t. VII. part. I. p. 528; Aristarchi Bey, Législation Ottomane. IVème part. p. 54; Beach-Lawrence, a. a. O. t. IV. p. 145–147.

und die Obhut über den Nachlass in Österreich verstorbener, osmanischer Unterthanen zu; eine Gerichtsbarkeit üben sie nicht aus.

Die Bestimmungen der Kapitulation von 1718 wurden durch die Verträge von 1739, 1784, 1791, sowie durch den Handel- und Schiffahrtsvertrag vom 10. bis 22. Mai 1862[1] erneuert und sind gegenwärtig noch massgebend für die Stellung der österreichischen Konsuln und deren Jurisdiktionsgewalt im osmanischen Reiche.[2]

Weiter schlossen Schweden unterm 10. Januar 1737[3] und Dänemark unterm 14. Oktober 1756[4] mit der Pforte Handels- und Freundschaftsverträge ab. Ihr Inhalt deckt sich im wesentlichen mit dem der französischen und englischen Kapitulationen; nur eine sehr wichtige Bestimmung ist aus der schwedischen Kapitulation von 1737 hervorzuheben: schwedische Unterthanen, welche einen türkischen Staatsangehörigen verletzt hätten, sollten von ihren Konsuln, nicht von den türkischen Behörden gerichtet werden (Art. 8). Sonach wurde zum ersten Male seit Gründung

---

[1] s. Aristarchi Bey, Législation Ottomane, IVème part. p. 66.

[2] Beach-Lawrence, a. a. O. t. IV. p. 146. 147; Martens-Skerst, S. 231. 232. Martens-Skerst, S. 232, will aus der Bestimmung in Art. 5 des Vertrages von 1718: „. . . . se nascesse una lite on contestazione verso i Consoli, Viceconsoli, Interpreti, Mercanti ecc. Cesareo-Regj, la quale oltrepassasse la somma di tremila aspri, cioè 25 talleri, questa non potrà decidersi da alcun Tribunale delle Provincie, ma dovrá simettersi al giudizio della Porta Ottomana" — den Schluss ziehen, dass für Klagen gegen die Konsuln mit einem Streitwert unter 3000 Aspern die gewöhnlichen türkischen Lokalgerichte zuständig gewesen wären. Diese Schlussfolgerung dürfte nicht gerechtfertigt sein. Allerdings ist in dem Vertrag von 1718 keine Bestimmung über den Gerichtsstand der Konsuln zu finden, aber infolge der in ihm enthaltenen Meistbegünstigungsklausel war den österreichischen Konsuln der privilegierte Gerichtsstand vor der hohen Pforte in allen Prozessen ohne Rücksicht auf den Streitwert ebenso garantiert, wie den französischen und englischen Konsuln (s. Art. 25 der franz. Kap. von 1535, Art. 25 der engl. Kap. von 1675). Die angeführte Bestimmung sagt weiter nichts, als dass eben alle Prozesse über 3000 Aspern vor die hohe Pforte gehören.

[3] Hauterive et Cussy, Recueil des traités. Part. II. t. V. p. 207; in teilweisem Auszug auch bei Féraud-Giraud, De la juridiction française etc. t. I. p. 124.

[4] Aristarchi Bey, Législation Ottomane. IVème part. p. 124. Art. 10 dieses Vertrages behandelt die Konsularjurisdiktion. In Art. 16 verpflichtet sich die Pforte, die dänisch-türkischen Vereinbarungen auch in den Regentschaften von Algier, Tunis und Tripolis zur Geltung zu bringen.

[5] Die einschlägige Stelle des Art 8 der Kap. von 1737 lautet:

„S'il survient une querelle entre un Suédois et un Musulman ou autre sujet de l'empire ottoman, et que ce dernier dise que le Suédois l'a injurié,

des osmanischen Reiches der alte Grundsatz: actor sequitur forum rei in gemischten Prozessen wieder zur Anwendung gebracht.[1] In Art. 13 der gleichen Kapitulation wurde der privilegierte Gerichtsstand der Konsuln vor der hohen Pforte noch besonders scharf betont.[2]

Der dänische und der schwedische Vertrag wurden im XIX. Jahrhundert erneuert.[3]

Preussen war bereits 1718 in Unterhandlungen mit der Pforte getreten, aber erst am 22. März 1761 kam ein Freundschafts- und Handelsvertrag zu stande, welcher sich auf den Prinzipien der bisher geschilderten, türkischen Kapitulationen aufbaut.[4] Art. IV dieses Vertrages bestimmt, dass die preussischen Konsuln und Unterthanen sich der gleichen Vorrechte erfreuen sollen, wie die Angehörigen der andern befreundeten Mächte. Der preussische Ministerresident bei der Pforte kann sich (aus der Zahl der türkischen Unterthanen) vier Dragomane, jeder Konsul einen Dragoman halten, welche die Im-

---

ou bien que sous un autre prétexte quelconque, il veuille le faire comparaître en justice, et produire des témoins dans l'absence des consuls ou interprètes de Suède, la cause ne pourra en aucun cas être entendue, et il ne sera point permis de causer aucun désagrément au Suédois, en contravention aux lois. Du reste il sera défendu de la part des ministres et consuls de Suède aux gens de leur nation, de contrevenir aux lois en injuriant qui que ce soit; si cependant cela arrivait, les coupables seront punis par leurs ministres ou consuls.

[1] Beach-Lawrence, a. a. O. t. IV. p. 147. 149; Martens-Skerst. S. 233 Über die Streitfrage, ob jede Kriminaljurisdiktion über Ausländer den türkischen Gerichten entzogen ist, s. u. S. 98 f. (Art. 4 des amerikanisch-türkischen Vertrages von 1830.)

[2] Die betr. Stelle aus Art. 13 lautet:

„. . . et dans tous les procès de toute espèce qu'ils (les consuls) pourraient avoir, la cause sera examinée à la Sublime Porte, par l'entremise des ministres de Suède, après qu'une requête aura été présentée à la Cour impériale."

[3] Der schwedische Vertrag wurde am 31. Januar 1840, der dänische am 1. Mai 1841 erneuert und sodann ersterer durch den Vertrag zwischen Schweden-Norwegen und der Türkei vom 21. Februar 1862, letzterer durch den Vertrag vom 13. März 1862, jedoch unter Bestätigung aller früheren Bestimmungen über die Konsularjurisdiktion ersetzt. (s. Beach-Lawrence, a. a. O. t. IV. p. 148. 150; Aristarchi Bey, Législation Ottomane. IVème part. p. 400. 135. 140.

[4] Martens, F. G. de, Recueil de traités. 2e édit. t. I. p. 1; Aristarchi Bey, Législation Ottomane. IVème part. p. 24; Beach-Lawrence, a. a. O. t. IV. p. 150.

munitäten preussischer Stadtsangehöriger geniessen. Nach Art. V üben die preussischen Konsuln die ausschliessliche Jurisdiktion über ihre Landsleute in deren Streitigkeiten untereinander aus; Prozesse zwischen Preussen und Türken werden von den türkischen Gerichten entschieden; übersteigt der Streitwert die Summe von 4000 Aspern, so ist die hohe Pforte zuständig. Zu dem Verfahren muss der preussische Minister, Konsul oder Dragoman zugezogen werden. Entsteht im Augenblicke der Abreise eines preussischen Schiffes Streit (zwischen Preussen und Türken), so soll ihn der preussische Konsul oder Dragoman unverzüglich schlichten. Alle Klagen gegen die Konsuln können nur bei der hohen Pforte angebracht werden; diese untersucht und entscheidet den Fall unter Mitwirkung des preussischen Ministers.[1]

---

[1] Die hier in Betracht kommenden Stellen des Art. V lauten:

a) „S'il arrivait quelque dispute entre les Prussiens et leurs sujets, le Ministre ou les Consuls prussiens décideront l'affaire d'après leurs lois, et tant que les Prussiens ne demandent pas eux-mêmes à être jugés par la justice ottomane, les juges et gouverneurs de la Sublime Porte ne pourront s'ingérer par force à vouloir les juger." Hienach wäre eine prorogatio fori an die türkische Behörde möglich; thatsächlich ist sie jedoch unzulässig, da nach positiver Vorschrift des § 1 des deutschen R.G. über die Konsulargerichtsbarkeit vom 10. Juli 1879 alle in den Konsulargerichtsbezirken wohnenden oder sich aufhaltenden Reichsangehörigen und Schutzgenossen der Konsulargerichtsbarkeit ausschliesslich unterworfen sind. A. Brauer (Die deutschen Justizgesetze in ihrer Anwendung auf die amtliche Thätigkeit der Konsuln und diplomatischen Agenten etc. S. 120) sagt: „Der Konsulargerichtsbarkeit kann sich der ihr Unterworfene an sich nicht entziehen. Er kann daher, so lange die Staatsangehörigkeit oder Schutzgenossenschaft zu Recht besteht, weder auf dieselbe verzichten noch sich freiwillig einer andern Jurisdiktion unterwerfen. Insoweit indessen die Parteien berechtigt sind, über den Gegenstand des Streites einen Vergleich zu schliessen, können sie sich auch dahin vereinbaren, dass die Entscheidung durch ein Schiedsgericht erfolgen soll. Hiezu ein Territorialgericht oder ein fremdländisches Konsulargericht zu wählen, ist durch das deutsche Recht nicht ausgeschlossen. Die Jurisdiktion eines solchergestalt freiwillig gewählten Gerichtes (hier also des türkischen Gerichtes) wird dann aber deutscherseits nur als Schiedsgericht im Sinne der §§ 851 f. R.C.P.O. anzuerkennen sein. Gegen einen deutschen Gerichtseingesessenen kann daher aus einem solchen Schiedsspruch die Zwangsvollstreckung nur stattfinden, nachdem die Zulässigkeit derselben durch das Vollstreckungsurteil eines deutschen (gemeinen oder Konsular-) Gerichtes ausgesprochen ist. R.C.P.O. § 868."

Über die Ausnahme hinsichtlich der Immobiliarstreitigkeiten s. u. S. 103. (Das Gesetz vom 7. September 1284.)

b) Les consuls qui résideront dans le territoire ottoman ne seront pas

Der Vertrag von 1761 besteht gegenwärtig noch zu Recht und bildet die Grundlage der deutschen Konsularjurisdiktion im

---

mis aux arrêts, et tous les procès qu'ils auront se décideront dans la résidence impériale par le secours de leurs ministres.

Leurs maisons seront exemptes de scellé, de recherche et de visite;

c) et s'il s'élevait quelque procès entre les sujets de la Sublime Porte et ceux de la Prusse on procédera dans les tribunaux ottomans avec l'assistance de leurs ministres, consuls ou vice-consuls et aussi par celui des drogmans; et si quelque mahométan ou autre sujet de la Sublime Porte forçait quelques sujets prussiens à comparaître devant le tribunal dans un temps où aucun de leurs drogmans ou procureurs ne serait présent, ils ne seront point obligés de répondre;

d) et si des procès des consuls et drogmans surpassent la valeur de 4000 aspres, ils seront examinés dans la résidence de l'Empire Ottoman. Aus letzterer Stelle könnte man (ähnlich wie bei der österreichischen Kapitulation von 1718) schliessen, dass Prozesse gegen Konsuln mit einem Streitwert unter 4000 Aspern vor die gewöhnlichen, türkischen Gerichte gehörten. Es gilt jedoch auch hier das oben bez. der österreichischen Kapitulation Gesagte, um so mehr als der eben angeführte, zweite Satz des Art. V ausdrücklich bestimmt, dass alle Prozesse, welche die Konsuln haben werden, in der kaiserlichen Residenz unter Mitwirkung ihrer Minister entschieden werden (s. o. unter b).

e) S'il arrivait quelque dispute entre les Mahométans ou autres sujets de la Sublime Porte et les Prussiens ou leurs sujets, touchant les causes qui concernent la vente, l'achat et les emprunts d'argent, et qu'il ne se trouve point d'instruments ou autres documents valides ou n'écoutera point les témoignages forcés;

f) et s'il arrive quelque dispute au moment du départ de quelque vaisseau prussien, elle sera décidée sans délai par le secours du consul ou du drogman, et le vaisseau ne sera point arrêté ni retardé dans son départ sans raison ....

Über Kriminaljurisdiktion ist in der Kapitulation von 1761 expressis verbis nichts gesagt, es ist jedoch hiezu zu bemerken, dass nach dem muselmännischen Gesetz die strafrechtliche Verfolgung nicht anders betrachtet wird, wie die Geltendmachung eines Civilrechtsanspruchs (s. Beach-Lawrence, Commentaire sur Wheaton. t. IV. p. 129). Abgesehen davon gelten auf Grund der Meistbegünstigungsklausel die in den andern Kapitulationen enthaltenen Bestimmungen über die Kriminaljurisdiktion auch für Preussen und das Deutsche Reich. An dieser Stelle sei noch erwähnt, dass in Strafsachen das Prinzip der Exterritorialität so streng durchgeführt wird, dass die von Ausländern in der Türkei begangenen Delikte als in der Heimat des Angeklagten verübt gelten, so dass z. B. § 4 des R.St.G.B. auf solche Fälle keine Anwendung findet. Nach §§ 21 f. des R.G. über die Konsulargerichtsbarkeit vom 10. Juli 1879 urteilt der Konsul unter Zuziehung von zwei Beisitzern über die zur Kompetenz der Schöffengerichte gehörigen oder ihnen auf Grund der §§ 74, 75 R.G.V.G. überwiesenen Delikte; sonst zieht er vier Beisitzer zu, ausser in Notfällen, wo zwei genügen. In Schwurgerichtssachen und bei Verbrechen, welche zur Zuständigkeit des Reichsgerichts in I. Instanz gehören, hat der Konsul nur die Strafverfolgung einzuleiten (§ 31 d. R.G. über die Kons.G.), die Ver-

osmanischen Reiche, denn seine Bestimmungen wurden in den zwischen Preussen (namens des deutschen Zollvereins) und der Türkei abgeschlossenen Verträgen vom 22. Oktober 1840 und 20. März 1862 bestätigt und auf die Mitglieder des deutschen Zollvereins ausgedehnt.[1] Durch Art. 24 endlich des Freundschafts-, Handels- und Schiffahrtsvertrages zwischen dem Deutschen Reich und der Türkei vom 26. August 1890[3] wurde ausgesprochen, dass alle Bestimmungen des Vertrages von 1761, so weit sie mit gegenwärtiger Übereinkunft nicht im Widerspruch stehen und durch letztere nicht berührt werden — was auch bezügllich der Bestimmungen über die Konsularjurisdiktion nicht der Fall ist —, unter denselben Bedingungen für das Deutsche Reich gelten sollen.[2] Im Protokoll zu diesem Vertrage ist dann noch aus-

---

handlung und Aburteilung findet vor dem betreffenden heimischen Gericht statt. — Bezüglich des Gerichtsstandes vor den deutschen Konsulargerichten gelten §§ 7 f. R.St.P.O. — (s. Antonopoulos, a. a. O. S. 149. 150.)

Art. VI trifft die in allen Kapitulationen wiederkehrenden Bestimmungen über die Behandlung der Verlassenschaft eines auf türkischem Boden verstorbenen, preussischen Unterthanen. Der Nachlass muss an den preussischen Ministerresidenten, Konsul oder an Landsleute des Verstorbenen zur Verteilung an die Erben ausgehändigt werden. Befindet sich am Sterbeorte kein preussischer Konsul oder sonst ein preussischer Staatsangehöriger, so hat der türkische Lokalrichter ein Inventar aufzunehmen, mit seinem Siegel zu beglaubigen und die Erbschaftsmasse dem vom preussischen Minister entsandten Bevollmächtigten auszuantworten.

[1] Aristarchi Bey, Législation Ottomane. IVème part. p. 30. 40; Beach-Lawrence, a. a. O. p. 150; König, Handbuch des deutschen Konsularwesens. 5. Aufl. S. 208.

Die Hansastädte haben mit der Türkei eigene Verträge abgeschlossen: unterm 18. Mai 1839 (s. Martens, Ch. de, et Cussy, Recueil manuel et pratique. t. IV. p. 587; s. a. unten III. Periode, 1. Kapitel), nebst Zusatzkonvention vom 7. September 1841 (s. Aristarchi Bey, a. a. O. p. 35), ferner unterm 27. September 1862 (s. Aristarchi Bey, a. a. O. p. 47).

[2] s. Reichsgesetzbl. 1891. Nr. 17.

Im Anschluss hieran sei noch erwähnt, dass die deutsche Regierung gegenüber der in Art. VII des französisch-ägyptischen Protokolles, betr. die gemischten Gerichtshöfe in Ägypten vom 10. November 1874, enthaltenen Bestätigung des französischen Protektorats über die katholischen Christen im Orient Stellung nahm und in einem Protokolle vom 5. Mai 1875 die Erklärung abgab, sie erkenne keiner Macht ein derartiges ausschliessliches Protektorat zu, behalte sich vielmehr alle ihre Rechte bezüglich der Reichsangehörigen vor. (s. Piggot, Exterritoriality. p. 200; Beach-Lawrence, Commentaire sur Wheaton. t. IV. p. 111.) Es stehen daher die deutschen katholischen Klöster, Institute, Wohlthätigkeitsanstalten, Kongregationen etc. im Orient unter deutschem Schutze und unter deutscher Konsularjurisdiktion.

drücklich anerkannnt, dass die genannten Vertragsbestimmungen auch den im ottomanischen Reiche wohnenden Schweizern, die sich unter die deutsche Konsularjurisdiktion zu stellen wünschen, zu gute kommen werden.

Spanien schloss im Jahre 1782 (14. Sept.) einen Friedens- und Handelsvertrag mit der Pforte ab. Sein Inhalt stimmt im wesentlichen mit dem der französischen Kapitulationen überein.[1] Besondere Beachtung verdient die Bestimmung in Art. 6 dieses Vertrages, wonach spanische Unterthanen, die sich ein Verbrechen gegen Türken zu schulden kommen liessen, dem spanischen Vertreter zur Bestrafung zu überliefern sind.[2] In Art. 7 bedingt sich die Pforte aus, auch ihrerseits einen Konsul (shahbender) zum Schutze der osmanischen Unterthanen in der Stadt Alicante ernennen zu dürfen, weiter sollten sich die Unterthanen der Pforte in Spanien derselben Rechte und Privilegien erfreuen, wie die Spanier auf türkischem Gebiete.[3]

Gleiche Bestimmungen finden sich in den Verträgen wieder, welche Spanien 1767 mit Marokko[4] und 1784 mit Tripolis[5] vereinbarte.

Die Kapitulation von 1782 wurde durch Vertrag vom 14. März 1840 bestätigt.[6]

---

[1] MARTENS, F. G. DE, Recueil de traités, 2e éd. t. III. p. 403; ARISTARCHI BEY, a. a. O. p. 150; BEACH-LAWRENCE, a. a. O. t. IV. p. 152. 153.

[2] Art. 6: „Los Gobernadores y demas Ministros del Imperio Otomano no podrán hacer encarcelar á Súbdito alguno de S. M. C. ni molestarle sin razon: y si algun Súbdito de S. M. C. fuese preso, á la primera instancia de su Ministro, ó Cónsules, les será entregado para que dispongan su castigo segun la mereciere.

Nach der Ansicht von ANTONOPOULOS, a. a. O. S. 153 bezieht sich diese Bestimmung nur auf die Vollstreckung von Urteilen, das erkennende Gericht ist das türkische.

[3] Art. 7: „Será licito a la Sublime Puerta Otomana, para la tranquilidad y seguridad de sus Súbditos y Mercantes, establecer en los Dominios de S. M. C. un Procurador, vulgarmente llamado Shegbender, que resida en la Cindad de Alicante; y los mencionados Súbditos de la Sublime Puerta serán respetados y privilegiados de la misma mannera que lo serán de S. M. C. en el Imperio Otomano."

Über die Reciprocität gegenüber den türkischen Unterthanen s. u. S. 92. 96 die Anmerkungen zum russischen Vertrag von 1783 und zum englischen Vertrag von 1809.

[4] s. BEACH-LAWRENCE, a. a. O. t. IV. p. 152.

[5] MARTENS, Recueil de Traités. t. III. p. 773.

[6] BEACH-LAWRENCE, a. a. O. t. IV. p. 152.

Russland hatte schon in frühen Zeiten einen regen Verkehr mit Konstantinopel. Die Kriegszüge der Zaren Oljeg und Igorj führten zum Abschluss der Friedens- und Handelsverträge von 911 und 945, in denen die byzantinischen Herrscher versprachen, das Strandrecht für russische Güter abzuschaffen und die Hinterlassenschaft von Russen, welche auf byzantinischem Gebiet verstorben waren, an deren Verwandte oder Landsleute herauszugeben; auch sollten „die russischen Gäste von einem Beamten des Zaren beschützt werden, der alle Streitigkeiten zwischen ihnen und den Griechen zu untersuchen und zu entscheiden hätte".[1] Nach der Gründung des osmanischen Reiches dauerte zwar der Handelsverkehr zwischen Russland und Konstantinopel fort, aber er entbehrte der Regelung und Sicherstellung durch förmliche internationale Verträge. Auch verschärften sich die politischen Gegensätze zwischen den beiden Nachbarreichen mehr und mehr. Die Bedrückungen der Christen griechischer Konfession, — die nach dem Untergang des byzantinischen Reiches von Russland Schutz und Befreiung aus der türkischen Knechtschaft erhofften, — das Streben um die Herrschaft in der Krim führten bald zu kriegerischen Verwicklungen. Erst der Friedensvertrag von Kutschuk-Kainardschi vom 10. bis 21. Juli 1774 brachte die nötigen Garantien für die Entwicklung russisch-türkischer Handelsbeziehungen.[2] Art. 11 des Vertrages gewährt den russischen Staatsangehörigen dieselben Privilegien und Vorteile, welche den meistbegünstigten Nationen, insbesondere Franzosen und Engländern eingeräumt waren; die Kapitulationen dieser und der andern Staaten sollten — wie wenn sie Wort für Wort aufgenommen wären — in allem und überall als Richtschnur für den russischen Handel und die russischen Kaufleute dienen.[3] Auch durfte die russische Regierung nach sämtlichen Orten des osmanischen Reiches, wo sie es für nötig erachten würde, Konsuln entsenden, mit gleichen Rechten- und Befugnissen

---

[1] Martens-Skerst. S. 233 f.

[2] Martens, F. G. de, Recueil de traités. t. II. p. 299; Beach-Lawrence, a. a. O. t. IV. p. 141.

[3] Art. 11: „. . . . et les capitulations de ces deux nations (française et anglaise) et autres, de même que si elles étaient insérées ici mot pour mot, devraient servir de règle en tout et partout pour ce qui regarde tant le commerce que les commerçants russes."

ausgestattet, wie die französischen und englischen Vertreter.[1] Russland hatte sich sonach durch diesen Vertrag — der in formeller wie materieller Beziehung die Kennzeichen eines beide Teile bindenden, völkerrechtlichen Traktats besitzt — mit einem Schlage alle Vorrechte gesichert, welche sich die übrigen europäischen Staaten erst nach langwierigen Verhandlungen im Laufe zweier Jahrhunderte errungen hatten.[2] In einer Erläuterungskonvention (vom Jahre 1779) zu dem Vertrage von Kutschuk-Kainardschi wurde vereinbart, dass noch in einem besonderen, erst abzuschliessenden Handelsvertrage die Rechte der russischen Konsuln und Kaufleute unter Zugrundelegung der Prinzipien der französischen und englischen Kapitulationen im einzelnen festgesetzt werden sollten.[3]

Dieser Handelsvertrag kam am 10./21. Juni 1783 zu stande.[4] In 81 Artikeln bestimmt derselbe ausführlich die Rechtsstellung der russischen Unterthanen sowie deren Vertreter im osmanischen Reiche und gewährt zugleich alle Garantien und Erleichterungen, welche für einen geregelten Handelsverkehr erforderlich sind. Die in Art. 17 und 81 enthaltene Meistbegünstigungsklausel verschafft nicht nur Russland den Genuss aller den übrigen europäischen Staaten eingeräumten Privilegien, sondern dehnt auch die den russischen Unterthanen zugestandenen, weitergehenden Berechtigungen auf die Angehörigen der andern meistbegünstigten Nationen aus.[5] Der Vertrag von 1783 hat sonach Bedeutung für

---

[1] Art. 11 am Ende: „Afin d'observer l'ordre en tout, la Sublime Porte permet également qu'il réside des consuls et viceconsuls dans tous les lieux où la cour de Russie jugera à propos d'en établir, en les faisant jouir de mêmes prérogatives que ceux au service des dites nation française, anglaise et autres.“

[2] Martens-Skerst. S. 241.

[3] s. Art. 6 der Convention explicatoire entre l'Empire de Russie et la Porte Ottomane, conclue à Constantinople le 10. de Mars de l'année 1779. (Martens, F. G. de, Recueil de traités, 2de éd. t. II. p. 658.

[4] Martens, F. G. de, Recueil de traités, 2de éd. t. III. p. 615; Aristarchi Bey, a. a. O. p. 346.

[5] Martens-Skerst. S. 242. Im Anschluss hieran ist zu bemerken, dass Art. 77 ausdrücklich wiederholt, es sollten alle Bestimmungen der französischen und englischen Kapitulationen — sie mögen in den vorliegenden Vertrag eingefügt sein oder nicht — für die Russen gleichfalls Geltung haben, wie schon in Art. 11 des Kainardscher Vertrages und Art. 6 der Erläuterungskonvention hiezu ausgesprochen sei; in gleicher Weise werden den russischen Unterthanen

alle Staaten Europas. „Er sucht, wie MARTENS sagt, die Konsularjurisdiktion auf unerschütterliche Grundlagen, die nach gegenseitiger Übereinkunft beider Kontrahenten gelegt wurden, zu stellen und vor jeder Willkür zu sichern.“[1]

Der wesentliche Inhalt des Vertrages, insoweit er sich auf die Konsularjurisdiktion bezieht, ist folgender:

Art. 52 gestattet der russischen Regierung, nach ihrem Gutdünken überall im Gebiete des türkischen Reiches, auch „an Orten, wo sich kein englischer oder französischer Konsul befindet“, Konsulate zu errichten. Vorher hatte die Pforte die Errichtung von Konsulaten nur an ganz bestimmten Orten erlaubt (vgl. z. B. Art. 14 der englischen Kapitulation von 1675).

Prozesse gegen die Konsuln dürfen nur vor der hohen Pforte angestrengt werden (Art. 57). Das persönliche Erscheinen der Konsuln vor Gericht kann nicht verlangt werden, sie können sich durch ihre Dragomane vertreten lassen (Art. 59).

Civil- wie Kriminalprozesse, an denen lediglich russische Staatsangehörige beteiligt sind, gehören vor das Forum des russischen Konsuls (Art. 63 und 72).

Sind türkische Unterthanen in den Streit verwickelt oder ist an einem Türken ein Verbrechen begangen worden, so entscheidet das türkische Gericht, jedoch in Gegenwart des russischen Ministers, Konsuls oder Dragomans (Art. 63 und 74).

Für Prozesse, deren Streitwert die Summe von 4000 Aspern überschreitet, ist die hohe Pforte allein zuständig (Art. 64).

Streitigkeiten zwischen Angehörigen der russischen und einer andern christlichen Nation können auf Verlangen beider Parteien von dem bei der Pforte accreditierten russischen Minister entschieden werden (Art. 58, 1. Satz). Eine Einmischung der

---

die Vorteile der venezianischen Kapitulationen — so weit diese in den französischen Kapitulationen — Aufnahme gefunden haben, eingeräumt.

Art. 17 lautet:

„Comme la nation Russe doit être regardée dans les États de la Sublime Porte Ottomane à l'égard de la Française et Anglaise, comme des nations qui en sont les plus favorisées, la Porte s'engage aussi par cet article d'accorder aux sujets Russes tous les privilèges et honneurs, dont ou se sert vis-à-vis d'elles et d'autres nations libres, tout comme dans l'Empire de Russie on accordera réciproquement aux sujets de la Porte les mêmes égards dont jouissent les nations les plus favorisées et amies de la Russie.“

[1] MARTENS-SKERST. S. 248.

türkischen Behörden ist nicht statthaft, sie müssten denn von beiden Parteien um ihre Entscheidung angerufen werden (Art. 58, 2. Satz). Dieser Artikel schuf in gleicher Weise, wie der bereits angeführte Art. 52 der französischen Kapitulation von 1740, für die Angehörigen der christlichen Staaten die Möglichkeit, sich der türkischen Jurisdiktion zu entziehen.[1]

---

[1] Die Anwendung von Art. 52 der französischen Kapitulation und Art. 58 des russischen Vertrages setzt die Übereinstimmung beider Streitsteile voraus. Wie es zu halten ist, wenn eine solche Einigung nicht zu stande kommt, hierüber treffen weder diese Artikel noch spätere Verträge irgend welche Bestimmungen; es könnte daher an sich bei mangelndem Konsens der Parteien weder das türkische noch ein fremdes Gericht angegangen werden. Diesem Missstand abzuhelfen, hatte sich in der Levante allmählich ein Gewohnheitsrecht entwickelt, demzufolge unter stillschweigender Ausschliessung der türkischen Gerichte den gegeneinander prozessierenden fremden (nichttürkischen) Staatsangehörigen die Anrufung des Gerichtes der Gesandten vorgeschrieben wurde. Die Gesandten übten die Gerichtsbarkeit nicht unmittelbar selbst aus, sondern bildeten (oder liessen die Bildung durch ihre Konsuln vornehmen) für jeden einzelnen Fall aus den Angehörigen der verschiedenen Nationen gemischte Gerichte.

Im Jahre 1820 wurden auf Grund mündlicher Vereinbarung der Gesandten von England, Frankreich, Österreich und Russland — die Vertreter der übrigen Mächte traten dieser Übereinkunft stillschweigend bei — gemischte Kommissionen an Stelle der bisherigen gemischten Gerichte gesetzt. Die gemischten Kommissionen wurden — ebenfalls für jeden Fall besonders — von der Gesandtschaft des Beklagten einberufen und waren aus drei Mitgliedern zusammengesetzt, von denen eines die Gesandtschaft des Klägers, zwei die Gesandtschaft des Beklagten bestimmte. Sie waren für die Civil- und Handelsstreitigkeiten in erster Instanz zuständig. Die Urteile und sonstigen Entscheidungen wurden nach Stimmenmehrheit gefällt und unterlagen der Bestätigung des Gesandtschaftsgerichtes des Beklagten, welches auch für die Vollstreckung zu sorgen hatte. Die Berufung ging, gleichviel ob sie vom Kläger oder Beklagten eingelegt wurde, an das Obergericht, welches in letzter Instanz über die Entscheidung des Konsulargerichtes des Appellanten zu erkennen hatte. Die gemischten Kommissionen waren trotz mehrfach angezweifelter Legalität ihrer Existenz lange Zeit hindurch in Thätigkeit. Erst seit einigen Jahren kam dieses Institut ausser Übung und es gelangte statt dessen der Grundsatz: actor sequitur forum rei zur unumschränkten Anwendung, so dass gegenwärtig überall in der Türkei die Streitigkeiten zwischen Angehörigen verschiedener fremder Staaten von dem Konsulargericht des Beklagten entschieden werden.

(Über die Geschichte und Legalität dieser gemischten Kommissionen s. FÉRAUD-GIRAUD, De la juridiction française dans le Échelles du Levant et de Barbarie. t. II. p. 250; MARTENS-SKERST. S. 368; ANTONOPOULOS, a. a. O. S. 124. Über die Ausbildung des Grundsatzes: actor s. f. r., s. Annuaire de l'Institut de droit international. t. VI. p. 252.)

In Strafsachen galt bis vor einiger Zeit gleichfalls das Prinzip, dass

Weiter bestimmt Art. 67, dass eine Haussuchung bei russischen Unterthanen nur unter Zuziehung des russischen Vertreters stattfinden dürfe.

Art. 68 betrifft die Rechtskraft der von den türkischen Gerichten erlassenen Urteile, sowie die Wiederaufnahme des Verfahrens; sein Inhalt ist der gleiche, wie Art. 71 der französischen Kapitulation von 1740 (s. o. S. 70).

Art. 9 schreibt die Registrierung von Kaufabschlüssen zwischen Russen und Türken beim Kadi vor.

Nach Art. 8 werden die Güter eines in der Türkei verstorbenen Russen seinen Testamentsexekutoren, eventuell mangels einer letztwilligen Verfügung seinem Konsul ausgefolgt.

Endlich ist noch zu bemerken, dass das Prinzip der Reciprocität, welches in dem Vertrag von 1783 mehrfach ausgesprochen

ein Ausländer, welcher an einem Fremden anderer Nationalität ein Delikt verübt hatte, von seiner nationalen Behörde abgeurteilt und bestraft wurde, also ebenso wie wenn er die strafbare Handlung gegenüber einem Landsmann begangen hätte. Welche Behörde die Aburteilung vorzunehmen hatte, hing (wie jetzt noch bei Straffällen, wo der Übelthäter und der Verletzte ein- und derselben Nation angehören) von der Gesetzgebung jedes Landes ab, ob das Konsulargericht oder das Strafgericht in der Heimat des Delinquenten die Entscheidung zu fällen hatte. Seit mehreren Jahren beansprucht die Pforte die Aburteilung solcher Prozesse durch ihre Gerichte, da angeblich in den Kapitulationen über Strafprozesse, an denen Fremde verschiedener Nationalität beteiligt sind, nichts enthalten sei. Die Gesandten in Konstantinopel verwahrten sich gegen diese Neuerung; eine Regelung der Frage ist noch nicht erfolgt. An sich kann es keinem Zweifel unterliegen, dass die fremden Konsuln zur Aburteilung derartiger Fälle allein zuständig sind; denn eine Reihe von Verträgen überweisen den Konsuln die ausschliessliche Kriminaljurisdiktion über ihre Landsleute, ohne dass irgendwie die Rede ist, es komme für die Zuständigkeit auf die Person des Verletzten an. (vgl. Art. 8 des schwedischen Vertrages von 1737, s. o. S. 81; Art. 4 des amerikanischen Vertrages von 1830; Art. 8 des belgischen Vertrages von 1838; Art. 8 des hanseatischen Vertrages von 1839; Art. 8 des portugiesischen Vertrages von 1843; s. u. S. 98—101). Gleichwohl haben die Vereinigten Staaten und Belgien sich auf die Vorstellungen der Pforte hin für einverstanden erklärt, dass diese Prozesse von den türkischen Gerichten verhandelt und entschieden, das Urteil aber erst nach einer Revision durch den Konsul von den türkischen Behörden vollstreckt werden. (s. Antonopoulos, a. a. O. S. 151.) — Die Zuständigkeit der türkischen Strafgerichte wird übrigens — ohne Rücksicht auf die Nationalität des Übelthäters und des Verletzten — überall da anerkannt, wo Staatseinrichtungen oder die allgemeine Sicherheit oder der öffentliche Kredit bedroht ist, so bei Bildung von Räuberbanden, Falschmünzern. (s. Antonopoulos, a. a. O. S. 159.)

ist, für die in Russland lebenden türkischen Unterthanen nur beschränkte Geltung hat. Der Aufenthalt im russischen Reiche ist den Türken unter der Bedingung allein gestattet, dass sie sich den russischen Gesetzen und Institutionen unterwerfen. Sie unterstehen der russischen Landesjurisdiktion.[1]

Eine Reihe von weiteren Verträgen bestätigten den Friedenstraktat von 1774 und den Handelsvertrag von 1783.[2] Speciell die Bestimmungen über die Konsularjurisdiktion wurden wiederholt bekräftigt, so durch den Friedens- und Freundschaftsvertrag vom $\frac{\text{28. Dezember 1783}^{3}}{\text{8. Januar 1784}}$, den Friedensvertrag von Jassy vom $\frac{\text{29. Dezember 1791}^{4}}{\text{9. Januar 1792}}$, den Vertrag vom 16. Mai 1812,[5] den Friedensvertrag von Adrianopel vom 2./4. September 1829,[6] den Vertrag von Hunkiar-Skelessi vom 8. Juli 1833,[7] den Handelsvertrag von Balta-Liman

---

[1] s. MARTENS-SKERST. S. 243.

In Art. 17 des Handelsvertrages von Balta-Liman vom 18./30. April 1846 ist ausdrücklich festgesetzt, dass volle Reciprocität für die Türken nicht gilt. Dieser Artikel lautet:

„Les droits et les dispositions stipulés par la présente convention à l'égard des sujets et négociants russes ne pouvant pas, d'après les lois commerciales observées en Russie, être entièrement appliqués dans les États russes envers les sujets et négociants de l'Empire ottoman, c'est à dire une pleine réciprocité à cet égard ne pouvant pas avoir lieu, les sujets et les négociants de la Sublime Porte et ses navires de commerce qui fréquentent les États russes et qui y exercent le commerce, ainsi que les produits des États ottomans seront traités dans les États russes conformément aux dispositions qui sont adoptés envers les sujets, les négociants, les navires et les produits des puissances étrangères les plus favorisées." (s. BEACH-LAWRENCE, Commentaire sur Wheaton. t. IV. p. 145; ARISTARCHI BEY, a. a. O. p. 376). Über die Reciprocität in den Kapitulationen und Verträgen mit der Türkei s. weiter noch unten S. 96 die Anmerkungen zu dem englischen Vertrage von 1809.

[2] BEACH-LAWRENCE, a. a. O. t. IV. p. 144.

[3] MARTENS, Recueil des Traités. 2de éd. t. III. p. 707.

[4] Ders. t. V. p. 291.

Der gegen Frankreich gerichtete Allianzvertrag zwischen Russland und der Türkei bestätigte ebenfalls den Frieden von Jassy (MARTENS, a. a. O. t. VI. p. 532).

[5] MARTENS, Nouveau Recueil de Traités. t. III. p. 397.

[6] Art. 6 dieses Vertrages enthält die Bestimmung: „. . . . que les sujets, bâtiments et marchandises russes seront à l'abri de toute violence et de toute chicane: les premiers demeureront sous la juridiction et police exclusive du ministre et des consuls de Russie." (s. MARTENS, Recueil de traités. t. VIII. p. 147).

[7] MARTENS, Nouveau Recueil de Traités. t. XI. p. 655.

vom 18./30. April 1846,[1] den Handels- und Schiffahrtsvertrag vom 3. Februar 1862.[2]

[1] Art. 1 dieses Vertrages bestätigt ausdrücklich den Handelstraktat vom 10. Juni 1783. Art. 17 enthält die (oben angeführte) Interpretation der Bestimmungen des Vertrages von 1783 über die Reciprocität. (s. Martens, Nouveau Recueil Général. t. IX. p. 131; Aristarchi Bey, a. a. O. p. 376.

[2] Aristarchi Bey, a. a. O. p. 385.

## Dritte Periode.

Von 1783 bis auf die Gegenwart.

### Erstes Kapitel.

Die Konsulate im osmanischen Reich.

Der russisch-türkische Handelstraktat von 1783 war der letzte der für die Konsularjurisdiktion grundlegenden Verträge. Die seit dieser Zeit mit der Türkei abgeschlossenen Traktate, — welche übrigens sämtlich als völkerrechtliche, die Kontrahenten gegenseitig verpflichtende Verträge sich kennzeichnen, — wiederholen nur die in den alten Kapitulationen festgelegten Grundsätze. Trotz der auf dem Pariser Kongresse von 1856 erfolgten Aufnahme der Türkei in das Konzert der europäischen Mächte, trotz der Anerkennung des türkischen Reiches als eines Staates, „der an den Vorteilen des Völkerrechts und des europäischen Staatenbundes teilnimmt",[1] hat sich kein christlicher Staat herbeigelassen, auf die Rechte, welche seinen Unterthanen und Konsuln durch die Kapitulationen gewährleistet wurden, zu verzichten.[2] Und mit Recht, denn ohne gründliche Änderung des türkischen Regierungssystems können die Angehörigen der christlichen Staaten den Schutz der Kapitulationen nicht entbehren. Ungeachtet verschiedener Reformversuche[3] ist es der Türkei bis

---

[1] s. Art. 7 des Pariser Vertrages vom 30. März 1856:

„S. M. l'Empereur des Français, S. M. l'Empereur d'Autriche, S. M. la Reine du Royaume Uni de la Grande-Bretagne et d'Irlande, S. M. le Roi de Prusse, S. M. l'Empereur de toutes les Russies et S. M. le Roi de Sardaigne déclarent la Sublime Porte admise à participer aux avantages du droit public et du concert Européen." (GOURDON, M. E., Histoire du Congrès de Paris. p. 10.)

[2] MARTENS-SKERST. S. 247—249.

[3] s. den Hatti-Scherif von Gülhane vom 3. November 1839, den Hatti-Humajun vom 18. Februar 1856 (Text bei FÉRAUD-GIRAUD, De la juridiction française dans les Échelles du Levant et de Barbarie. t. II. p. 266. 271).

jetzt noch nicht gelungen, ausreichende Garantieen für die Unparteilichkeit der türkischen Justiz und Verwaltung zu schaffen.

Die Verträge, welche die Kapitulationen bestätigen, haben bereits gelegentlich der Darstellung dieser Erwähnung gefunden; hier sollen nur noch besondere Einzelnheiten hervorgehoben, sowie die Traktate betrachtet werden, welche neu hinzukommende Staaten mit der Türkei abschlossen.

In dem englisch-türkischen Traktat vom 5. Januar 1809 (dem sogenannten Dardanellenvertrag)[1] nimmt die Pforte Stellung gegen einen Missbrauch, den die Vertreter der christlichen Staaten hatten einreissen lassen. Wie mehrfach bereits erwähnt, hatten die Gesandten und Konsuln das Recht, türkische Unterthanen in ihre Dienste zu nehmen, sei es zur Verwendung als Dragomane oder zu sonstigen Dienstleistungen. Durch den Eintritt in den Dienst eines fremden Vertreters wurden die betreffenden Personen auf Grund eines durch den Konsul oder Gesandten vom Sultan zu erwirkenden Anstellungsbriefes (berat) in den Genuss aller Rechte und Privilegien gesetzt, wie sie den Ausländern zustanden.[2] Manche Konsuln und Gesandte verkauften nun um hohe Summen grossherrliche Berats an türkische Unterthanen, die sich der türkischen Gerichtsbarkeit entziehen wollten. Der Vertrag von 1809 setzte deshalb fest, dass in Zukunft nur solchePersonen, welche wirklich die Funktionen eines Dragomans an einem bestimmten Orte ausübten, Berats erhalten sollten; an Handwerker, Handel- und Gewerbetreibende sollten überhaupt weder Berats noch englische Pässe ausgestellt werden (Art. IX und X).[3] In

---

[1] Hertslet, Commercial Treaties. t. II. p. 370; Martens, Nouveau Recueil de Traités. t. I. p. 60.

[2] s. Art. 43 der französischen Kapitulation von 1740; Art. 28 der englischen Kapitulation von 1765.

[3] Martens-Skerst, S. 254, vgl. auch Art. 4 des preussisch-türkischen Vertrages von 1761, der für die Ministerresidenten die Zahl der Dragomane auf vier, für die Konsuln auf einen festsetzt. Eine weitere Einschränkung des Kreises der fremden Schutzgenossen erfolgte durch das Reglement vom 23. September 1280 Art. 2 und dem Memorandum vom 7. Juli 1869, welches die Pforte an die fremden Mächte richtete. Die türkische Regierung erklärt hierin, dass ottomanische Unterthanen nur dann das Schutzrecht geniessen würden, wenn sie als Dragomane, Kawassen oder Jassakdschis im Dienste eines fremden Vertreters stünden. Gleichzeitig wurde eine bestimmte Zahl dieser in fremden Diensten Angestellten festgesetzt, welchen allein das Vorrecht der Schutzgenossen zukommen sollte. Bei den Generalkonsulaten und Konsulaten in den

Art. VIII desselben Vertrages bedingt sich die Pforte weiter aus, ihrerseits Konsuln (shahbenders) auf Malta und in den übrigen britischen Besitzungen ernennen zu dürfen; den türkischen Konsuln auf britischem Gebiete sollten die gleichen Vorrechte zustehen, wie den englischen Konsuln im osmanischen Reiche.[1] Eine strikte Auslegung dieser Bestimmung ihrem Wortlaut nach müsste zur Anerkennung einer Jurisdiktionsgewalt der türkischen Vertreter auf englischem Boden führen. Dies würde jedoch der Rechtsordnung, wie sie sich in den christlichen Staaten ausgebildet hat, sowie dem Prinzip des modernen Völkerrechts, wonach die Gerichtshoheit des souveränen Staates sich auch auf die in seinem Gebiet befindlichen Ausländer erstreckt, widersprechen.[2] Demnach können den türkischen Konsuln nur die Rechte zustehen, wie sie den Konsuln der übrigen Nationen auf britischem Gebiete eingeräumt sind. Ihre Thätigkeit wird sich daher auf die freiwillige Gerichtsbarkeit zu beschränken haben.

Durch Vermittlung der englischen Regierung wurde unterm 25. Oktober 1823 zwischen Sardinien und der Pforte der erste Handels- und Freundschaftsvertrag geschlossen.[3] Den sardinischen

---

Provinzhauptstädten ist vier Dragomans und vier Jassakdschis, bei den übrigen Konsulaten drei Dragomans und drei Jassakdschis, bei den Vicekonsulaten und Konsularagenturen zwei Dragomans und zwei Jassakdschis das Privileg der Exterritorialität eingeräumt. In prozessualer Hinsicht kommt es darauf an, ob diese Personen zur Zeit der Klagerhebung Schutzgenossen sind. (s. ANTONOPOULOS, a. a. O. S. 114.)

[1] BEACH-LAWRENCE, Commentaire sur Wheaton. t. IV. p. 125.

[2] s. MARTENS-SKERST. S. 225. FÉRAUD-GIRAUD, Les justices mixtes dans les pays hors chretienté. p. 92.

Dass die volle Reciprocität für die mit der Türkei abgeschlossenen Verträge nicht gilt, bringt der (bereits oben [S. 92] gelegentlich des russisch-türkischen Traktats von 1783 erwähnte) Art. XVII des russisch-türkischen Vertrages vom 18. bis 30. April 1846 deutlich zum Ausdruck.

PIGGOT, F. T., Exterritoriality p. 144 sagt:

„But exterritorial Treaties are not reciprocal: the rights they confer are limited to the country which confers them. And thus a Corean, for example in England could be sued in the English Courts as any other resident foreigner."

Dasselbe muss auch bez. Art VI des spanisch-türkischen Vertrages von 1782 angenommen werden (s. o. S. 86). Art. VI des österreichisch-türkischen Traktats von 1718 erwähnt ebenfalls türkische Konsuln auf österreichischem Territorium, räumt ihnen jedoch nur Befugnisse hinsichtlich des Schutzes des Handels und auf dem Gebiete der freiwilligen Gerichtsbarkeit ein (s. o. S. 80).

[3] MARTENS, Nouveau Recueil de Traités. t. VI. p. 365; MARTENS, CH. DE, et CUSSY, Recueil manuel etc. t. III. p. 573; BEACH-LAWRENCE, Commentaire

Konsuln wurden die „herkömmlichen Privilegien und Immunitäten“ zugestanden (Art. 24). Streitigkeiten zwischen sardinischen Unterthanen sollen von den Gesandten und Konsuln ihrer Nation untersucht und geschlichtet werden; Prozesse zwischen sardinischen und türkischen Staatsangehörigen sind nach türkischen Gesetzen in Gegenwart eines sardinischen Dragomans zu entscheiden (Art. 8). Prozesse über 4000 Aspern gehören vor die Pforte (Art. 8). Wenn sardinische Unterthanen sich Vergehen zu schulden kommen lassen, so dürfen sie nur unter Beiziehung (avec l'intervention) ihres Gesandten oder Konsuls von den türkischen Behörden zur Rechenschaft gezogen werden (Art 9).

Der Übertritt eines Sardiniers zum Islam kann nur in Gegenwart des sardinischen Dragomans stattfinden; ergibt sich hierbei, dass er unbestreitbare Schulden hat, so soll die Liquidation derselben nach den türkischen Gesetzen bewerkstelligt werden (Art. 11).

Ein weiterer Handels- und Schiffahrtsvertrag zwischen denselben Staaten kam unterm 2. September 1839 zu stande.

Art. 1 des Handels- und Freundschaftsvertrages zwischen dem Königreich Italien und der Türkei vom 10. Juli 1861 bestätigte alle Rechte, Privilegien und Freiheiten für die italienischen Unterthanen, wie sie die Türkei den Staaten, aus welchen das Königreich Italien gebildet wurde, in den früheren Kapitulationen und Verträgen zugestanden hatte.[1] Im übrigen

---

sur Wheaton. t. IV. p. 149. Art. 4 des Vertrages von 1823 gewährt der Pforte das Recht, shahbender (Konsuln) auf sardinischem Gebiet zu ernennen. Von einer Jurisdiktionsgewalt derselben ist jedoch keine Rede. In Art. 13 bedingt sich die Pforte aus, dass ihren christlichen Unterthanen (den Rajahs) weder die Führung der sardinischen Flagge noch der Schutz der sardinischen Konsuln durch Ausstellung von Schutzbriefen (patente) gewährt werden solle.

[1] Beach-Lawrence, Commentaire sur Wheaton p. 149. Archives diplomatiques, 1864, tom. IV. p. 162. Aus dieser Bestimmung folgt, dass die alten genuesischen und (infolge der Vereinigung Venedigs mit Italien 1866 auch die) venezianischen Kapitulationen ihre Bedeutung nicht verloren haben. Dasselbe gilt bezüglich des zwischen dem Königreich beider Sizilien mit der Türkei geschlossenen Vertrages vom 7. April 1740, der auf den Grundsätzen des französisch-türkischen Vertrages von 1740 basiert und durch den Allianzvertrag vom 21. Januar 1799 sowie den Schiffahrtsvertrag vom 16. Oktober 1827 (s. Martens, Ch. de, et Cussy, t. IV. p. 130) erneuert wurde; desgleichen bez. des zwischen der Türkei und Toskana unterm 12. Februar 1833 abgeschlossenen Vertrages (s. Féraud-Giraud, De la Juridiction française etc. t. I. p. 134).

wurden Italien die Rechte einer meistbegünstigten Nation gewährt.[1]

Die Vereinigten Staaten von Amerika hatten schon seit ihrer Gründung einen ziemlich bedeutenden Handelsverkehr mit der Levante unterhalten. Durch die Hilfe Russlands wurde es der Vereinigten-Staaten-Regierung ermöglicht, unterm 7. Mai 1830 einen sehr günstigen Handelsvertrag mit der Pforte zu vereinbaren.[2]

Alle Privilegien und Gerechtsame der übrigen meistbegünstigten Nationen wurden auch den Vereinigten Staaten und deren Bürger eingeräumt. Überall auf türkischem Gebiete sollte die amerikanische Regierung Konsulate errichten dürfen (Art. 2).

Eine äusserst wichtige Kompetenzbestimmung enthält Art. 4 dieses Vertrages. Der 1. Satz des Art. 4 bestimmt, dass Prozesse zwischen amerikanischen und türkischen Staatsangehörigen von den türkischen Gerichten in Gegenwart des amerikanischen Dragomans zu entscheiden sind; übersteigt der Wert des Streitgegenstandes die Summe von 500 Piastern, so soll die hohe Pforte zuständig sein. Der 2. Satz des Art. 4 lautet nun: „Die amerikanischen Bürger, welche ruhig ihren Handelsgeschäften nachgehen und weder eines Verbrechens oder Vergehens angeklagt noch überführt sind, sollen in keiner Weise belästigt werden. Haben sie jedoch ein Delikt begangen, sollen sie von den Ortsbehörden weder festgenommen noch ins Gefängnis geworfen werden; sie sollen vielmehr von ihrem Minister oder Konsul abgeurteilt und entsprechend ihrem Delikt und dem bezüglich der Franken festgesetzten Gebrauche bestraft werden.“[3] Lebhafter Streit besteht über die

---

[1] Beach-Lawrence, a. a. O. p. 149. Archives diplomatiques 1864. tom. IV. p. 162.

[2] Martens, Ch. de, et Cussy, Recueil manuel etc. t. IV. p. 247. Martens, Nouveau Recueil de Traités. t. IX. p. 77. Aristarchi Bey, Législation Ottomane, IVème part. p. 156. Der Traktat von 1830 wurde durch den Handels- und Schiffahrtsvertrag vom 13./25. Februar 1862 bestätigt (s. Aristarchi Bey, a. a. O. p. 159).

[3] Art. 4, Satz 2 lautet: „Les citoyens des États-Unis d'Amérique, vaquant paisiblement aux affaires de leur commerce et qui ne sont ni accusés, ni convaincus de quelque crime ou délit, ne seront point molestés; et si même ils avaient commis quelque délit, ils ne seront ni arrêtés, ni mis en prison par les autorités locales; mais ils seront jugés par leur ministre ou consul, et punis suivant leur délit et suivant la coutume établie à l'égard des Francs.“

Bedeutung und Tragweite dieser Bestimmung. Ihrem Wortlaut nach enthält sie zweifellos eine wesentliche Erweiterung der richterlichen Befugnisse der Konsuln und damit zugleich die Abänderung eines Hauptprinzips der türkischen Kapitulationen. Amerikanische Staatsangehörige sollen demnach, selbst in dem Falle, wenn das von ihnen begangene Delikt an einem türkischen Unterthanen verübt worden, nur von ihrem Konsul und nicht von den türkischen Richtern zur Verantwortung gezogen werden. Gemäss der Meistbegünstigungsklausel — wie sie den Traktaten der übrigen christlichen Staaten beigefügt ist — müsste diese Vorschrift auch auf die Angehörigen dieser Nationen Anwendung finden, m. a. W. die Kriminaljurisdiktion der türkischen Gerichte über Angehörige christlicher Staaten wäre gänzlich aufgehoben. MARTENS und FÉRAUD-GIRAUD sind dieser Ansicht,[1] ANTONOPOULOS dagegen führt aus, dass der herrschenden Praxis zufolge die türkischen Gerichte sich in allen Fällen, wo der Verletzte türkischer Unterthan ist, zur Aburteilung des Missethäters kompetent erachten, die Strafvollstreckung aber den betreffenden Konsuln überlassen. In der That erkennt die Pforte ein Recht ausschliesslicher Kriminaljurisdiktion der Konsuln über ihre Landsleute nicht an.[3] Das Einschreiten der amerikanischen Konsuln in solchen Fällen hat der Pforte zu mehrfachen Protesten Veranlassung gegeben.[4] Auf der andern Seite hat die

---

Die englische Version lautet: „they shall not be arrested and put in prison by the local authorities, even when they may have committed some offence, but they shall be tried by their minister or consul and punished according to their offence, following in this respect the usage observed towards other Franks.“ Der Schlusspassus: Hinweis auf den Brauch der Franken, bezieht sich nur auf die Formen des Verfahrens und der Vollstreckung (s. MARTENS-SKERST. S. 258; ANTONOPOULOS, Über die Exterritorialität der Ausländer in der Türkei etc. S. 155).

[1] MARTENS-SKERST. S. 258. 468. FÉRAUD-GIRAUD, a. a. O. t. II. p. 350. s. a. BEACH-LAWRENCE, Commentaire sur Wheaton. t. IV. p. 163.

[2] ANTONOPOULOS, a. a. O. S. 157.

[3] MARTENS-SKERST. S. 468; s. a. LIZST, Strafgesetzgebung der Gegenwart. Bd. I. S. 708.

[4] Die amerikanischen Konsuln und ihre Regierung beriefen sich jedoch stets auf den Wortlaut des Art. 4 und lehnten es ab, den Protesten Folge zu geben, wobei sich auch die Pforte beruhigte. Anfangs hatte die Pforte in einer Note an den amerikanischen Minister sogar behauptet, die Stellen: „they shall be tried by their minister or consul etc.“ und „they shall not be arrested etc.“ fänden sich gar nicht im türkischen Original des Vertrages; durch

türkische Regierung den französischen Konsuln auf Ansuchen gestattet, französische Unterthanen, welche ein Verbrechen an einem türkischen Staatsangehörigen begangen hatten, nach französischem Rechte abzuurteilen und zu bestrafen.[1] Ein ähnliches Zugeständnis — übrigens unter prinzipieller Aufrechterhaltung der türkischen Vertragsinterpretation — wurde auch den österreichischen Konsuln in mehreren Fällen gemacht.[2]

Eine definitive Entscheidung dieser Streitfrage ist bisher noch nicht erfolgt. Sicher ist aber so viel, dass auf Grund des klaren Wortlauts des Art. 4 die amerikanischen Konsuln — und ebenso die Konsuln der übrigen meistbegünstigten Nationen — das Recht beanspruchen können, alle Kriminalsachen, in denen Landsleute Angeklagte sind, vor ihr Forum zu ziehen. Dazu kommt noch, dass Art. 8 des zwischen der Türkei und den Hansestädten unterm 18. Mai 1839 abgeschlossenen Freundschafts-, Handels- und Schiffahrtsvertrages,[3] sowie Art. 8 des belgisch-türkischen Traktates vom 3. August 1839[4] nahezu den-

Sachverständige wurde aber festgestellt, dass die englische wie die französische Übersetzung des Vertrages dem Inhalt des türkischen Originals entspräche. (s. Beach-Lawrence, a. a. O. t. IV. p. 157. 565.)

[1] Beach-Lawrence, a. a. O. t. IV. p. 129. 163. Féraud-Giraud, a. a. O. t. II. p. 350. 351.

[2] Jettel, Handbuch des internationalen Privat- und Strafrechts etc. S. 228.

[3] s. Martens, Ch. de, et Cussy, Recueil manuel. t. IV. p. 587. Art. 8, zweiter Satz lautet:

„Hanseatische Bürger, welche ihren Handels- und sonstigen Geschäften redlich und friedlich obliegen, dürfen niemals durch die Ortsbehörden zur Haft gezogen oder sonst belästigt werden; im Falle eines Verbrechens oder Vergehens aber soll die Sache ihrem Minister, Geschäftsträger, Konsul oder Vicekonsul, der dem Orte, wo das Verbrechen begangen worden, am nächsten wohnt, überwiesen werden; die Angeschuldigten sollen dann von ihm gerichtet und nach dem in Betreff der Franken bestehenden Gebrauche bestraft werden.“

[4] Martens, Ch. de, et Cussy, Recueil manuel. t. IV. p. 603. Der zweite Satz des Art. 8 lautet:

„Les Belges vaquant honnêtement et paisiblement à leur occupations ou à leur commerce ne pourront jamais être arrêtés ou molestés par les autorités locales; mais en cas de crimes ou de délits l'affaire sera remise à leur ministre, chargé d'affaires, consul et viceconsul: les accusés seront jugés par lui et punis selon l'usage établi à l'égard des Francs.„

Wie oben bereits angeführt, enthält Art. 8 des schwedisch-türkischen Vertrages von 1737 die gleiche Bestimmung. Anders dagegen verhält es sich mit Art. 10 der englischen Kapitulation von 1675 und Art. 6 der spanischen Kapitulation von 1782. Der erstere Artikel bezieht sich lediglich auf den Fall,

selben Inhalt — der Wortlaut ist in diesen Verträgen nur noch bestimmter gehalten — wie Art. 4 des amerikanischen Traktates aufweisen. Es kann demnach keinem Zweifel unterliegen, dass die Pforte de iure auf jegliche Ausübung von Kriminaljurisdiktion über die Angehörigen der christlichen Vertragsstaaten verzichtet hat.

Weiter schlossen noch Portugal unterm 20. März 1843[1] und Griechenland unterm 27. Mai 1855[2] Freundschafts- und Handelsverträge mit dem osmanischen Reiche ab. Beiden Staaten werden die nämlichen Vorrechte und Privilegien der andern meistbegünstigten Nationen — demnach auch der gleiche Umfang der Konsulargerichtsbarkeit zugesichert. Art. 8 des portugiesischen Vertrags ist wiederum gleichlautend mit Art. 8 des belgischen Vertrages, enthält also dieselbe so sehr bestrittene Zuständigkeitsbestimmung.

Der Pariser Kongress von 1856 brachte — wie eingangs erwähnt — die Aufnahme der Türkei in das europäische Konzert mit sich, nicht aber die von der osmanischen Regierung gewünschte Aufhebung der Kapitulationen. Der türkische Kongressbevollmächtigte Aali Pascha wies darauf hin, dass die Jurisdiktion der fremden Konsuln eine Mehrheit von Staaten im Staate schaffe und infolgedessen ein unüberwindliches Hindernis für alle Verbesserungen im osmanischen Reiche bilde. Die übrigen Kongressbevollmächtigten erkannten auch an, dass die in den Kapitulationen gewährten Privilegien der Landeshoheit der Pforte bedauerliche Schranken zögen und dass eine Revision der einzelnen Vertragsbestimmungen unbedingt nötig sei; zu diesem Zwecke sollte eine Konferenz der beteiligten Mächte nach Konstantinopel baldigst einberufen werden.[3]

Bis heute ist jedoch eine derartige Konferenz nicht zu stande

wenn in einem Kriminalprozesse gegen einen Engländer falsche Zeugen auftreten oder Gewalt gegen ihn verübt worden ist, dann soll der englische Vertreter von der Sache in Kenntnis gesetzt werden, damit der Prozess unter seiner Teilnahme und in seiner Gegenwart entschieden werden könne. (Über die Hertslet'sche Version s. o. den Vertrag von 1675.) Art. 6 des spanischen Vertrages überweist einzig und allein den Strafvollzug den spanischen Vertretern.

[1] Martens, Nouveau Recueil Général. t. V. p. 157.

[2] Martens, Ch. de, et Cussy, Recueil manuel. t. VII. p. 429.

[3] Gourdon, Histoire du Congrès de Paris. p. 10. 80. (Art. 7 des Pariser Vertrages vom 30. März 1856; ferner Protocole XIV, Séance du 25 mars 1856.)

gekommen. Im Gegenteil die Vertragsstaaten liessen sich in den Jahren 1861—62 durch neue Verträge die alten Privilegien ausdrücklich bestätigen.[1] Eine Einschränkung der Konsulargerichtsbarkeit fand nicht statt.

Im Jahre 1839 beschloss die Pforte die Einführung von Handelsgerichten (Maḥkeme Tidjaret).[2] Sie traten aber erst 1846 in Wirksamkeit; ihre Organisation erfolgte dann durch den Anhang zum türkischen Handelsgesetzbuch vom 30. April 1830. Ihre Zuständigkeit umfasst alle Handelssachen, sowie die gemischten Prozesse zwischen Fremden und Türken, deren Streitgegenstand 1000 Piaster übersteigt (mit Ausnahme der Immobiliarprozesse, s. u.).[3] Die Tribunale sind aus drei ordentlichen, von der türkischen Regierung ernannten Richtern, — von denen einer den Vorsitz führt, — und vier ausserordentlichen, von den ortsansässigen Kaufleuten bestimmten Richtern, letztere mit beratender Stimme zusammengesetzt; bei gemischten Prozessen treten an Stelle der ausserordentlichen Richter zwei richterliche

---

[1] Neue Handels- und Freundschaftsverträge schlossen mit der Türkei ab: im Jahre 1861: Frankreich, England, Italien, Russland;
1862: Österreich, die Vereinigten Staaten, der deutsche Zollverein, Schweden-Norwegen, Dänemark, die Hansastädte.

Der Art. 1 aller dieser Verträge (mit Ausnahme des Vertrages zwischen dem Zollverein und der Türkei sowie des hanseatisch-türkischen Vertrages, welche kürzer gefasst sind), beginnt mit den Worten:

„Tous les droits, privilèges et immunités qui ont été conférés aux sujets ou aux bâtiments de . . . . . par les capitulations et les traités existants sont confirmés maintenant et pour toujours, à l'exception des clauses des dites capitulations que le présent Traité a pour objet de modifier . . . . ."

Die in den Verträgen enthaltenen Modifikationen beziehen sich nur auf Handels- und Schiffahrtsangelegenheiten, wie Ermässigung von Zoll- und Hafengebühren, Schiffahrt im Schwarzen Meer etc. (s. Féraud-Giraud, De la juridiction française dans les Échelles etc. t. I. p. 139; ferner vgl. S. 82 und 85 in den Anm.)

[2] Antonopoulos, Über die Exterritorialität der Ausländer in der Türkei. S. 135.

[3] Die gemischten Prozesse unter 1000 Piaster (= 185 ℳ) gehören vor die gewöhnlichen türkischen Civilgerichte.

Die Ausführung der in den Kapitulationen getroffenen Bestimmung, wonach Prozesse über 4000 Aspern (= 33⅓ Piaster) vom kaiserlichen Diwan in Konstantinopel entschieden werden sollen, begegnete mit der Steigerung des Fremdenverkehrs in allen Gebieten des osmanischen Reiches zunehmenden Schwierigkeiten (grosse Entfernung, bedeutende Kosten), so dass schon die Praxis eine Reihe von Änderungen der ursprünglichen Bestimmung herbeiführte. Eine Zeitlang wurden alle Prozesse in der Provinz von den dortigen Lokalgerichten unter Zuziehung türkischer und fremder Kaufleute als Beisitzer abgeurteilt (s. Antonopoulos, a. a. O. S. 134).

Beisitzer, die der Konsul der fremden Partei aus den angesehenen Mitgliedern seiner Kolonie auswählt.[1]

Das türkische Gesetz vom 7. Sefer 1284 (1867) erteilte den Fremden das Recht, überall im türkischen Reiche mit Ausnahme der Provinz Hidschas (Mekka und Medina, die heiligen Orte) Grundeigentum zu erwerben und zu besitzen, bestimmte jedoch, dass für alle Prozesse, welche sich auf Immobilien beziehen, die türkischen Gerichte ausschliesslich zur Entscheidung zuständig sein sollten, selbst dann, wenn beide Parteien ein und derselben fremden Nation angehören. Eine Zuziehung der Konsularbehörden zu den Verhandlungen findet nicht statt. Gemäss Art. 2 dieses Gesetzes sind eben die Fremden, welche Eigentum an städtischen oder ländlichen Grundstücken haben, in Bezug anf alles, was ihr Immobiliarvermögen betrifft, den türkischen Unterthanen gleichgestellt, denn der Immobiliarbesitz ist ihnen nur unter der Bedingung gestattet, dass sie sich den inländischen Gesetzen und Vorschriften unterwerfen (Art. 1 des Gesetzes). Gleichwohl haben sich verschiedene Konsulargerichte für alle persönlichen Klagen als zuständig erklärt, auch wenn sie eine unbewegliche Sache betreffen, was jedoch im Hinblick auf den klaren Wortlaut des Gesetzes von seiten der türkischen Regierung mit Recht bestritten wird.[2]

---

[1] Die Handelsgerichte als gemischte Gerichte konstituiert heissen: Maḥkeme Tidjaret Muhtelit Medschlissi.

Gegen die Urteile der gemischten Handelstribunale ist, wenn der Streitwert mehr als 5000 Piaster beträgt, Berufung an das gemischte Handelsgericht in Konstantinopel (in Seesachen an das Seegericht in Konstantinopel, Tidjaret Bachrie) zulässig. Das Handelsgericht (ebenso das Seegericht) in Konstantinopel ist in gemischten Prozessen übrigens erste Instanz, wenn nach den Grundsätzen der örtlichen Zuständigkeit der Rechtsstreit in Konstantinopel anhängig gemacht werden musste.

Zu beme ken sind noch folgende Ausnahmen:

a) In nichtgemischter Besetzung (ohne ausländische Beisitzer) urteilen die Handelsgerichte in allen Angelegenheiten von Gesellschaften, deren Mitglieder Türken und Fremde sind, jedoch wird der Konsulatsdragoman der fremden Partei zu den Verhandlungen beigezogen.

b) Der Konkurs eines türkischen Staatsangehörigen gehört stets — auch wenn die Gläubiger ganz oder zum Teil Ausländer sind — vor das türkische Gericht, ohne dass fremde Dragomane zugezogen werden. Umgekehrt ist für den Konkurs eines Ausländers dessen Konsulargericht ausschliesslich zuständig, selbst wenn sämtliche Gläubiger Türken sind (Antonopoulos, a. a. O. S. 138—140).

c) Über die Immobiliarprozesse s. d. Folgende.

[2] Antonopoulos, a. a. O. S. 116f. 181. 139.

Das Protokoll zum Gesetz vom 7. Sefer 1284[1] enthält noch einige besondere Bestimmungen über die gemischten Prozesse. Rechtsstreitigkeiten an einem Orte, der mehr als neun Wegstunden vom Sitz der Konsularbehörde der fremden Partei entfernt ist, können vom Rat der Alten, (dem als Friedensgericht konstituierten Gemeinderat), beziehungsweise von den Kreisgerichten (Kasa) ohne Zuziehung des Konsuls oder Dragomans entschieden werden; gegen die Entscheidung ist aber Berufung an das Gericht des Regierungsbezirks (Sandschak) zulässig; den Verhandlungen in der Berufungsinstanz muss der Konsul oder ein Stellvertreter desselben beiwohnen. Weiter können Ausländer nach Abgabe einer schriftlichen Konsenserklärung freiwillig vor dem Rate der Alten oder den Kasasgerichten ohne Anwesenheit des Konsuls in den Streitigkeiten Recht nehmen, deren Gegenstand die Zuständigkeit dieser Kollegien oder Gerichte nicht überschreitet, doch findet Berufung an das Gericht des Sandschak und Zuziehung des Konsuls zum Verfahren in der Berufungsinstanz statt. Nach der türkischen Justizreform im Jahre 1879 sind nun allerdings Urteile der Friedensgerichte über ein Streitobjekt bis zu 150 Piaster, sowie Entscheidungen der Kreisgerichte über ein Streitobjekt bis zu 5000 Piaster oder über jährlich sich wiederholende Leistungen bis zu 500 Piaster inappellabel. Da aber das Protokoll zum Gesetze vom 7. Sefer 1284 auf einem Vertrage mit den fremden Mächten beruht und von der Pforte nicht einseitig abgeändert werden kann, so besteht für die Fremden die Zulässigkeit der Appellation gegen Urteile der Untergerichte auch bei geringerem Streitwert fort.[2]

Der Berliner Kongress vom Jahre 1878 führte hinsichtlich der Geltung der Kapitulationen weder für die Türkei noch für die von ihr abgetrennten, teils unabhängig, teils als Tributärstaaten erklärten Gebiete eine Änderung herbei.

Bezüglich Bulgariens schreibt Art. 8 Abs. IV des Berliner Vertrages von 13. Juli 1878[3] vor, dass die Immunitäten und Privilegien der fremden Unterthanen, sowie der konsularischen Gerichtsbarkeits- und Schutzrechte, wie solche durch die Kapitulationen und Gebräuche eingeführt sind, in voller Kraft bleiben

---

[1] Antonopoulos, a. a. O. S. 183.

[2] Antonopoulos, a. a. O. S. 140.

[3] s. Reichsgesetzblatt 1878. S. 307. Beach-Lawrence, Commentaire sur Wheaton. t. IV. p. 113.

sollen, so lange sie nicht mit Zustimmung der dazu berufenen Beteiligten abgeändert werden. Das Gleiche gilt auch für die Provinz Ostrumelien (Art. 20).[1]

Dieselben Bestimmungen waren für die als unabhängig anerkannten Staaten Serbien und Rumänien in Art. 37 und 49 des Vertrages getroffen worden.

Im Jahre 1880 verzichtete England, 1881 Österreich, 1883 das Deutsche Reich sowie Frankreich zu Gunsten Serbiens auf die Ausübung der Vorrechte und Immunitäten, welche durch die Kapitulationen gewährleistet und durch Art. 37 des Berliner Vertrags aufrecht erhalten waren. Nur der Vorbehalt wurde gemacht, dass die Kapitulationen auch fernerhin hinsichtlich aller gerichtlichen Angelegenheiten in Anwendung bleiben sollen, welche sich auf die Verhältnisse von Angehörigen dieser Vertragsstaaten zu Angehörigen solcher Mächte beziehen, die nicht Verzicht geleistet haben, mit Ausnahme des Falles, dass diese gerichtlichen Angelegenheiten in Serbien gelegene unbewegliche Güter betreffen.[2]

Derartige Abkommen hat Rumänien bis jetzt zwar nicht getroffen, jedoch schon seit Beginn der nationalen Regeneration verweigerten die rumänischen Behörden die Vollstreckung der Urteile wie aller anderen richterlichen Akte ausländischer Konsuln,[3]

---

[1] Ostrumelien wurde im Jahre 1885 durch einen von der bulgarischen Regierung unterstützten Aufstand mit dem Fürstentum Bulgarien vereinigt und trägt jetzt den Namen „Südbulgarien“. Staatsrechtlich ist es noch autonome Provinz der Türkei.

[2] s. Art. 13 des englisch-serbischen Vertrages von 1880 (PIGGOT, Exterritoriality. p. 198). Art. 13 der Konsularkonvention zwischen Österreich und Serbien vom 6. Mai 1881; Art. 25 des Konsularvertrages zwischen dem Deutschen Reich und Serbien vom 6. Januar 1883 (R.G.Bl. 1883. S. 62); ferner den Vertrag zwischen Frankreich und Serbien vom 18. Juni 1883 (GARY, De la condition juridique des Français à l'étranger. p. 308). — Der Vorbehalt ist nunmehr ohne erhebliche praktische Bedeutung, da fast alle fremden Staaten Verzicht auf die Rechte aus den Kapitulationen geleistet haben (s. KÖNIG, Handbuch des deutschen Konsularwesens. 5. Aufl. S. 209 Note).

[3] Der Pariser Kongress hatte bereits die Frage erwogen, ob die Konsulargerichtsbarkeit in den Donaufürstentümern Moldau-Wallachei (dem jetzigen Königreich Rumänien) abzuschaffen sei, was jedoch mit Rücksicht darauf, dass die Tribunale dieses Landes noch nicht hinreichende Garantien für die Unabhängigkeit ihrer Rechtsprechung boten, verneint wurde. Es wurden daher in die Konvention vom 19. August 1858, welche die Organisation der Donaufürstentümer regelte, keine Bestimmungen über die Konsularjurisdiktion aufgenommen.

und seit der Unabhängigkeitserklärung vom 14./26. März 1877 (also noch vor dem Berliner Vertrage von 1878) war die Gerichtsbarkeit der fremden Konsuln thatsächlich ausser Übung gesetzt worden.[1] Dagegen stehen auf Grund des Art. 50 des Berliner Ver-

---

Unterm 22. November 1869 kam — obwohl die Pforte ihren europäischen Tributärstaaten nie das Recht zuerkannte, selbständige Verträge mit andern Staaten abzuschliessen — zwischen Rumänien und Russland ein Vertrag zu stande, wonach Russland den rumänischen Lokalbehörden die Kriminal- und Civilgerichtsbarkeit über die in Rumänien sich aufhaltenden russischen Unterthanen einräumte (Art. 18, 28 des Vertr.). Nur eine Ausnahme statuierte Art. 19 des Vertrages, der den russischen Konsuln die volle Jurisdiktion innerhalb ihrer Wohnungen sowie an Bord russischer Kriegs- und Handelsschiffe vorbehielt (s. Beach-Lawrence, Commentaire sur Wheaton. t. IV. p. 199; Archives diplomatiques. 1874. t. IV. p. 101).

[1] Leske und Löwenfeld, Die Rechtsverfolgung im internationalen Verkehr. Bd. II. S. 192. Jettel, Handbuch des internationalen Privat- und Strafrechts. S. 17. Féraud-Giraud, Les justices mixtes dans les pays hors chrétienté. p. 126.

Für die österreichischen und deutschen Konsuln bestehen noch Jurisdiktionsbezirke in Rumänien, ohne dass es jedoch noch zu einer Ausübung der streitigen Gerichtsbarkeit kommt (s. Leske und Löwenfeld, a. a. O. Bd. II. S. 193. I. S. 78. König, Handbuch des deutschen Konsularwesens. 4. Aufl. S. 202, Note 3).

Was die freiwillige Gerichtsbarkeit anlangt, so wird deren Ausübung von den Konsuln noch beansprucht. Art. 22 des Konsular- und Niederlassungsvertrages zwischen Rumänien und Italien erkennt ausdrücklich dem Konsul die Nachlassbehandlung seiner Landsleute zu. Durch die Meistbegünstigungsklausel wurde dieses Recht auf Belgien, die Schweiz, die Vereinigten Staaten und England ausgedehnt. Jedoch sind alle diese Verträge dem Erlöschen nahe. Dasselbe gilt hinsichtlich der Tutel und Kuratel der Ausländer (s. Leske und Löwenfeld, a. a. O. Bd. II. S. 191. 192).

Über die Beseitigung der Konsularjurisdiktion in Rumänien führt Brauer, (Die deutschen Justizgesetze in ihrer Anwendung auf die amtliche Thätigkeit der Konsuln etc. S. 127 f.) sehr zutreffend aus:

„Den Rechtstitel für die Konsularjurisdiktion in Rumänien bildete die staatsrechtliche Zugehörigkeit zur Türkei und die mit letzterem Reiche abgeschlossenen Kapitulationen. Wie aber auf Grund derselben in der eigentlichen Türkei die fremdländischen Konsuln eine immer sich mehr entwickelnde Gerichtsbarkeit in Anspruch nahmen, so wurde umgekehrt die Anwendbarkeit der Kapitulationen auf das rumänische Gebiet von der Landesregierung in den letzten Jahren mehrfach bestritten und der faktischen Ausübung der fremden Jurisdiktion eine immer engere Schranke gezogen. Es lässt sich in der That nicht leugnen, dass die Konsulargerichtsbarkeit in einem Staate, welcher ein durchaus christlicher ist, eine eigene Verfassung, unabhängige Gerichte und ein dem französischen nachgebildetes Civil- und Strafrecht hat, auf die Dauer als ein unerträglicher Zustand von beiden Seiten empfunden werden muss.“

trages den rumänischen Konsuln im osmanischen Reich die gleichen Jurisdiktionsbefugnisse wie den Konsuln der übrigen Mächte zu.[1]

In Montenegro wird keine Konsularjurisdiktion ausgeübt;[2] ebenso wenig sind den montenegrinischen Vertretern in der Türkei Jurisdiktionsrechte eingeräumt. Nach Art. 31 des Berliner Vertrages sind die im osmanischen Reiche reisenden oder sich aufhaltenden Montenegriner den osmanischen Gesetzen und Behörden unterworfen nach Massgabe der allgemeinen Grundsätze des internationalen Rechts und der bezüglich der Montenegriner bestehenden Gebräuche.[3]

In Bosnien und Herzegowina wurde durch den gemäss Art. 25 des Berliner Vertrages erfolgten Übergang der Verwaltung dieser Länder an Österreich-Ungarn die fremde Konsularjurisdiktion mit Einführung der österreichischen Justizorganisation im Jahre 1880 beseitigt.[4]

In einem geheimen Defensiv-Allianzvertrag mit der Türkei vom 4. Juni 1878 hatte sich England die Insel Cypern zur „Besetzung und Verwaltung“ überweisen lassen.[5] Eine Zusatzklausel dieses Vertrages sichert dem mohammedanischen reli-

---

[1] Art. 50 lautet: „Jusqu'à la conclusion d'un traité réglant les privilèges et attributions des Consuls entre la Turquie et la Roumanie, les sujets roumains voyageant ou séjournant dans l'Empire Ottoman et les sujets ottomans voyageant ou séjournant en Roumanie jouiront des droits garantis aux sujets des autres Puissances Européennes.“

[2] s. Leske und Löwenfeld, a. a. O. Bd. II. S. 343.

Gemäss Art. 29 des Berliner Vertrages ist Österreich-Ungarn verpflichtet, der montenegrinischen Handelsflagge seinen konsularischen Schutz zu gewähren.

[3] Art. 31 lautet: „La Principauté du Monténégro s'entendra directement avec la Porte Ottomane sur l'institution d'agents monténégrins à Constantinople et dans certaines localités de l'Empire Ottoman où la nécessite eu sera reconnue.

Les Monténégrins voyageant ou séjournant dans l'Empire ottoman seront soumis aux lois et aux autorités Ottomanes suivant les principes généraux du droit international et les usages concernant les Monténégrins.“

[4] s. Leske und Löwenfeld, a. a. O. Bd. I. S. 415. Jettel, Handbuch des internationalen Privat- und Strafrechts, S. 17. Gary, De la condition juridique des Français à l'étranger. p. 302; s. a. Deutsches Reichsgesetz vom 7. Juni 1880 und die Kais. Verordn. vom 23. Dezember 1880, betr. die Aufhebung der deutschen Konsulargerichtsbarkeit in Bosnien (R.G.Bl. 1880. S. 146 und 191).

[5] Piggot, Exterritoriality. p. 199. „H. I. M. the Sultan consents to assign the Island of Cyprus to be occupied and administred by England.“

giösen Tribunal (Maḥkeme-i-Sherie) auf Cypern die Fortexistenz und ausschliessliche Zuständigkeit in Religionsangelegenheiten der muselmännischen Bevölkerung Cyperns.[1] Eine an die Mächte gerichtete Note des Londoner Kabinets erklärte die Herrschaft der Kapitulationen auf Cypern für aufgehoben und setzte an Stelle der Konsularjurisdiktion die englische Gerichtsbarkeit, mit der Begündıung, dass in der von der Türkei England eingeräumten „Verwaltung" die Rechtspflege inbegriffen sei.[2] Am 17. Januar 1879 wurde ein oberster Gerichtshof in Nikosia errichtet.[3]

---

[1] Zu den religiösen Angelegenheiten gehören insbesondere die ehelichen Rechtsverhältnisse.

[2] s. Gary, a. a. O. p. 238. Féraud-Giraud, Les justices mixtes etc. p. 123. Jettel, a. a. O. S. 17.

Die Frage, ob die Kapitulationen auf Cypern infolge der englischen Besetzung abgeschafft seien, hat ursprünglich lebhaften Streit erregt, da ja die Pforte auf ihre Souveränitätsrechte über Cypern rechtlich nicht verzichtet hat und England eine bestimmte Summe aus den Einkünften der Insel an die Türkei als Tribut abliefern muss (vgl. Beach-Lawrence, Commentaire sur Wheaton. t. IV. p. 113. 201—202; The Law Magazine and Review, London 1879. IV. Ser. vol. IV. p. 15. 129. V. 225). Thatsächlich übt aber England alle Hoheitsrechte über Cypern aus und der sog. Tribut wird — ohne dass er in die Hände der Pforte kommt — zur Tilgung türkischer Schulden an englische Gläubiger verwendet. Es hätte daher der oben erwähnten Erklärung Englands gar nicht bedurft, dass Kapitulationen und Konsularjurisdiktion auf Cypern beseitigt sind.

[3] Die englische Gerichtsorganisation auf Cypern ist durchgeführt wie folgt:

Es bestehen (gemäss Order in Council vom 17. Januar 1879):

a) 1 Appellhof besetzt mit zwei Richtern;

b) 6 Schwurgerichte mit unbegrenzter Kriminaljurisdiktion;

c) 6 District-courts mit unbeschränkter Civiljurisdiktion und Kriminaljurisdiktion für alle Delikte, welche bis zu drei Monaten Gefängnis bestraft werden. Sie bestehen aus einem Präsidenten und zwei Beisitzern, von denen einer ein Christ, der andere Muselmann ist;

d) 6 Magistrates-courts, bestehend aus dem Präsidenten des Distrikts-Gerichtshofes und zwei Beisitzern;

e) 10 Village-courts, besetzt mit einem Richter des Distriktsgerichtshofes. Diese Gerichte sind zuständig für Prozesse über Gemeinderechte, Eigentum, Schuldforderungen, wenn der Streitgegenstand die Summe von £ 5 nicht übersteigt.

In Civilstreitigkeiten, an denen türkische oder fremde Unterthanen beteiligt sind (Ottoman and Foreign Actions), wird das nationale Recht des Beklagten zur Anwendung gebracht. In Civil- und Kriminalprozessen gegen Fremde, die nicht Osmanen sind, fungiert der Präsident des Distriktsgerichtshofes als Einzelrichter, ohne Beisitzer (s. Trendell, A. J. R., The Colonial Year Book for the year 1890. London 1890. p. 209.)

Der siegreiche Ausgang des griechisch-türkischen Krieges im Jahre 1897 veranlasste die osmanische Regierung, dem geschagenen Griechenland unter anderen Friedensbedingungen auch die Verzichtleistung auf die Gültigkeit der Kapitulationen für griechische Unterthanen aufzuerlegen. Diese Forderung rief jedoch den allgemeinen Widerspruch der Mächte hervor, so dass die Pforte sich genötigt sah, von der Durchsetzung ihres Verlangens abzusehen.

## Zweites Kapitel.

### Die Konsulate in den Barbareskenstaaten.

Die Eroberung von Algier im Jahre 1830 durch die Franzosen machte der dortigen Konsulargerichtsbarkeit ein Ende. Die Bewohner Algiers sind französische Staatsangehörige geworden und geniessen als solche — wenn sie sich in andern Gebieten der Berberei oder in der Levante aufhalten — den Schutz der französischen Konsuln. Sie unterstehen daher z. B. in der Türkei der französischen Konsularjurisdiktion und nicht den türkischen Gerichten, auch wenn sie Muselmänner sind.[1]

Im Jahre 1881 nahm Frankreich einen Einfall der räuberichen Krumirs auf algerisches Gebiet zum Vorwand, um in Tunis einzurücken und dem Bey durch den Vertrag zu Kasr-Said vom 12. Mai 1881 das französische Protektorat aufzuzwingen.[2] Ein weiterer Vertrag mit dem Bey vom 8. Juni 1883 ermächtigte Frankreich zur Durchführung aller Reformen, die es in Tunis für nötig hielt, sowie zur Regelung der Finanzen.[3] Die Verwaltung wurde ganz nach französischem Muster organisiert, die wichtigeren Stellen mit französischen Beamten besetzt. Bereits durch französisches Gesetz vom 27. März 1883 waren sechs Frie-

---

Auf Cypern gilt englisches Recht (Art. 37 der Verordnung des Generalgouverneurs Sir Garnet Wolseley vom 21. Dezember 1878). Auf unbewegliche Sachen sowie auf Streitigkeiten der Eingeborenen untereinander findet türkisches Recht Anwendung (s. Leske und Löwenfeld, Die Rechtsverfolgung im internationalen Verkehr. Bd. I. S. 396).

1 Féraud-Giraud, De la juridiction française dans les Échelles du Levant et de Barbarie. t. II. p. 66.

2 Bompard, M., Législation de la Tunisie. p. 472.

3 Bompard, M., a. a. O. p. 473.

densgerichte (justices de paix à compétence étendue) und ein Gericht erster Instanz (tribunal de première instance) für Tunis errichtet worden,[1] welche in allen Civil- und Kriminalsachen zwischen Franzosen und französischen Schutzbefohlenen (also auch den Tunesiern) zuständig sein sollten.[2] Art. 2 Abs. III dieses Gesetzes erteilte dem Bey die Befugnis, durch Dekret oder Edikt im Einverständnis mit der französischen Regierung die Zuständigkeit dieser Gerichte auf alle fremden Staatsangehörigen auszudehnen. Ein solches Dekret des Bey erging unterm 5. Mai 1883.[3] Die fremden Staaten leisteten auf die fernere Ausübung der ihnen zukommenden Konsulargerichtsbarkeit Verzicht und unterstellten ihre Angehörigen den französisch-tunesischen Gerichten.[4]

---

[1] Bompard, M., a. a. O. p. 266. Die Gerichte ressortieren unter den Apellhof von Algier.

Bei Verbrechen (en matière criminelle) entscheidet das Tribunal de première instance endgültig unter Zuziehung von sechs Beisitzern mit beratender Stimme. Die Wahl der Beisitzer ist der Nationalität des Angeklagten entsprechend geregelt, und zwar:

a) bei französischen Angeklagten (oder bei französischen Schutzbefohlenen ausser eingeborenen Tunesiern) sind die Beisitzer sechs Franzosen;

b) bei eingeborenen Angeklagten ernennt der französische Ministerresident in Tunis den ersten Beisitzer, der Präsident des Tribunals den zweiten, der Staatsanwalt den dritten, der Bey von Tunis die drei übrigen Beisitzer;

c) bei Angeklagten fremder Nationalität erfolgt die Ernennung der ersten drei Beisitzer in gleicher Weise wie bei den Eingeborenen, doch wird die andere Hälfte der Beisitzer von dem Vertreter (Konsul) des betreffenden fremden Staates ernannt (vgl. das Dekret des Präsidenten der französischen Republik vom 14. April 1883, bei Bompard, a. a. O. p. 268).

[2] s. Art. 2—4 des Ges. vom 18. April 1883 bei Bompard, a. a. O. p. 266.

[3] Bompard, a. a. O. p. 269; Piggot, Exterritoriality. p. 210 und 190.

[4] Die Konsulargerichtsbarkeit wurde aufgegeben von den Staaten:

a) Frankreich unterm 24. April 1883 gemäss dem erwähnten Gesetz vom 27. März 1883;

b) Dänemark unterm 26. September 1883 gemäss kgl. Regierungsverordnung vom Juli 1883;

c) England unterm 1. Januar 1884 durch Order in Council vom 31. Dezember 1883 (s. Piggot, a. a. O. p. 210);

d) Spanien unterm 17. Januar 1884 durch kgl. Regierungsverordnung vom Mai 1883;

e) Italien durch Staatsvertrag mit Frankreich vom 25. Januar 1884 (s. Bompard, a. a. O. p. 473), unterm 1. August 1884 gemäss Gesetz vom 7. Juli 1884 und kgl. Verordnung vom 21. Juli 1884;

f) Deutsches Reich unterm 1. Februar 1884 durch Gesetz vom 27. Juli 1883 (R.G.Bl. S. 263) und kais. Verordnung vom 21. Januar 1884 (R.G.Bl. S. 9);

Tripolis hatte sich unter der Dynastie der Karamanli von der Türkei nahezu unabhängig gemacht. Im Jahre 1835 gelang

---

g) Österreich-Ungarn unterm 1. Juli 1884 durch Gesetz vom 22. April 1884 und Verordnung vom 30. Mai 1884;

h) Griechenland unterm 24. März 1884 durch Gesetz vom 20. Februar 1884;

i) Russland unterm 5. August 1884 durch Ukas vom Juli 1884;

k) Niederlande unterm 1. November 1884 durch Gesetz vom 7. Oktober 1884;

l) Portugal durch Gesetz vom Juni 1883;

m) Schweden und Norwegen unterm 25. Juli 1883 (s. BOMPARD, a. a. O. p. 269 Note 1; auch DIANOUS, P. DE, Notes de législation Tunisienne, Paris 1894, chap. VI: Organisation judiciaire. GARY, De la condition juridique des Français à l'étranger. p. 372).

Im Laufe des Jahres 1896 gaben die Mächte Europas Frankreich gegenüber Erklärungen dahin ab, dass sie auf die Geltendmachung des Regimes der Kapitulationen in Tunis verzichteten und für ihre Unterthanen und Konsuln keine andern Rechte und Privilegien in Anspruch nähmen, als diejenigen, welche ihnen in Frankreich auf Grund der bestehenden Verträge zukämen. Solche Deklarationen gaben ab:

a) Österreich-Ungarn unterm 20. Juli 1896;

b) Italien unterm 28. September 1896;

c) Russland unterm 2./14. Oktober 1896;

d) Schweiz unterm 14. Oktober 1896;

e) das Deutsche Reich unterm 18. Dezember 1896 (R.G.Bl. 1897, S. 7);

f) Belgien unterm 9. Januar 1897 (s. Archives diplomatiques 1897. t. 61. p. 5. 8. 27. 28).

Beachtenswerth ist noch Art. 7 der Konsularkonvention zwischen Italien und Frankreich vom 28. September 1896 (Archives diplomatiques. 1897. p. 8): „Les Italiens en Tunisie ne sont justiciables que de la juridiction française; toutefois en matière d'immeubles à moins que ceux-ci soient immatriculés ou que toutes les parties en cause soient personellement justiciables des tribunaux français, il sera statué par les tribunaux tunisiens, et en dernier ressort par S. A. le Bey.

Les assignations devant un tribunal tunisien destinées à un Italien seront transmises par l'intermédiaire et par ordonnance du Consul italien lequel sera appelé, à peine de nullité du jugement qui interviendra, à assister aux débats ou à s'y faire représenter. Les jugements rendus en matière immobilière par le tribunal tunisien compétent à l'encontre d'un Italien continueront à être exécutés par les autorités judiciaires françaises."

Hierzu ist Folgendes zu bemerken:

Es existieren in Tunis zwei Jurisdiktionen: die französische für die Franzosen und Fremden, die eingeborene für die bürgerlich-religiösen Streitigkeiten der Muselmänner untereinander, wobei das religiöse Gesetz (le Chéri, sherie, schariah) zur Anwendung kommt. Zu letzteren gehören auch die Streitigkeiten über Immobilien auf tunesischem Gebiet, so weit diese Liegenschaften bei den französischen Behörden nicht eingetragen sind. Art. 7 der angeführten Konsularkonvention schafft besondere Kautelen zu Gunsten der Italiener, welche in dingliche Streitigkeiten über nicht eingetragene Immobilien verwickelt werden und

es aber der Pforte, der Herrschaft dieser Familie ein Ende zu machen, und Tripolis wurde als Vilajet mit einem türkischen Generalgouverneur an der Spitze dem osmanischen Reich wieder einverleibt. Im Lauf der Zeiten hatten die fremden Konsuln sich die Jurisdiktion auch in Sachen zwischen Eingebornen und Franken angemasst, obwohl die Kapitulationen ihnen lediglich die Rechtsprechung in Prozessen der fränkischen Staatsangehörigen untereinander zuerkannten. Auf Anregung der Pforte verpflichteten sich Frankreich, England und Italien durch Vertrag vom 12./24. Februar 1873 diesen Missbrauch abzustellen und ihren Konsuln zu verbieten, Streitigkeiten zwischen Eingebornen und fremden Unterthanen — gleichviel welcher Nation der Beklagte angehöre — vor ihr Forum zu ziehen.[1]

Das Kaiserreich Marokko hat sich zu keiner Zeit in einem Abhängigkeitsverhältnisse zu der Pforte befunden. Der Sultan von Marokko ist unumschränkter Gebieter des Landes, er ist Herr über Leben und Tod seiner Unterthanen. Der Koran und die auf ihm basierenden Aussprüche der Rechtsgelehrten werden auch hier einzig und allein als Gesetz anerkannt. Das Zeugnis eines Christen gegen einen Mohammedaner wurde bis in die Neuzeit fast durchweg als ungültig betrachtet. Die dem Seeraub ergebene Bevölkerung der Küstenstriche (am sogenannten Rif) bildet noch heute eine nahezu unausrottbare Platze für Handel und Schiffahrt. Im Innern des Landes wechseln Empörungen gegen den Sultan mit Misshandlungen und Beraubungen der Fremden ab. Zahlreich waren daher die Bemühungen der christlichen Mächte, durch Waffengewalt wie durch Verträge Leben und Gut ihrer Angehörigen auf marokkanischem Boden zu sichern. Die mit Marokko abgeschlossenen Verträge — auf einzelne ist bereits hinge-

---

gezwungen sind, vor den eingebornen Gerichten Recht zu nehmen (s. Archives dipl. 1897. t. 61. p. 108. 113).

[1] Art. I des Vertrages vom 12. bis 24. Februar 1873 lautet:

„Les Agents de la France, de l'Angleterre, et de l'Italie à Tripoli d'Afrique receveront de leurs Gouvernements des ordres précis et formels pour que désormais tous les procès et toutes les contestations entre les indigènes et sujets Français, Anglais, ou Italiens dans cette province, quelle que soit la nationalité du défendeur, soient jugés conformément aux dispositions des capitulations en vigueur, et de la même manière que ces capitulations sont appliquées dans les provinces de l'Empire Ottoman en Europe et en Asie." (s. Beach-Lawrence, Commentaire sur Wheaton. t. IV. p. 204; Piggot. Exterritoriality. p. 207.)

wiesen worden — beruhen im allgemeinen auf denselben Prinzipien wie die türkischen Kapitulationen und gewähren den Vertragsstaaten das Recht der Meistbegünstigung.[1] Besonders bemerkenswerte Bestimmungen enthält der spanisch-marokkanische Vertrag vom 1. März 1799.[2] Nach Art. 6 sollen spanische Unterthanen, die in Marokko irgend ein Delikt begangen haben, dem spanischen Konsul zur Bestrafung oder Ablieferung an die heimatlichen Gerichte überantwortet werden. Umgekehrt sollen Marokkaner, die auf spanischem Boden gegen das Strafgesetz sich verfehlten, an die Behörden des nächsten marokkanischen Hafens ausgeliefert, gleichzeitig aber auch der spanische Generalkonsul hiervon in Kenntnis gesetzt werden, damit die marokkanische Regierung die gesetzlichen Strafen über sie verhänge. Art. 8 schreibt die Aushändigung des Nachlasses eines in Marokko verstorbenen Spaniers oder eines seiner christlichen Hausgenossen an die spanischen Konsuln vor. Stirbt ein Marokkaner in Spanien, so sollen die spanischen Behörden des Sterbeortes den Nachlass in Obhut nehmen und dem spanischen Generalkonsul in Marokko ein Verzeichnis der Nachlassgegenstände übersenden. Die Verlassenschaftsauseinandersetzung hat dann durch den Generalkonsul zu erfolgen.

Sehr ausführlich behandelt der englische Vertrag von 9. Dezember 1856 die Konsulargerichtsbarkeit.[3] Art. 8 überweist den englischen Konsuln die ausschliessliche Gerichtsbarkeit über ihre

---

[1] Die wichtigsten Verträge sind:

a) mit Frankreich vom 30. September 1630, 28. Mai 1767, 17. Mai 1824, 18. Mai 1845 (s. Gary, De la condition juridique des Français à l'étranger. p. 220);

b) mit England vom 14. Januar 1728, 23. Juli 1760, 24. Mai 1783, 14. Juni 1801, 9. Dezember 1856;

c) mit den Niederlanden vom 26. Mai 1683, 18. Juli 1692, 21. November 1752, 29. Juni 1777, 28. November 1791;

d) mit Spanien von 1767, vom 1. März 1799;

e) mit den Vereinigten Staaten von 1787; vom 16. September 1836 s. Beach-Lawrence, Commentaire sur Wheaton. t. IV. p. 205 und die dort citierten Quellen);

f) mit Österreich-Ungarn vom 9. März 1830 (s. Jettel, Handbuch des nternationalen Privat- und Strafrechts. S. 134);

g) mit dem Deutschen Reich vom 1. Juni 1890 (s. unten).

[2] Martens, Recueil de Traités. 2de éd. t. VI. p. 580.

[3] Martens, Nouveau Recueil Général. t. XVII. p. 1. Piggot, Exterritoriaty. p. 207.

Landsleute. Art. 9 regelt das Verfahren bezüglich aller Civil- und Kriminalprozesse, welche zwischen englischen und marokkanischen Unterthanen anhängig sind. Ist der Beklagte ein Maure, so hat der Gouverneur der Stadt oder des Distrikts bezw. der Kadi — je nach ihrer Zuständigkeit — den Fall zu entscheiden. Der Kläger hat die Klage durch den britischen Generalkonsul oder dessen Stellvertreter bei den marokkanischen Behörden einreichen zu lassen. Dem Generalkonsul oder seinem Stellvertreter steht das Recht zu, während des ganzen Verfahrens den Verhandlungen beizuwohnen. Ist dagegen der Kläger ein Maure, der Beklagte ein britischer Unterthan, so gehört die Sache ausschliesslich vor das Forum des britischen Konsuls. Die Einreichung der Klage geschieht durch die maurischen Behörden. Diese sind auch befugt, während des Verfahrens vor dem britischen Konsulargericht anwesend zu sein oder sich durch Bevollmächtigte vertreten zu lassen. Gegen die Urteile des britischen Konsulargerichts ist Berufung an den britischen Geschäftsträger, gegen die Entscheidungen der maurischen Gerichte an den maurischen Kommissär für auswärtige Angelegenheiten zulässig.[1] Gemäss Art. 14 gehören alle Prozesse zwischen britischen Unterthanen und anderen fremden Staatsangehörigen vor die betreffenden Konsulartribunale. Jede Einmischung der maurischen Regierung

[1] Art. 9 lautet:

„All criminal cases and complaints, and all civil differences, disputes, or causes of litigation arising between British subjects and subjects of the Moorish Government shall be adjusted in the following manner:

If the plaintiff be a British subject, and the defendant a Moorish subject, the Governor of the town or district, or the Kadi, according as the case may appertain to their respective Courts, shall alone judge the case; the British subject making his appeal to the Governor or Kadi, through the British Consul General or his deputy, who will have a right to be present in the Court during the whole trial of the case.

In like manner, if the plaintiff be a Moorish subject, and the defendant a British subject, the case shall be referred to the sole judgment and decision of the British Consul General, Consul, Vice-Consul or Consular-Agent; the plaintiff shall make his appeal through the Moorish authorities; and the Moorish Governor, Kadi, or other officer who may be appointed by them shall be present, if he or they so desire, during the trial and judgment of the case. Should the British or Moorish litigant be dissatisfied with the decision of the Consul General, Consul, Vice-Cousul, Governor or Kadi (according as the case may appertain to their respective Courts) he shall have a right of appeal to Her Britannic Majesty's Chargé d'Affaires and Consul-General, or to the Moorish Comissioner for Foreign Affairs, as the case may be.“

ist ausgeschlossen, es sei denn dass ein maurischer Unterthan gelegentlich einer Streitigkeit zwischen Fremden an seiner Person oder seinem Vermögen beschädigt wurde. In diesem Falle darf ein Vertreter der maurischen Behörde dem Prozesse vor dem Konsulartribunal beiwohnen.[1]

Unterm 3. Juli 1880 schlossen die europäischen Mächte sowie die Vereinigten Staaten von Amerika mit Marokko eine Konvention über die Ausübung des Schutzrechtes auf marokkanischem Gebiete ab.[2] Den fremden Vertretern soll die Wahl ihrer Dolmetscher, Beamten und Konsularagenten auch aus marokkanischen Unterthanen gestattet sein (Art. 2—4). Die vor Erteilung des Schutzes anhängigen Civilprozesse werden vor denjenigen Gerichtshöfen zu Ende geführt, welche das Verfahren eingeleitet haben. Das gefällte Erkenntnis darf ungehindert vollstreckt werden, jedoch hat die marokkanische Lokalbehörde das Urteil dem fremden Vertreter, dem der Schutzgenosse untersteht, mitzuteilen. Umgekehrt entscheidet über eine vor Auflösung des Schutzverhältnisses angefallene Streitsache der Gerichtshof, bei dem dieselbe anhängig gemacht worden. Personen, die wegen eines Vergehens oder Verbrechens gerichtlich verfolgt werden, darf das Schutzrecht nicht vor ihrer Aburteilung durch die Landesbehörden (bezw. erst nach verbüsster Strafe) gewährt werden (Art. 5). Der Schutz[3] erstreckt sich auf die Familie des Schutzgenossen (Art. 6).

---

[1] Art. 14 lautet:

„In all criminal cases, differences, disputes, or other causes of litigation arising between British subjects or citizens of other foreign nations, no Governor, Kadi or other Moorish authority, shall have a right to interfere, unless a Moorish subject may have received thereby any injury to his person or property, in which case the Moorish authority, or one of his officers, shall have a right to be present at the tribunal of the Consul.

Such cases shall be decided solely in the tribunals of the foreign Consuls, without the interference of the Moorish Government, according to the established usages which have hitherto been acted upon, or may hereafter be arranged between the Consuls.“

[2] s. Reichs.-Ges.-Bl. 1881. S. 103. Diese Konvention wurde abgeschlossen zwischen Marokko und dem Deutschen Reich, Österreich, Belgien, Dänemark, Spanien, den Vereinigten Staaten, Frankreich, England, Italien, Niederlande, Portugal, Schweden und Norwegen.

[3] Art. 16 dieser Konvention regelt die Voraussetzungen, unter denen das Schutzrecht verliehen werden darf, und begrenzt für jede Nation die Zahl der Schutzgenossen auf zwölf.

Alle Fremden sind berechtigt, in Marokko Grundeigentum zu erwerben. Jede über dieses Recht entstehende Streitfrage soll nach den marokkanischen Landesgesetzen unter Gestattung der in den Verträgen festgesetzten Berufung an den Minister der auswärtigen Angelegenheiten entschieden werden (Art. 11). Den Vertragsstaaten wird das Recht der Meistbegünstigung zugestanden (Art. 17).

Der zwischen dem Deutschen Reich und Marokko abgeschlossene Handelsvertrag vom 1. Juni 1890 bringt keine neuen Bestimmungen über die Konsulargerichtsbarkeit, sondern nimmt in Art. 1 nur Bezug auf die mit den andern Nationen vereinbarten Traktate und die in diesen enthaltenen Privilegien.[1]

## Drittes Kapitel.

Die Konsulate in Ägypten. — Die ägyptische Gerichtsreform; die Einschränkung der Konsularjurisdiktion durch die Errichtung der gemischten Tribunale.

Unter der türkischen Herrschaft war Ägypten zu einer bedeutungslosen Provinz herabgesunken. Die Räubereien und Empörungen der Mamelucken, das Bestreben der türkischen Sultane, ihre Residenz Konstantinopel zum ersten Emporium des Reiches zu machen, anderseits die fremden Christen von Ägypten, dem Zugangsland zu den heiligen Stätten Mekka und Medina möglichst fern zu halten, verhinderten eine gedeihliche Wiederbelebung der einst so blühenden Handelsbeziehungen mit dem christlichen Europa. Wohl verliehen auch in Ägypten die durch die Kapitulationen gewährten Privilegien den Fremden Schutz, es wurde aber die Scheidung zwischen Christen und Mohammedanern mit solcher Strenge durchgeführt, dass nur der für die Zwecke des Handels absolut notwendige Verkehr gestattet war. So war z. B. die französische Kolonie zu Alexandrien auf ihren Fondaco beschränkt, dessen Thore von der ägyptischen Polizei jeden Abend geschlossen und jeden Morgen wieder geöffnet wurden. Erst Mehemed Ali, der sich im Jahre 1805 zum Statthalter Ägyptens aufschwang und durch Verbindung von morgenländischem Despotismus mit europäischen Kultureinrichtungen und Regierungskünsten

[1] s. Reichs-Ges.-Bl. 1891. S. 378.

sich eine möglichst unabhängige Stellung von der Pforte zu erringen hoffte, (was ihm bekanntlich auch gelang), gestattete den Fremden vollständig freien Verkehr, das Recht, ihren Wohnsitz nach Belieben zu wählen und sogar Grund und Boden zu besitzen.[1] Das hierdurch bewirkte Zuströmen der Fremden nach Ägypten blieb nicht ohne Einwirkung auf die Ausgestaltung der Konsulargerichtsbarkeit. Neben dem Recht der Kapitulationen bildete sich ein Gewohnheitsrecht aus, das in erster Linie den alten Grundsatz: actor sequitur forum rei zur strikten und ausschliesslichen Geltung brachte.[2] Zunächst kam dieses Prinzip bei Streitigkeiten der Fremden untereinander in Anwendung, dann wurde es aber auch — im Widerspruch mit den Kapitulationen — auf die Prozesse zwischen Fremden und Eingeborenen ausgedehnt. Es beseitigte die Ungewissheit über die Zuständigkeit und garantierte zugleich die Möglichkeit einer Exekution der Urteile.[3] Der fremde Staatsangehörige, der vor seinem Konsul beklagt wurde, konnte nicht die Einrede der Unzuständigkeit vorschützen; der Konsul des Beklagten war auch die einzige Autorität, welche eine Vollstreckung der Entscheidungen bewirken durfte, denn nach den Bestimmungen der Kapitulationen war die Exekution aller Urteile dem Konsul desjenigen Fremden vorbehalten, gegen den die Exekution sich richtete. Bei Klagen gegen Eingeborne war es oft sehr schwierig, die Assistenz des Konsulatsdragomane zu den Verhandlungen vor dem Lokalgericht zu erlangen; noch umständlicher und zeitraubender war es, dass nach den Vorschriften der Kapitulationen Prozesse über 4000 Aspern bei der hohen Pforte in Konstantinopel anhängig gemacht werden mussten. Die weitere Folge war nun, dass sogar Civilprozesse gegen Eingeborne — unter Verletzung des Prinzips actor sequitur forum rei — bei dem Konsulargericht des Klägers angestrengt wurden.[4] Der Widerwille der Europäer gegen die Anrufung eingeborner

---

[1] Mikonios, Les consuls en Orient. p. 81. Laget, Essai sur la condition juridique des Français en Égypte. p. 85. Lamba, De l'évolution de la condition juridique des Européens en Égypte. p. 67. 72. In der Türkei wurde das Recht, Immobilien zu besitzen — wie schon erwähnt —, erst im Jahre 1867 den Fremden eingeräumt.

[2] Mikonios, a. a. O. p. 82. Laget, a. a. O. p. 88. Lamba, a. a. O. p. 64—78. Beach-Lawrence, Commentaire sur Wheaton. t. IV. p. 182.

[3] Lamba, a. a. O. p. 68. 70.

[4] Lamba, a. a. O. p. 71.

Tribunale war ein derartiger, dass selbst die ägyptischen Vicekönige sich ihm beugen mussten; sie gestatteten zur Schlichtung von Streitigkeiten, welche sie selbst mit Ausländern hatten, die Errichtung eigener Specialkommissionen mit einem eigenen, für den bestimmten Fall vorgesehenen Prozessverfahren, ja, mitunter brachten sie den Rechtsstreit direkt vor das betreffende Konsulartribunal.[1] Auf diese Weise wurden die Personalklagen insgesamt, dann aber auch die Immobiliarklagen vor das Forum der fremden Konsuln gezogen. Während in der Türkei alle das Grundeigentum betreffenden Angelegenheiten vor die ottomanischen Gerichte gehörten, wurden in Ägypten die Fragen über Immobilien einschliesslich der Hypotheken und der Zwangsvollstreckung von den Konsuln entschieden.[2]

Was die Strafverfolgung gegen Angehörige christlicher Staaten anlangt, so hatte sich — ebenfalls im Widerspruch mit den Kapitulationen — der Brauch ausgebildet, dass der Eingeborene, welcher durch einen Fremden verletzt oder geschädigt worden war, die Klage bei dem Konsul des Angeschuldigten erheben musste. Dieser Brauch wurde schliesslich von der ägyptischen Regierung sogar als gesetzlich anerkannt (Dekret SAID PASCHAS vom Jahre 1857).[3]

Neben den Konsulargerichten bestanden noch gemischte Handelstribunale in Kairo und Alexandrien für Handelsstreitigkeiten zwischen Eingebornen und Fremden. Nach ihrer Reorganisation durch das Reglement vom 3. September 1861 waren diese Tribunale besetzt mit: einem ägyptischen Beamten als Präsidenten, zwei eingebornen und zwei fremden Richtern. Die Beisitzer wurden aus der Zahl der eingebornen bezw. fremden Notablen gewählt. Beide Tribunale waren wiederum — jedes

---

1 BEACH-LAWRENCE, a. a. O. p. 183.

2 LAMBA, a. a. O. p. 72.

3 LAMBA, a. a. O. p. 77. Die Anwendung des Grundsatzes actor s. f. r. auf die Criminalprocesse zwischen Eingebornen und Fremden sowie die dadurch gegebene Beseitigung jeder Kriminaljurisdiktion der eingebornen Gerichte über die Fremden war bis zum Abschluss des türkisch-amerikanischen Vertrages vom 4. Mai 1830 (s. oben 1. Kapitel) zweifellos ungesetzlich; stellt man sich aber auf den Standpunkt LAMBA's, der dem Art. 4 dieses Vertrages eine solche weitgehende Bedeutung nicht beimisst, so hätte die gesetzwidrige Behandlung der Kriminalsachen fortgedauert. Die ägyptische Regierung war dann nicht berechtigt, diesen Zustand — im Gegensatz zu ihrem Suzeränstaat, der Türkei — für gesetzlich zu erklären.

für das andere — unter Verdoppelung der Anzahl der Beisitzer zugleich Appellinstanz.[1]

Da es nun 17 verschiedene Konsulargerichte in Ägypten gab, — von denen jedes sein besonderes Gesetz und sein besonderes Verfahren anwendete, — zudem die gemischten Handelstribunale, welche nach muselmännischem Recht entschieden, sehr oft bei der Schwierigkeit der Unterscheidung zwischen Civil- und Handelssachen, in die civilrechtliche Kompetenz der Konsulargerichte übergriffen, so ist es leicht begreiflich, welche Anarchie schliesslich auf dem Gebiete der Jurisdiktion in Ägypten herrschte.[2] Die Folgen traten bald zu Tage.[3] Der Immobiliarverkehr wurde bei den 18 verschiedenen Gesetzgebungen (17 konsularen, einer lokalen), welche ihn beherrschten, jeder Sicherheit beraubt und aufs äusserste gehemmt; eine Organisation des Bodenkredits und eine Regelung des Hypothekenwesens war unmöglich.[4] Bei Streitigkeiten zwischen Vertragsteilen verschiedener Nationalität war es für den ersten Moment unmöglich zu erkennen, nach welchem Recht der Vertrag zu beurteilen sei. Alles hing davon ab: wem es gelang, sich in die günstige Rolle des Beklagten zu bringen, dessen Gericht musste angerufen werden, dessen Gesetz musste der Entscheidung der Sache zu Grunde gelegt werden.

Die strikte Anwendung des Grundsetzes „actor sequitur forum rei“ schloss auch alle Widerklagen aus, denn der Konsul oder das Gericht des Beklagten hatte keine Jurisdiktion über den Kläger.

Die Bildung einer passiven Streitgenossenschaft bei Beklagten verschiedener Nationalitäten war ebenfalls unmöglich; es mussten so viele einzelne Prozesse angestrengt werden, als Nationalitäten in Frage kamen.[5]

Bei Konkursen konnte der Fall eintreten, dass der Konkursverwalter mit sämtlichen 18 Jurisdiktionen zu thun hatte.[6]

---

[1] Beach-Lawrence, a. a. O. t. IV. p. 183. Laget, a. a. O. p. 93. Lamba, a. a. O. p. 73. 74; die Angaben über die Besetzung der Handelstribunale bei Mikonios, a. a. O. p. 81 sind nicht richtig. — Das muselmännische See- und Handelsgesetzbuch ist der französischen Kodifikation nachgebildet.

[2] Laget, a. a. O. p. 96.

[3] Laget, a. a. O. p. 96 et suiv. Lamba, a. a. O. p. 78—83.

[4] Lamba, a. a. O. p. 78. 73.

[5] Lamba, a. a. O. p. 79.

[6] Lamba, a. a. O. p. 80. Laget, a. a. O. p. 98.

Der Gipfelpunkt der Verwirrung und der Unzuträglickeit des ganzen Systems wurde aber erreicht, wenn gegen das Urteil eines Konsulargerichts Berufung eingelegt wurde. Im Prinzip galt, dass das Obergericht im Heimatlande des Berufungsklägers für die Berufung zuständig sein solle.[1] „Aber was musste“ — wie LAGET vortrefflich ausführt — „aus einem Beklagten werden, dessen Gegner, in erster Instanz abgewiesen, ihn zu gleicher Zeit vor die Appellhöfe in London, Odessa und Rio de Janeiro schleppten. Und wer sollte die Konflikte regeln, wenn beide Parteien gleichzeitig gegen dasselbe Urteil appellierten und jede von ihnen eine obsiegende, in gleicher Weise rechtskräftige und vollgültige Entscheidung der Berufungsinstanz erstritt?“[2]

In Strafsachen war die Einleitung einer Untersuchung gewöhnlich illusorisch. Der Untersuchungsrichter musste stets fürchten, mit einer der andern 17 Jurisdiktionen in Konflikt zu kommen. Die Folge war, dass oft die schwersten Verbrechen, welche von Ausländern begangen worden, ungeahndet blieben.[3]

Die eben geschilderten Auswüchse des Gewohnheitsrechts, welche das in der Regel „actor sequitur forum rei“ liegende gesunde Prinzip überwucherten und ins Gegenteil verkehrten, drohten eine völlige Aufsaugung der Landesjurisdiktion zu Gunsten der übermässig ausgedehnten Konsulargerichtsbarkeit herbeizuführen und die Wohlfahrt des Landes aufs schwerste zu schädigen.[4] Die ägyptische Regierung musste daher endlich gegen die eingerissenen Missbräuche Stellung nehmen. Im Jahre 1867 unterbreitete der Minister des Auswärtigen NUBAR PASCHA dem Khedive ISMAIL einen Bericht, der den so unbefriedigenden und völlig haltlosen Zustand des Gerichtswesens in Ägypten darstellte, zugleich mit Reformvorschlägen, welche auf Schaffung internationaler, gemischter Gerichtshöfe zur Entscheidung der Streitigkeiten zwischen Fremden und Eingebornen, sowie zwischen Fremden ver-

---

[1] LAMBA, a. a. O. p. 80.
[2] LAGET, a. a. O. p. 99. LAMBA, a. a. O. p. 80.
[3] LAMBA, a. a. O. p. 81.
[4] LAMBA, a. a. O. p. 82. p. 83: „L'exagération du principe de la personnalité des lois en vertu de la règle actor sequitur forum rei, tel était le droit contumier.“

schiedener Nationalität abzielten.[1] Diese Denkschrift wurde den Mächten mitgeteilt; allgemein wurde das Bedürfnis nach Reformen anerkannt. Jedoch erst nach achtjährigen Verhandlingen, bei denen der Widerstand der Pforte und Frankreichs vorzüglich zu überwinden war, wurde der endgültige Entwurf der Reform — wie ihn die im Jahre 1873 zu Konstantinopel eingesetzte internationale Kommission fertig gestellt hatte — von den Mächten Europas sowie von den Vereinigten Staaten von Amerika angenommen.[2]

---

[1] In dem Berichte NUBAR PASCHAS heisst es:

„La juridiction qui régit les Européens en Égypte, qui détermine leurs relations avec le gouvernement, ainsi qu'avec les habitants du pays, n'a plus pour base les capitulations. De ces capitulations, il n'existe plus que le nom; elles ont été remplacées par une législation contumière arbitraire, résultat du caractère de chaque chef d'agence, législation basée sur des antécédents plus ou moins abusifs que la force des choses, la pression d'un côté, le désir de faciliter l'établissement des étrangers de l'autre, ont introduite en Égypte et qui laisse actuellement le gouvernement sans force et la population sans justice régulière dans ses rapports avec les Européens.

Cet état de choses ne profite à personne, pas plus aux intérêts généraux des Puissances qu'à la population honnête du pays, indigène ou étrangère; il s'exerce au detriment de l'Égypte, au détriment du gouvernement, à l'avantage de ceux qui se sont fait un métier de l'exploiter." (s. LAMBA, a. a. O. p. 83; Documents diplom. 1869.

[2] Der Gang der Verhandlungen war folgender:

1867: Bericht NUBAR PASCHAS. Prüfung des Reformprojektes durch sachverständige Kommissionen der einzelnen Mächte. Widerstand der türkischen Regierung, welche beanspruchte, dass die Verhandlungen mit ihr, als der Regierung des Suzeränstaates, und nicht mit dem Vasallenstaat Ägypten geführt würden.

1869: Zusammentritt einer vorberatenden, internationalen Kommission von Vertretern Deutschlands, Österreichs, der Vereinigten Staaten, Englands, Frankreichs, Italiens und Russlands zu Kairo unter dem Vorsitze von NUBAR PASCHA.

Widerstand Frankreichs gegen jede Ausdehnung der Reform auf Strafsachen.

Reformprojekt der französischen Regierung: kein Kassationshof, keine Staatsanwaltschaft, keine Zuständigkeit in Strafsachen für die gemischten Gerichte (s. MARTENS, N.R.G. II. Série. t. II. p. 589).

1870: Die Pforte gibt ihren Widerstand auf und vereinbart ein neues Projekt mit NUBAR PASCHA (s. MARTENS, a. a. O. p. 587).

1870—72: Unterbrechung der Verhandlungen durch den deutsch-französischen Krieg.

NUBAR PASCHA bleibt auf der Hereinziehung der Strafsachen in die Reform bestehen.

1873: Wiederaufnahme der Verhandlungen. Eine neue Kommission aus Vertretern Belgiens, Deutschlands, Englands, Frankreichs, Italiens, der Niederlande, Österreichs, Russlands, Schwedens-Norwegens, Spaniens und der Vereinigten Staaten von Amerika tritt in Konstantinopel zusammen. Der von

Durch besondere Übereinkommen zwischen der ägyptischen Regierung mit den einzelnen Mächten wurde die Einschränkung der Konsulargerichtsbarkeit zu Gunsten der neuen Tribunale geregelt.[1]

Auf Grund des Règlement d'Organisation Judiciaire pour les Procès Mixtes en Égypte du 10. Novembre 1874, titre I art. I, III, wurden drei Tribunale I. Instanz zu Kairo, Alexandrien und Zagazig, sowie ein Appellhof zu Alexandrien errichtet.[2] Mit dem 1. Februar 1876 traten diese Gerichte in Thätigkeit.[3] Das Tribunal von Zagazig wurde später nach Ismaïlia, dann nach Mansurah verlegt, wo es sich (nach vorübergehender gänzlicher Aufhebung) jetzt noch befindet.[4] Von letzterem Gericht wurde 1892 ein

---

dieser Kommission ausgearbeitete Entwurf fand den Beifall aller Mächte. Frankreich stimmte zu, nachdem mehreren von ihm beantragten Abänderungen stattgegeben worden war. Diese Abänderungen betrafen hauptsächlich: Anklagen wegen betrügerischen Bankerutts sowie Statusfragen sollen der Kognition der gemischten Tribunale entzogen bleiben. Alle Immunitäten und Privilegien der Konsuln und ihrer Angehörigen, sowie der katholischen, religiösen und Lehr-Anstalten, die unter dem Protektorate Frankreichs stehen, werden aufrecht erhalten (s. Protokoll vom 10. November 1874. Art. I. V. VII.; Archives diplomatiques 1875. t. I. p. 193. Piggot, Exterritoriality. p. 200). Dänemark, Griechenland, Portugal schlossen sich den übrigen Mächten an.

Über die Geschichte der Reform s. Mikonios, Les consuls en Orient et les tribunaux mixtes. p. 83—97. Beach-Lawrence, Commentaire sur Wheaton. t. IV. p. 183—199. Laget, a. a. O. p. 105—139. Lamba, a. a. O. p. 83—96. Die Verhandlungen der Kommission von 1873—74 s. bei Martens, N.R.G. II. Série. t. II. p. 597 s.; das Règlement d'organ. jud. daselbst, p. 680; die Anschluss-Protokolle daselbst, p. 690 s.

[1] s. die Konventionen mit Belgien vom 1. Februar 1876; mit Deutschland vom 5. Mai 1875 nebst Anhang vom 22. Januar 1876; mit Frankreich vom 19. September 1874 nebst Anhängen vom 25. September 1874, 25. Januar 1876; mit Griechenland vom 8. Februar 1876; mit Grossbritannien vom 31. Juli 1875 nebst Anhängen vom 10. Februar 1876, 5., 18., 20., 21. April 1880; mit Italien vom 23. Januar 1875 nebst Anhängen vom 24. Februar, 1. März, 20. Mai 1875, 22. Januar 1876; mit Österreich-Ungarn vom 28. Mai 1875 nebst Anhang vom 22. Januar 1876; mit Russland vom 27. September 1875 nebst Anhang vom 24. Januar 1876; mit Spanien vom 27. Februar 1876; mit den Vereinigten Staaten von Amerika vom 16. März 1876 (s. Antonopoulos, Über die Exterritorialität der Ausländer in der Türkei. S. 166 Anm. 1).

[2] Piggot, Exterritoriality. p. 201; Mikonios, Les Consuls en Orient. p. 97. Laget, a. a. O. p. 144 et suiv.

[3] Laget, a. a. O. p. 144. Die feierliche Eröffnung der Gerichte fand durch den Khedive bereits am 28. Juni 1875 statt.

[4] Laget, a. a. O. p. 162.

summarischer Richter ständig nach Port Said für den Bezirk des ganzen Kanals von Suez delegiert.[1]

Nach der gegenwärtigen Organisation[2] führt am Appellhof sowie an den Tribunalen I. Instanz ein eingeborner Beamter das Ehrenpräsidium; die thatsächliche Leitung ist jedoch einem fremden Richter mit dem Titel Vicepräsident vorbehalten. Letzterer wird von seinen Kollegen mit absoluter Stimmenmehrheit gewählt. Die Tribunale I. Instanz sind in Civil- und Handelskammern eingeteilt; jede Kammer ist mit fünf Richtern (drei Fremden, zwei Eingebornen) besetzt. In Handelssachen werden zwei Kaufleute (ein Fremder, ein Eingeborner) als Beisitzer mit beratender Stimme zugezogen.[3] Ein von diesen Tribunalen abgeordneter Richter präsidiert als Friedensrichter bei dem Gericht für Bagatellsachen und possessorische Klagen; ein Richter fungiert als Strafrichter in Polizei-Kontraventionen; ein Richter endlich ist (au tribunal des référés) mit der Erlassung der einstweiligen Verfügungen betraut.[4] Der Appellhof ist mit 14 Richtern (neun Fremden, fünf Eingebornen (besetzt; seine Urteile werden von acht Richtern (fünf Fremden, drei Eingebornen) erlassen.[5] Die Ernennung sämtlicher Richter erfolgt durch die ägyptische Regierung; die fremden Mitglieder der Gerichte werden von den Justizministerien der betreffenden Mächte in Vorschlag gebracht.[6] Die Richter sind unabsetzbar.

---

1 Lamba, a. a. O. p. 112. Antonopoulos, a. a. O. p. 170.

2 Die Veränderungen seit 1875/76, welche sich hauptsächlich auf die Vermehrung der fremden Richter beim Appellhof beziehen, siehe bei Laget, a. a. O. p. 163.

3 Vgl. Règl. d'org. jud. titre I art. II, III.

4 Lamba, a. a. O. p. 112.

5 s. Règl. d'org. jud. titre I art. III. Ursprünglich betrug die Zahl der Appellräte nur elf.

Bei Stimmengleichheit entscheidet die Mehrheit der fremden Richter (s. Règl. gén. de 1877, art. 100. Laget, a. a. O. p. 148).

6 Zur Zeit besteht folgende Verteilung der Richterstellen unter den fremden Nationen. Es sind vertreten:

a) bei den Tribunalen I. Instanz: Belgien mit drei, Dänemark mit einem, das Deutsche Reich mit zwei, Frankreich mit zwei, Griechenland mit zwei, England mit zwei, Italien mit zwei, Niederlande mit zwei, Österreich-Ungarn mit zwei, Portugal mit einem, Russland mit zwei, Schweden-Norwegen mit zwei, Spanien mit einem, die Vereinigten Staaten mit zwei Richtern;

b) beim Appellhof: das Deutsche Reich, Griechenland, England, Italien, Österreich-Ungarn, Russland und die Vereinigten Staaten mit je einem Rat, Frankreich mit zwei Räten (s. Antonopoulos, a. a. S. 170 Anm. 1).

Die Sitzungen sind öffentlich; die Gerichtssprache ist arabisch, französisch, italienisch. Die Gerichtsorganisation wurde ergänzt durch Errichtung einer Staatsanwaltschaft mit einem Generalprokurator an der Spitze und einer Anzahl Substituten.[1]

Die Exekution der Urteile geschieht durch eigene, bei den gemischten Tribunalen angestellte Gerichtsvollzieher, welche sich eventuell der Hilfe der Lokalbehörden bedienen können. Richtet sich die Exekution gegen einen Angehörigen der Vertragsmächte, so hat der Gerichtsvollzieher dessen Konsul hiervon in Kenntnis zu setzen. Das Nichterscheinen des Konsuls hemmt die Vollstreckung nicht.[2]

Auf Grund der Durchführung der Reform hat sich nun die Gerichtsbarkeit in Ägypten folgendermassen gestaltet.

1. Durch die Reform wurden die Bestimmungen der Kapitulationen nicht aufgehoben, sondern nur teilweise eingeschränkt. Dementsprechend blieb die Zuständigkeit der Konsuln noch bestehen:

a, in allen Civil- und Handelssachen ihrer Staatsangehörigen untereinander,[2] mit Ausnahme der dinglichen Rechtsstreitigkeiten, welche sich auf die in Ägypten gelegenen Immobilien beziehen.[3] Die Entscheidung von Statusfragen, welche Angehörige der fremden Mächte betreffen, bleibt ausschliesslich dem Konsul des Beklagten gewahrt, selbst dann, wenn diese Angelegenheiten im Laufe eines Prozessverfahrens streitig werden, welches sonst der Konsularjurisdiktion entzogen ist. Zu den Statusfragen gehören nach Art. 4 der Vorbestimmungen des ägyptischen bürgerlichen Gesetzbuchs: die Rechtsverhältnisse be-

---

Die Disziplinargewalt über die Richter, Gerichtsschreiber, Vollzugsorgane der Justiz, ferner über die Advokaten ruht beim Appellhof (s. Lamba, a. a. O. p. 113).

[1] Lamba, a. a. O. p. 113. Laget, a. a. O. p. 159. Die Mitglieder der Staatsanwaltschaft werden vom Khedive frei ernannt; die ägyptische Regierung lässt sich jedoch von den Mächten geeignete Persönlichkeiten in Vorschlag bringen. Die staatsanwaltschaftichen Beamten sind jederzeit absetzbar (s. Art. 26 et suiv. du Règl. d'org. jud.).

[2] Lamba, a. a. O. p. 110. Laget, a. a. O. p. 140. Antonopoulos, a. a. O. S. 166. Brauer, a. a. O. S. 127.

[3] Die persönlichen Klagen, welche Immobilien betreffen und zwischen Angehörigen ein und desselben Staates anhängig sind, gehören, wie sich aus der ausdrücklichen Bestimmung des Art. 9 in titr. I du Règl. d'org. jud. ergibt, vor die Konsulargerichte; anders in der Türkei, s. o. 1. Kapitel.

treffend den Personenstand, die Rechts- und Handlungsfähigkeit, Ehe, Erbfolge, Vormundschaft und Pflegschaft.[1]

b, in allen Strafsachen ihrer Landsleute ohne Rücksicht auf die Nationalität des Beschädigten, mit Ausnahme sämtlicher Übertretungen und solcher in titre II art. 7—9 du Règl. d'org. jud. (s. u.) einzeln aufgeführter Verbrechen und Vergehen, welche sich unmittelbar gegen Richter, Geschworne oder Beamte der gemischen Gerichte während der Ausübung ihres Amtes (art. 7), gegen die Vollstreckung der Urteile oder Verfügungen dieser Tribunale (art. 8) wenden oder welche von Richtern, Geschwornen oder Beamten der gemischten Gerichte in Ausübung bezw. infolge Missbrauchs ihres Berufes begangen sind (art. 9).[2] Das Deutsche Reich hat jedoch seine Konsulargerichtsbarkeit auch in dem Falle eines Deliktes gegen einen Beamten der gemischten Gerichte fortbestehen lassen, wenn der durch die strafbare Handlung Verletzte die Bestrafung des Thäters vor dem Konsulargericht ausdrücklich beantragt (§ 3 der Verordnung vom 23. Dezember 1875 in Ausführung des Reichsgesetzes vom 30. März 1874).[3]

c) Die vollständige Konsulargerichtsbarkeit haben sich das Deutsche Reich, Frankreich und Österreich zu Gunsten der unter ihrem Schutze stehenden religiösen Niederlassungen und Institute auf ägyptischem Boden vorbehalten. Den gleichen Vorbehalt machte Russland hinsichtlich seiner in Kairo bestehenden Schule.[4] Diese Anstalten können — jedoch nur soweit sie

---

[1] Lamba, a. a. O. p. 122. Antonopoulos, a. a. O. p. 166. Brauer, a. a. O. S. 127. Diese Statusfragen bilden den einzigen Fall in Civilsachen, wo bei Prozessen zwischen Angehörigen verschiedener Nationen das Konsulargericht des Beklagten entscheidet, und nicht die gemischten Tribunale; hier gilt also noch: actor s. f. r. Bestritten ist, ob die Konsuln auch über Statusfragen urteilen können, wenn der betr. Staatsangehörige Mohammedaner ist. Antonopoulos, a. a. O. S. 167 bejaht dies im Gegensatz zu einer Entscheidung des Appellhofes zu Algier, wonach die mohammedanische Religion Personalstatut und Nationalität in sich schliesse.

[2] Antonopoulos, a. a. O. S. 168. Brauer, a. a. O. S. 127.

[3] R.G.Bl. 1874. S. 23. 1875. S. 381.

[4] s. Art. 7 der deutschen Konvention vom 5. Mai 1875, sowie Ziff. 4 der kais. Verordn. vom 23. Dezember 1875; ferner die kais. Verordn. vom 17. Februar 1897 (R.G.Bl. 1874. S. 23; 1875. S. 381; 1897. S. 17). Ursprünglich erfolgte die Exemption von der Gerichtsbarkeit der gemischten Tribunale nur zu Gunsten der deutschen protestantischen Kirchen und Schulen in Alexandrien und Kairo, sowie für das protestantische Krankenhaus; durch die Verordn. vom

als Korporationen in Betracht kommen — weder als Kläger noch als Beklagte vor den gemischten Gerichten auftreten, sie unterstehen, wie bisher, ihren Konsulargerichten und haben nach dem Prinzip: actor sequitur forum rei Recht zu nehmen.[1] Die einzelnen Mitglieder derselben sind dagegen vor den gemischten Tribunalen verfolgbar.[2]

d) Endlich sind die fremden Konsuln, ihre Familien und alle in ihrem Dienste befindlichen Personen (wie z. B. Konsularagenten, Dragomane, Kawassen und sonstige Funktionäre) der Jurisdiktion der gemischten Tribunale entzogen.[3] Die Konsuln und ihre Angehörigen haben keinen Gerichtsstand vor den gemischten Tribunalen; selbst als Streitgenossen anderer Privatpersonen dürfen sie vor diesen Gerichten weder verklagt werden noch können sie — auch bei freiwilligem Verzicht auf ihre Immunitäten nicht — klagen.[4] Eine einzige, übrigens sehr bestrittene Ausnahme statuiert das gemischte Tribunal I. Instanz von Kairo in seinem Urteil vom 8. Dezember 1886 für die dem forum rei sitae unterworfenen dinglichen Immobilaransprüche.[5]

2. Die internationalen, gemischten Gerichtshöfe[6] sind zuständig:

---

15. Februar 1897 wurde die Exemptionsbestimmung des § 5 der Verordn. vom 23. Dezember 1875 ausgedehnt auf das Diakonissenhospital Viktoria in Kairo, die Niederlassung der katholischen Schwestern von der Kongregation des hl. Karolus Borromäus in Alexandrien, sowie überhaupt auf alle religiösen Anstalten ohne Unterschied des Bekenntnisses, die in Ägypten errichtet sind oder in Zukunft errichtet werden und unter deutschem Schutze stehen. — s. Art. 7 der österreichischen Konvention vom 28. Mai 1875. — Art. 7 der französischen Konvention vom 19. September 1874 und Art. 7 des Anhanges zu dieser Konvention vom 25. September 1879. — Art. 4 der russischen Konvention vom 27. September 1875.

[1] Lamba, a. a. O. p. 121.

[2] Art. 4 cit. der russischen Konvention.

[3] Laget, a. a. O. p. 215 et suiv. Lamba, a. a. O. p. 119.

[4] Antonopoulos, a. a. O. S. 165 Anm. 2.

[5] Antonopoulos, a. a. O. S. 165 Anm. 2. Laget, a. a. O. p. 221.

[6] Die tribunaux mixtes urteilen nach eigenen der französischen, teilweise auch der italienischen und belgischen Gesetzgebung entsprechenden Kodifikationen, deren Redaktion ein französischer Rechtsgelehrter Maunouri übernommen hatte. Er stellte her: die Codes civil, de commerce, de procédure civile et commerciale, pénal und d'instruction criminelle. (Die Einführung der beiden letzteren wird erst projektiert.) Gemäss Art. 11 du Code civil sind die Richter befugt, im Falle des Stillschweigens, der Unzulänglichkeit oder Un-

a) in allen Civil- und Handelssachen von Angehörigen verschiedener Staaten: also in Streitigkeiten zwischen Eingebornen und Fremden, sowie zwischen Ausländern verschiedener Nationalität (compétence ratione personae).[1] Gleichgültig dabei ist, welcher Nation der Ausländer angehört,[2] gleichgültig, ob die Klage des Ausländers sich gegen einen Eingebornen, gegen die ägyptische Regierung, gegen einen einzelnen Zweig der ägyptischen Verwaltung oder gegen die Daïras (d. i. der Privatgrundbesitz) des Khedive und seiner Familie richtet.[3] Ebenso kommt es nicht darauf an, dass die Streitsteile in Ägypten wohnen bezw. sich dort aufhalten oder nicht, sofern nur nach allgemeinen Regeln ein Forum dortselbst begründet ist (compétence ratione loci).[4] Nur Statusfragen können selbst als Inzidentpunkte von den gemischten Gerichten nicht entschieden werden.[5] Dagegen steht diesen Gerichten die ausschliessliche Jurisdiktion in allen dinglichen Streitfragen zu, welche sich auf in Ägypten gelegene Immobilien, selbst dann, wenn beide Parteien Unterthanen desselben ausländischen Staates sind (compétence ratione materiae), nicht aber, wenn beide die ägyptische Staatsangehörigkeit besitzen.[6] Streitigkeiten über die Wakf-Güter (d. i. der Immobiliarbesitz der mohammedanischen religiösen Korporationen)

---

klarheit des Gesetzes nach Naturrecht und Billigkeit zu urteilen (Lamba, a. a. O. p. 114—115).

[1] s. Art. 9 du Règl. d'org. jud.; Art. 5 des Dispositions prélim. du Code civil mixte. Laget, a. a. O. p. 173. Lamba, a. a. O. p. 115. Antonopoulos, a. a. O. S. 171.

[2] Antonopoulos, a. a. O. S. 171.

Fremder ist jeder, welcher nicht ägyptischer Unterthan ist. Demnach unterstehen auch die Angehörigen solcher Staaten, welche nicht zu den Vertragsmächten gehören, der Jurisdiktion der gemischten Gerichte, so z. B. Perser, Marokkaner, Brasilianer (s. Laget, a. a. O. p. 174. Lamba, a. a. O. p. 115.)

[3] Lamba, a. a. O. p. 115; s. a. Art. 10, 11 du Règl. d'org. jud.

[4] Art. 14 du Code civil égyptien: „L'étranger qui aura quitté le pays ne pourra être cité devant les noveaux tribunaux que dans les cas suivants: 1o s'il s'agit d'obligations relatives à des biens meubles ou immeubles existant dans le pays; 2o s'il s'agit d'obligations dérivant de contrats stipulés ou devant être executés dans le pays, ou bien de faits qui auraient été accomplis.“ Für Handelssachen lässt Art. 35 du Code égyptien de procédure civile et commerciale ein forum contractus und ein forum solutionis zu (s. Laget, a. a. O. p. 183. Lamba, a. a. O. p. 121).

[5] Antonopoulos, a. a. O. S. 172. 166; s. a. o. S. 124. 125.

[6] s. Art. 9. 13 du Règl. d'org. jud. Antonopoulos, a. a. O. S. 171. Laget, a. a. O. p. 184. 189. Lamba, a. a. O. p. 124.

sind der Jurisdiktion der gemischten Gerichte insoweit entzogen, als es sich um die Vindikation eines solchen Gutes durch einen Ausländer handelt; in diesem Falle ist der Kadi des forum rei sitae zuständig. Hingegen müssen petitorische Klagen eines geistlichen mohammedanischen Instituts gegen Ausländer, sowie alle possessorischen Klagen bei den gemischten Gerichten angebracht werden.[1] Ebenso begründet die Thatsache allein, dass auf einem Grundstück — es mag einer religiösen mohammedanischen Korporation oder Privaten gehören — zu Gunsten eines Ausländers eine Hypothek bestellt worden ist, die Kompetenz der gemischten Tribunale für die einschlägigen Fragen des Hypothekenrechts und der Subhastation.[2]

Bezüglich der Aktiengesellschaften in Ägypten ist noch zu erwähnen, dass sie an sich die ägyptische Nationalität besitzen (Art. 46 du Code de commerce égyptien). Dienen sie jedoch ausländischen Interessen oder nimmt der Firman, der die Statuten genehmigt, Bezug auf Art. 46 du Code de commerce mixte, so unterstehen sie der Jurisdiktion der gemischten Gerichte.[3] Eine offene Handelsgesellschaft, deren Mitglieder verschiedenen Staaten angehören, wird ebenfalls als „gemischte" betrachtet; sie kann sich übrigens die Nationalität eines ihrer Gesellschafter wählen.[4]

Wird der Konkurs über das Vermögen eines Ausländers eröffnet, so erachten die gemischten Gerichte ihre Zuständigkeit auch in dem Falle für gegeben, dass Antragsteller und Gemeinschuldner dieselbe Nationalität besitzen, wenn nur aus den beigebrachten Urkunden erhellt, dass noch Gläubiger mit anderem Indigenat vorhanden sind.[5]

Gegen die Entscheidungen der gemischten Gerichte I. Instanz kann Berufung eingelegt werden,[6] wenn der Streitgegenstand 8000 Piaster übersteigt oder unbestimmten Wert hat oder

[1] s. Art. 12 du Règl. d'org. jud., Art. 8 du Code civil mixte. ANTONOPOULOS, a. a. O. S. 176. LAGET, a. a. O. p. 184. LAMBA, a. a. O. p. 124.

[2] s. Art 13 du Règl. d'org. jud.

[3] ANTONOPOULOS, a. a. O. S. 171 Anm. 3. LAMBA, a. a. O. p. 143 und das dort abgedruckte Urteil des Appellhofes bez. der Suezkanalkompagnie.

[4] ANTONOPOULOS, a. a. O. S. 171. Anm. 3.

[5] ANTONOPOULOS, a. a. O. S. 172. LAMBA, a. a. O. p. 138. 239.

[6] Die Berufungsfrist beträgt 60 Tage. Gegen Versäumnisurteile ist lediglich Einspruch zulässig.

wenn lediglich über die Zuständigkeit entschieden ist. Die vom summarischen Richter[1] gefällten Entscheidungen beschreiten in der Regel (bei einem Streitgegenstand von nicht über 1000 Piaster) sofort die Rechtskraft. Gegen Urteile, welche nicht mit Berufung anfechtbar sind[2] und in den Fällen des Art. 424 du Code de proc. civ. égypt. ist Nichtigkeitsbeschwerde (requête civile) zulässig.[3] Der abgewiesene Beschwerdeführer verfällt jedoch in eine Frivolitätsstrafe von 400 Piaster und hat Schadensersatz zu leisten.[4]

Ändert sich die Nationalität eines Prozessbeteiligten während des Verfahrens, so wird hierdurch die ursprüngliche Kompetenz in keiner Weise berührt. Nach dem Grundsatz: ubi initum, ibi finem, bleibt das Gericht zuständig, bei dem der Rechtsstreit anhängig gemacht worden ist.[5]

b, in Strafsachen erkennen die gemischten Gerichte ohne Rücksicht auf die Nationalität des Angeklagten:

1. über alle Übertretungen (contraventions de simple police) gemäss Art. 6 du titre II du Règl. d'org. jud.;

2. über die in Art. 7 und 8 des Règl. d'org. jud. aufgezählten Verbrechen und Vergehen gegen die Mitglieder, Geschwornen und Hilfsorgane der gemischten Gerichte und den Vollzug der von diesen erlassenen Entscheidungen;

3. über die von den Mitgliedern, Geschwornen und Hilfsorganen der gemischen Gerichte begangenen Verbrechen im Amte, (Art. 9 du Règl. d'org. jud.).[6]

---

1 Die Zuständigkeit des summarischen Richters erstreckt sich prinzipiell bis auf einen Streitgegenstand von 10000 Piastern Tarif = 2000 M. (s. ANTONOPOULOS, a. a. O. S. 170).

2 Demnach können auch die Urteile II. Instanz mit der Nichtigkeitsbeschwerde angefochten werden.

3 Dieses Rechtsmittel ist innerhalb 30 Tage geltend zu machen und hat weder Devolutiv- noch Suspensiveffekt.

4 s. ANTONOPOULOS, a. a. O. S. 172.

5 s. LAGET, a. a. O. p. 178. LAMBA, a. a. O. p. 116. Das dort citirte Urteil des Appellgerichtshofes führt aus:

„Une juridiction regulièrement saisie reste compétente jusqu'à la solution du litige, y compris l'exécution du jugement par elle rendu malgré le changement de nationalité qui pourrait se produire en la personne des parties."

Auf diese Weise wird verhindert, dass ein Beklagter sich der ihm drohenden Verurteilung durch Änderung seiner Nationalität entzieht.

6 Art. 6: „Seront soumises à la juridiction des Tribunaux Égyptiens les poursuites pour contraventions de simple police, et, en outre, les accusations portées contre les auteurs et complices des crimes et délits suivants:

Die von Ausländern begangenen Übertretungen werden durch einen fremden Richter, die übrigen strafbaren Handlungen, so-

---

art. 7: Crimes et délits commis directement contre les magistrats, les jurés et les officiers de justice dans l'exercice ou à l'occasion de l'exercice de leurs functions, savoir:

a) Outrages par gestes, paroles ou menaces;

b) Calomnies, injures, pourvu qu'elles aient été proférées, soit en presence du magistrat, du juré ou de l'officier de justice, soit dans l'enceinte du tribunal, ou publiées par voie d'affiches, d'écrits, d'imprimés, de gravures, ou d'emblèmes;

c) Voies de fait contre leur personne, comprenant les coups, blessures et homicide volontaire avec ou sans préméditation;

d) Voies de fait exercées contre eux ou menaces à eux faites pour obtenir un acte injuste ou illégal, ou l'abstention d'un acte juste ou légal;

e) Abus par un fonctionnaire public de son autorité contre eux dans le même but;

f) Tentative de corruption exercée directement contre eux;

g) Recommandation donnée à un juge par un fonctionnaire public en faveur d'une des parties;

art. 8: Crimes et délits commis directement contre l'exécution des sentences et des mandats de justice, savoir:

a) Attaque ou résistance avec violence ou voies de fait contre les magistrats en fonctions, ou des officiers de justice instrumentant ou agissant légalement pour l'exécution des sentences ou mandats de justice, ou contre les dépositaires ou agents de la force publique chargés de prêter main-forte à cette exécution;

b) Abus d'autorité de la part d'un fonctionnaire public pour empêcher l'exécution;

c) Vol de pièces judiciaires dans le même but;

d) Bris de scellés apposés par l'autorité judiciaire, détournement d'objets saisis en vertu d'une ordonnance ou d'un jugement;

e) Évasion de prisonniers détenus en vertu d'un mandat ou d'une sentence et actes qui ont directement procuré cette évasion;

f) Recel des prisonniers évadés dans le même cas;

— (lit. g des art. 8: Anklagen wegen betrügerischen Bankerutts wurde auf Veranlassung Frankreichs gestrichen; s. Protokoll vom 10. November 1874); —

art. 9: Les crimes et délits imputés aux juges, jurés et officiers de justice, quand ils seront accusés de les avoir commis dans l'exercice de leurs fonctions ou par suite d'un abus de ces fonctions, savoir:

Outre les crimes et délits communs qui pourront leur être imputés dans ces circonstances, les crimes et délits spéciaux sont:

a) Sentence injuste rendue par faveur ou inimitié;

b) Corruption;

c) Non-révélation de la tentative de corruption;

d) Déni de justice;

e) Violences exercées contre les particuliers;

f) Violation du domicile sans les formalités légales;

g) Exactions;

h) Détournement de deniers publics;

i) Arrestation illégale;

j) Faux dans les sentences et actes."

weit sie nicht vor das Schwurgericht gehören (also Vergehen in erster, Übertretungen in zweiter Instanz), durch drei Richter (zwei Fremde, ein Eingeborner) nebst vier fremden Beisitzern mit beratender Stimme abgeurteilt. Die Eröffnungskammer ist in gleicher Weise aus drei Richtern und vier Beisitzern zusammengesetzt.

Das Schwurgericht wird gebildet aus zwölf fremden Geschwornen und drei Richtern des Appellhofes, von denen einer ein Eingeborner ist.[1]

Von der Verfolgung eines Ausländers wegen eines Verbrechens oder Vergehens, ebenso von einer beabsichtigten Haussuchung muss der Konsul des Angeschuldigten in Kenntnis gesetzt werden.[2]

Entsteht zwischen einem Konsulargericht und einem gemischten Tribunal ein Kompetenzkonflikt, so wird dieser dem Schiedsspruche eines zu diesem Zwecke aus vier Mitgliedern ge-

---

An dieser Stelle mag noch erwähnt werden, dass nach dem Dekret vom 31. Januar 1889 der Appellhof die vom Khedive erlassenen Verordnungen über Polizeikontraventionen daraufhin zu prüfen hat, ob sie gleichmässig auf alle Einwohner Ägyptens anwendbar sind, ob sie nicht im Widerspruche mit den Kapitulationen und Verträgen stehen, ob sie die für Polizeidelikte zulässigen Strafen androhen. Solche Vorschriften treten erst nach erfolgter Genehmigung durch den Appellhof in Kraft (s. ANTONOPOULOS, a. a. O. S. 176).

[1] Titre II. art. 1—5 du Règl. d'org. jud. ANTONOPOULOS, a. a. O. S. 173. LAGET, a. a. O. p. 204 et suiv.

Auf Verlangen des Angeklagten muss die Hälfte der Beisitzer oder Geschwornen aus der Zahl seiner Landsleute entnommen werden; sind deren nicht genügend vorhanden, so hat der Angeklagte die Nation zu bezeichnen, aus deren Angehörigen die Zahl ergänzt werden soll (Art. 4). Bei mehreren Angeklagten verschiedener Nationalität ist jeder berechtigt, eine gleichmässige Verteilung der Geschwornen oder Beisitzer nach den beteiligten Nationen zu fordern, ohne dass jedoch eine Vermehrung der Gesamtzahl der Geschwornen und Beisitzer eintreten darf (Art. 5). Die Liste der Geschwornen fremder Nationalität wird alle Jahre durch das Konsularkorps aufgestellt (Art. 29).

Bei Verurteilung in eine Freiheitsstrafe wegen einer Übertretung ist Berufung an das tribunal correctionel zulässig. Der Kassations-Rekurs an den Appellhof kann gegen Urteile in Übertretungen und gegen condemnatorische Erkenntnisse über Vergehen wegen falscher Strafanwendung, wesentlicher Nichtigkeit, sowie in dem Falle eingelegt werden, wenn die abgeurteilte That sich weder als Verbrechen, Vergehen oder Übertretung darstellt. Der Appellhof entscheidet in der gleichen Besetzung (acht Richter) wie in Civilsachen.

Der Vollzug der Untersuchungs- oder Strafhaft kann mangels geeigneter Räumlichkeiten in den Konsulargefängnissen erfolgen (Art. 17. 36).

[2] Art. 22. 20 du Règl. d'org. jud.

bildeten Kompetenzhof (Conseil) unterbreitet. Der Präsident des Appellhofs ernennt hierzu zwei Appellräte oder zwei Richter des Untertribunals, der Konsul des Angeschuldigten wählt zwei andere Konsuln zu Mitgliedern dieses Kompetenzhofes. Die Entscheidungen des Kompetenzhofes sind endgültig.[1]

3. Die einheimischen Gerichte, welche durch die Dekrete vom 14. Juni 1883 und 9. Februar 1887 nach dem Muster der tribunaux mixtes reorganisiert wurden, erkennen über alle Civil- und Strafsachen, bei denen nur Eingeborne beteiligt sind. An den Gerichtshöfen (Medschlis) zu Kairo und Alexandrien urteilt der Kadi mit zwei Beisitzern, bei den andern Gerichten (Maḥkemes) fungiert der Kadi als Einzelrichter. Für diese einheimischen Gerichte sind auch eigene Gesetzbücher eingeführt. Statusfragen, welche eingeborne Mohammedaner betreffen, werden vom Kadi in den Maḥkemes entschieden, ebenso alle Prozesse über Wakfgüter (abgesehen von der oben sub 2 erwähnten Ausnahme); hingegen unterliegen Statusfragen von eingebornen Nicht-Mohammedanern gemäss den Bestimmungen des (türkischen) Hatti-Humajun vom 18. Februar 1856 den geistlichen Obern der betreffenden nicht-mohammedanischen Konfession.[2]

Seit 1895 besteht noch ein besonderer Gerichtshof mit ausserordentlichen Befugnissen zur Aburteilung von Verbrechen und Vergehen, welche sich Eingeborne gegen Soldaten und Offiziere der britischen Occupationsarme zu Schulden kommen lassen. Dieses Standgericht setzt sich zusammen: aus dem ägyptischen Justizminister als Präsidenten, zwei Engländern und zwei Ägyptern als Richter; es urteilt und setzt die Strafen nach freiem Ermessen fest, seine Entscheidungen sind endgültig und sofort vollstreckbar.[3]

Die ägyptische Gerichtsreform begegnete anfangs lebhaften Widersprüchen und fast allgemeinem Misstrauen. Die Mächte

---

[1] Art. 23. 22. 24. 25; s. a. die deutsche Verordn. vom 23. Dezember 1875.

[2] LAMBA, a. a. O. p. 111. ANTONOPOULOS, a. a. O. S. 168 Anm. 2.

[3] ANTONOPOULOS, a. a. O. S. 174; Archives diplomatiques. 1895. t. LIV. p. 193. Zu bemerken ist jedoch, dass nach Art. 6 der Verordnung des Vicekönigs ABBAS HILMI vom 1. Ramadan 1312 / 25. Februar 1895 — durch welche dieser Specialgerichtshof geschaffen wurde — im Prinzip alle Verbrechen und Vergehen der einheimischen Jurisdiktion unterstellt bleiben; vor das Specialtribunal werden sie nur auf Verlangen des englischen Oberkommandierenden und des englischen Generalkonsuls gebracht.

bewilligten die Einrichtung der gemischten Gerichte ursprünglich nur auf die Dauer von fünf Jahren und behielten sich die Rückkehr zur Konsularjurisdiktion in ihrem alten Umfange vor. Jedoch die neue Institution entsprach — wie LAMBA sagt — einem so tiefen Bedürfnis nach Gerechtigkeit, die Zahl der Streitsachen und die Wichtigkeit der Interessen, welche der Beurteilung der neuen Gerichte unterbreitet wurden, war eine so beträchtliche, dass nach Ablauf der ersten Quinquennialperiode die weitere Fortdauer der gemischten Tribunale von den Mächten einstimmig bewilligt und immer wieder verlängert wurde.[1]

Nicht geringe Schwierigkeiten, die sich hauptsächlich aus der Existenz dreier nebeneinander und unabhängig voneinander wirkender Jurisdiktionen, sowie aus dem anfänglichen Widerstand der ägyptischen Regierung gegen die Vollstreckung der zu ihren Ungunsten gefällten Urteile ergaben, waren zu überwinden,[2] jedoch der erste Vicepräsident des Appellhofes Dr. LAPENNA, ein ausgezeichneter Jurist und Organisator ersten Ranges, verstand es, alle Hemmnisse zu beseitigen und der neuen Institution zum Siege zu verhelfen.

Die gelegentlich der Wiedererneuerung der Verträge über die Fortdauer der gemischten Gerichte zusammenberufenen internationalen Kommissionen aus den Jahren 1884 und 1890 erkannten wiederholt das segensreiche Wirken der tribunaux mixtes an und beantragten eine wesentliche Erweiterung der Kompetenz derselben.[3] Und in der That die völlige Ausgestaltung der Reform wäre sehr zu wünschen. Es bestehen immer noch die ausgedehnten Exemptionen der Konsuln und die Rechtsprechung der geistlichen Obern in Status- und Ehesachen; für die Eingebornen wird eine prorogatio fori an die gemischten

---

[1] LAMBA, a. a. O. p. 109. Die letzte Verlängerung geschah 1894; sie läuft am 1. Februar 1899 ab.

[2] LAGET, a. a. O. p. 244.

[3] LAMBA, a. a. O. p. 234 et suiv., 293 et suiv.; ANTONOPOULOS, a. a. O. S. 176. LAGET sagt am Schlusse seiner Abhandlung:

„Non seulement l'institution des tribunaux mixtes ne pourrait plus aujourd'hui être supprimée en Égypte, mais elle est certainement appelée à bref délai à recevoir une plus grande extension: elle fournit en effet un moyen pratique de concilier la souveraineté locale avec les exigences du commerce et de la civilisation, jusqu'au jour où l'on pourra sans inconvenients accepter le principe de la juridiction purement territoriale"

Gerichte nicht gestattet; die überaus eingeschränkte Kriminaljurisdiktion dieser Gerichte verhindert sie sogar an der Aburteilung von Delikten, welche, wie Meineid und Urkundenfälschung vor ihrer Schranken begangen werden können, oder deren Bestrafung die notwendige Ergänzung eines in ihre Zuständigkeit fallenden Verfahrens bildet, so z. B. Bankerutt, Hinterziehung von Konkursgegenständen und sonstige Benachteiligungen der Konkursgläubiger. Die auf Beseitigung dieser Missstände gerichteten Vorschläge der Kommissionen haben bisher noch nicht die Genehmigung der Mächte zu erlangen vermocht.

## Viertes Kapitel.

Die Konsulate in den übrigen Gebieten Afrikas. — Die Konsulate auf Zanzibar; die britische Konsularjurisdiktion im Kongostaate; die Aufhebung der Konsularjurisdiktion auf Madagaskar.

Auf Zanzibar steht England, Frankreich, dem Deutschen Reiche, Italien, Portugal, Österreich und Belgien die Ausübung der Konsularjurisdiktion zu. Da Zanzibar bis zum Jahre 1856 unter der Oberhoheit des Imam von Maskat stand, so beruht die dortige Konsulargerichtsbarkeit auf Verträgen, welche teils mit dem Imam von Maskat, teils mit dem Sultan von Zanzibar abgeschlossen sind.[1] Durch das deutsch-englische Abkommen

[1] Diese Verträge wurden abgeschlossen:

a) zwischen Frankreich und Maskat zu Zanzibar unterm 17. November 1844 (s. Martens, Ch. de, et Cussy, Recueil manuel et pratique etc. t. V. p. 614. Gary, De la condition juridique des Français à l'étranger. p. 221);

b) zwischen dem Deutschen Reich und Zanzibar unterm 20. Dezember 1885 (s. Reichsgesetzbl. 1886. S. 261);

c) zwischen England und Zanzibar unterm 30. April 1886 (s. Piggot, Exterritoriality. p. 217. Martens-Stoerk, N.R.G. II. série. t. XIII. p. 504);

d) zwischen Portugal und Zanzibar unterm 25. Oktober 1879 (s. Martens-Stoerk, N.R.G. II. sèrie. t. XIV. p. 23);

e) zwischen Italien und Zanzibar unterm 28. Mai 1885 (s. Martens-Stoerk, N.R.G. II. série. t. XIII. p. 655);

f) zwischen Österreich und Zanzibar unterm 11. August 1887 (s. Martens-Stoerk, N.R.G. II. série. t. XV. p. 608);

g) zwischen Belgien und Zanzibar wurde unterm 30. Mai 1885 eine provisorische Konvention vereinbart (s. Martens-Stoerk, N.R.G. II. série. t. XII. p. 529).

vom 1. Juli 1890, welches Zanzibar unter Englands Protektorat stellte, wurde die Gültigkeit und Fortdauer dieser Verträge nicht berührt.[1]

Die Konsuln sind infolgedessen zur Entscheidung aller Civil- und Kriminalprozesse zuständig, die unter ihren Landsleuten entstehen. Streitigkeiten zwischen Angehörigen verschiedener, christlicher Nationen sind vor das Konsulargericht des Beklagten zu bringen. Klagt der Angehörige einer der Vertragsmächte gegen einen Unterthanen des Sultans von Zanzibar oder einer durch Konsuln nicht vertretenen, nichtchristlichen Nation, so wird die Sache von der höchsten Behörde des Sultans oder einer von ihm besonders dazu ernannten Person verhandelt und entschieden. Die betreffenden Verhandlungen und Entscheidungen werden jedoch nur dann für rechtsgültig erachtet, wenn dem Konsul des Klägers oder seinem Stellvertreter hiervon Anzeige gemacht und Gelegenheit geboten worden ist, selbst dem Verfahren beizuwohnen oder hierzu einen Vertreter abzuordnen. Im umgekehrten Falle, wenn der Angehörige einer der Vertragsmächte Beklagter ist, so ist der Prozess ausschliesslich vor dem Konsulargericht des Beklagten anhängig zu machen. Die strafrechtliche Verfolgung von Angehörigen der Vertragsmächte ist ebenfalls dem betreffenden Konsul vorbehalten, selbst wenn die strafbare Handlung auf Zanzibarer Gebiet begangen worden.[2] Zuwiderhandlungen gegen die in den Verträgen vereinbarten Zollbestimmungen werden von dem Konsul des Defraudanten bestraft. Die wegen eines solchen Zolldeliktes verhängten Geldstrafen und konfiszierten Güter hat der Konsul dem Sultan zu überweisen.[3] Zur Vornahme von Verhaftungen oder anderer Amts-

[1] PIGGOT, a. a. O. p. 217; s. a. die Deklaration zwischen Frankreich und England vom 5. August 1890, wonach durch die Errichtung des englischen Protektorates über Zanzibar die Rechte und Immunitäten der auf Zanzibarer Gebiet lebenden Franzosen unberührt bleiben (Archives diplomatiques. 1896. t. LVII. p. 17).

[2] s. Art. 6 des französischen Vertrages mit Maskat vom 17. November 1844, Art. 12 des portugiesischen Vertrages mit Zanzibar, Art. 5 des italienischen Vertrages, Art. 16 des deutschen Vertrages, Art. 16 des englischen Vertrages.

Art. 16 des deutschen Vertrages lautet am Eingange:

„Die Angehörigen des Deutschen Reiches geniessen innerhalb des Gebietes Seiner Hoheit des Sultans von Zanzibar das Recht der Exterritorialität.“ Ebenso beginnt Art. 16 des englischen Vertrages.

[3] s. Art. 13 des deutschen Vertrages.

handlungen stellt die Regierung von Zanzibar dem Konsul Polizeihilfe zur Verfügung,[1] ebenso gewährt sie den Gläubigern eingeborner Schuldner den erforderlichen Beistand zur Beitreibung der Schuld.[2]

Das Vermögen eines in Zanzibar verstorbenen Fremden wird seinem Konsul zur Auseinandersetzung der Verlassenschaft überantwortet.[3]

Wird ein innerhalb des Gebietes von Zanzibar domizilierter Angehöriger einer der Vertragsmächte zahlungsunfähig, so hat der Konsul das gesamte Eigentum desselben in Beschlag zu nehmen, um es unter die Gläubiger des Kridars nach Massgabe der Bestimmungen der heimatländischen Konkursordnung zur Verteilung zu bringen.[4]

Unterthanen des Sultans oder Angehörige durch Konsuln nicht vertretener, nichtchristlicher Nationen, die innerhalb des Gebietes von Zanzibar als Bedienstete bei Angehörigen einer der Vertragsmächte angestellt sind, geniessen den gleichen Schutz wie ihre Dienstherren. Werden sie jedoch eines Vergehens oder Verbrechens beschuldigt und sind hinreichende Verdachtsgründe nachgewiesen, so haben die betreffenden Dienstgeber die Angeschuldigten aus ihren Diensten zu entlassen und sie eventuell durch ihren Konsul (d. i. dem Konsul der Dienstherren) den Behörden des Sultans zur Bestrafung zu überantworten.[5]

---

[1] .s Art. 16 letzter Absatz des deutschen Vertrages.

[2] s. Art. 9 des französischen Vertrages, Art. 14 des portugiesischen Vertrages, Art. 8 des italienischen Vertrages, Art. 19 des deutschen Vertrages, Art. 19 des englischen Vertrages.

[3] s. Art. 7 des französischen Vertrages, Art. 11 des portugiesischen Vertrages, Art. 6 des italienischen Vertrages, Art. 20 des deutschen Vertrages, Art 20 des englischen Vertrages.

[4] s. Art. 13 des portugiesischen Vertrages, Art. 7 des italienischen Vertrages, Art. 18 des deutschen Vertrages, Art. 18 des englischen Vertrages; Art. 8 des französischen Vertrages enthält hiervon abweichende Bestimmungen, s. u. bei Maskat.

[5] s. Art. 4 des französischen Vertrages, Art· 17 des deutschen Vertrages, Art. 17 des englischen Vertrages. Eine abweichende Bestimmung enthält Art. 12 Abs. III des portugiesischen Vertrages: Ein Portugiese, welcher in die Dienste des Sultans getreten ist und vor dem portugiesischen Konsul erklärt hat, dass er sich der Landesjurisdiktion unterwerfen wolle, wird von dem Gericht des Sultans abgeurteilt; umgekehrt untersteht ein Unterthan von Zanzibar, der sich im Dienste des portugiesischen Konsuls befindet, der portugiesischen Konsularjurisdiktion.

Im Gebiete des **Kongostaates** hat sich die englische Regierung die ausschliessliche Konsularjurisdiktion in allen Civil- und Kriminalprozessen britischer Unterthanen untereinander vorbehalten.[1] Obwohl der Kongostaat ein unabhängiges Reich bildet, der König von Belgien als dessen Souverän die Regierung durch europäische Beamte ausüben lässt, wurde durch eine Konvention vom 16. Dezember 1884 den englischen Konsuln das Recht eigener Jurisdiktion eingeräumt (Art. V dieser Konvention). Selbst wenn britische Unterthanen sich gegen ein von der Regierung des Kongostaates erlassenes Gesetz verfehlt haben, werden sie von ihrem Konsul abgeurteilt (Art. VI). Klagen gegen einen Angehörigen des Kongostaates haben die britischen Unterthanen beim britischen Konsul anzubringen. Der Konsul hat dann zunächst auf einen gütlichen Ausgleich hinzuwirken und, falls ein solcher misslingt, wird die Sache von ihm in Gemeinschaft mit den Behörden des Kongostaates untersucht und entschieden (Art. VIII).

Schweden hatte sich bis zur Durchführung der Gerichtsorganisation im Kongostaate durch Vertrag vom 10. Februar 1885 eigene Jurisdiktion seiner Konsuln ausbedungen.[2]

**Madagaskar** war ursprünglich ein unabhängiges Königreich. England, die Vereinigten Staaten, Frankreich, das Deutsche Reich und Italien hatten mit den eingebornen Herrschern Verträge abgeschlossen,[3] auf Grund deren ihre Konsuln berechtigt

---

[1] Convention between Her Britannic Majesty and His Majesty the king of the Belgians, acting as Founder of, and in the name of, the International Association of the Congo, 16. December 1884 (s. PIGGOT, Exterritoriality. p. 212).

[2] LESKE und LÖWENFELD, Die Rechtsverfolgung im internationalen Recht. Bd. II. S. 509.

[3] Diese Verträge schlossen ab:

a) England unterm 27. Juni 1865 (s. PIGGOT, a. a. O. p. 219. MARTENS et CUSSY, Rec. man. et prat. II. Série. t. I. p. 331);

b) die Vereinigten Staaten unterm 14. Februar 1867 und 13. Mai 1881 (s. MARTENS-STOERK, N.R.G. II. série. t. XI. p. 732);

c) Frankreich unterm 8. August 1868 und 17. Dezember 1885 (s. MARTENS et CUSSY, Rec. man. et prat. II. série. t. I. p. 512. — MRATENS-STOERK. N.R.G. II. série. t. XII. p. 684);

d) das Deutsche Reich unterm 15. Mai 1883 (s. R.G.Bl. 1885. S. 166. — MARTENS-STOERK, a. a. O. t. XI. p. 512);

e) Italien unterm 6. Juni 1883 (s. MARTENS-STOERK, a a. O. t. XIII. p. 603).

Das Deutsche Reich und Italien konnten auf Grund der Meistbegünstigungsklausel die Ausübung der Konsularjurisdiktion auf Madagaskar beanspruchen.

waren, alle Civil- und Kriminalprozesse ihrer Landsleute untereinander zu entscheiden. Die madagassische Regierung durfte sich in dergleichen Streitigkeiten nicht einmischen, ebenso wenig in Streitigkeiten zwischen den Angehörigen verschiedener Nationen.[1] Prozesse zwischen Angehörigen der fremden Mächte und madagassischen Unterthanen wurden von dem betreffenden Konsul in Gemeinschaft mit einem madagassischen Beamten entschieden.[2]

Am 17. Dezember 1885 kam die Insel unter französisches Protektorat.[3] An dem Fortbestand der Konsularjurisdiktion

---

Das Deutsche Reich hat jedoch nie einen Konsularjurisdiktionsbezirk für Madagaskar gebildet.

[1] Bei Streitigkeiten zwischen Angehörigen fremder Nationen, an denen Madagassen nicht beteiligt waren, galt das Forum des Beklagten für zuständig, so weit nicht etwa zwischen den Parteien eine anderweite Bestimmung oder Verabredung getroffen war (s. Gary, De la condition juridique des Français à l'etranger. p. 370).

[2] Besonderes Interesse verdient die Art und Weise, wie auf Grund des amerikanischen Vertrages vom 13. Mai 1881 das Verfahren in Prozessen zwischen Amerikanern und Madagassen geregelt war.

Über alle Civilstreitigkeiten zwischen Amerikanern und Madagassen, alle Kriminaldelikte, welche von Madagassen an amerikanischen Unterthanen oder Schutzgenossen und umgekehrt von Amerikanern an Madagassen begangen worden waren, ferner über alle Verstösse, welche sich amerikanische Unterthanen und Schutzgenossen gegen madagassische Gesetze zu schulden kommen liessen, wurde von gemischten Gerichtshöfen (mixed courts) verhandelt und geurteilt. In Tamatave bestand ein gemischtes Obergericht (mixed superior court), das aus dem höchsten oder ältesten diplomatischen oder konsularen Vertreter der Vereinigten Staaten und einem madagassischen Beamten zusammengesetzt, erste Instanz und zugleich Appellinstanz für die Untergerichte war. Die Untergerichte waren aus dem Konsul des betreffenden Konsulardistrikts und einem madagassischen Beamten gebildet.

Die Untergerichte waren zuständig: zur Entscheidung von Civilsachen, deren Streitwert $ 500 nicht überstieg, ferner zur Aburteilung aller Delikte, welche mit Gefängnis bis zu einem Jahre und Geldstrafe bis zu $ 500 bedroht waren.

Die Appellation gegen Urteile des Superior Court ging nach Wahl des Appellanten an die madagassische oder amerikanische Regierung.

In den Prozessen, in welchen ein Amerikaner als Kläger gegen einen Madagassen auftrat, hatte der madagassische Richter Vorsitz und entscheidende Stimme, war der Beklagte Amerikaner, der amerikanische Konsul; jedoch hatte der präsidierende Richter stets auf die Meinung seines Beisitzers gebührende Rücksicht zu nehmen.

Ein zwischen den Vertretern beider Regierungen vereinbarter Code of Rules enthielt die erforderlichen prozessualen Vorschriften.

[3] s. die Konvention vom 17. Dezember 1885 (Martens-Stoerk, N.R.G. II. série. t. XII. p. 684. Piggot, Exterritoriality. p. 219).

wurde zunächst nichts geändert, im Gegenteil, in einer an das englische Kabinet gerichteten Deklaration vom 5. August 1890 gab Frankreich die ausdrückliche Versicherung ab, dass sein Protektorat die Rechte und Immunitäten der englischen Unterthanen auf Madagaskar nicht berühren würde.[1] Gleichwohl erliess die französische Regierung unterm 9. Juni 1896 ein Dekret über die Justizorganisation auf Madagaskar, demzufolge alle Fremden den französischen Gerichten ausschliesslich unterstellt wurden.[2] Vergebens protestierte England hiegegen und berief sich auf die Deklaration von 1890; eine Proklamation des französischen Generalgouverneurs und Oberbefehlshabers des französischen Expeditionskorps Gallieni erklärte unterm 28. Februar 1897 die Königin Ranavola II. ihres Thrones für verlustig und die Insel dem französischen Kolonialreich einverleibt.[3] Damit ging die volle Souveränität auf Frankreich über, für eine fremde Konsularjurisdiktion verblieb kein Raum mehr.

---

## Fünftes Kapitel.

### Die Konsulate in den mohammedanischen Staaten Asiens.

### A. Maskat (Ostarabien).

Den ersten Vertrag mit dem Imanat Maskat, — dessen gleichnamige Hauptstadt der Hauptausfuhrhafen für die Erzeugnisse Arabiens ist, — schloss England im Jahre 1822. Derselbe bezieht sich jedoch nur auf die Abschaffung des Sklavenhandels.[4] Erst in dem mit den Vereinigten Staaten abgeschlossenen Vertrage vom 21. September 1833 finden sich einige Bestimmungen über die Konsulargerichtsbarkeit.[5] Eine ausführliche Regelung der Kompetenzen der Konsuln enthalten dann die Verträge mit England vom 31. Mai 1839,[6] — ersetzt

---

[1] Archives diplomatiques. 1896. t. LVII. p. 18.

[2] Archives diplomatiques. 1896. t. LVIII. p. 311.

[3] Archives diplomatiques. 1897. t. LXI. p. 5.

[4] Beach-Lawrence, Commentaire sur Wheaton. t. IV. p. 212.

[5] Martens et Cussy, Recueil manuel. t. IV. p. 370. Beach-Lawrence, a. a. O. t. IV. p. 212.

[6] Martens et Cussy, Recueil manuel t. IV. p. 594. Piggot, Exterritoriality. p. 222.

durch den Vertrag vom 19. März 1891[1] — und mit Frankreich vom 17. November 1844.[2]

Nach diesen Verträgen steht den Konsuln die ausschliessliche Jurisdiktion in Civil- wie Kriminalsachen ihrer Landsleute zu.[3] Streitigkeiten zwischen Angehörigen verschiedener christlicher Nationen entscheidet der Konsul des Beklagten. Klagen von Mohammedanern gegen fremde Christen gehören vor das Forum des betreffenden Konsuls; Prozesse gegen Unterthanen von Maskat oder eines andern mohammedanischen Staates werden von dem Imam oder seiner höchsten Behörde entschieden. In letzterem Falle muss jedoch der Konsul des Klägers zu den Verhandlungen hinzugezogen werden oder sich durch einen Bevollmächtigten hierbei vertreten lassen.[4] Falsche Zeugenaussagen werden nicht gehört.[5]

Die Hinterlassenschaft verstorbener Fremder christlicher Nationalität wird deren Erben, Testamentsexekutoren oder Konsuln ausgehändigt.[6]

Wenn der Angehörige eines der Vertragsstaaten innerhalb des Gebietes von Maskat in Konkurs gerät, so hat sein Konsul alle Vermögensstücke des Kridars mit Beschlag zu belegen und die Verteilung an die Gläubiger zu bewirken.[7] Nach Art. 8 des französischen Vertrages hat hierbei der Konsul auch die in andern Ländern befindlichen Vermögensstücke zur Konkursmasse heranzuziehen; er muss ferner konstatieren, dass der Kridar sein ganzes Vermögen der Konkursmasse überlassen und nichts von dem zurückbehalten hat, was er zur Zeit der Konkurseröffnung besass. Die Überlassung des Vermögens bewirkt jedoch für den Kridar

---

[1] Martens-Stoerk, N R.G. II. série. t. XVIII. p. 636.

Dieser Vertrag ist mit dem zwischen England und Zanzibar abgeschlossenen Vertrag von 1886 gleichlautend; er wurde zu Maskat abgeschlossen, während der frühere englische sowie auch der französische in Zanzibar zum Abschluss gelangten.

[2] Martens et Cussy, Recueil manuel. t. V. p. 644.

[3] s. Art 9 des amerikanischen Vertrages, Art. 6 des französischen Vertrages, Art. 13 des englischen Vertrages von 1891.

[4] s. Art. 6 des französischen Vertrages, Art. 13 des englischen Vertrages von 1891.

[5] s. Art. 6 des französischen Vertrages.

[6] s. Art. 9 des amerikanischen Vertrages, Art. 7 des französischen Vertrages, Art. 17 des englischen Vertrages.

[7] s. Art. 8 des französischen Vertrages, Art. 15 des englischen Vertrages von 1891.

die vollständige Befreiung von allen Verbindlichkeiten gegenüber seinen Gläubigern; für den Ausfall hat er selbst dann nicht mehr aufzukommen, wenn er später wieder etwas erwirbt. Gemäss Art. 15 des englischen Vertrages von 1891 erfolgt die Verteilung der Konkursmasse durch den Konsul nach Massgabe des englischen Bankeruttgesetzes.

Zur Beitreibung von Schulden gegen Unterthanen von Maskat gewährt der Imam den fremden Gläubigern jede Hilfe und Erleichterung.[1]

Unterthanen von Maskat in fremden Diensten geniessen die gleichen Vorzüge wie die Fremden selbst. Werden sie jedoch eines Delikts überführt, so müssen sie von ihren Dienstherren entlassen und den Lokalbehörden zur Bestrafung überantwortet werden.[2]

---

## B. Sana (Senna in Arabien).

Unterm 15. Januar 1821 schloss England mit dem Imam von Sana einen Vertrag ab, demzufolge alle englischen Unterthanen, insbesondere die Einwohner von Surate, welche mit Mokka Handel treiben, den Schutz der britischen Flagge geniessen sollten. Für diejenigen englischen Unterthanen, welche sich zum Islam bekennen, soll in Streitsachen auf ihren Wunsch das mohammedanische Gesetz zur Anwendung kommen; zu ihrer Unterstützung hat der englische Resident einen Rechtsbeistand abzuordnen. Streitigkeiten der englischen Unterthanen miteinander werden von dem englischen Residenten ausschliesslich entschieden, Prozesse zwischen Engländern und Eingebornen von Sana werden durch den englischen Residenten in Gemeinschaft mit dem Imam geschlichtet.[3] Dieselben Vorrechte gewährte den Franzosen ein Firman des Imam vom 26. Dezember 1824.[4]

---

[1] s. Art. 9 des französischen Vertrages, Art. 16 des englischen Vertrages von 1891.

[2] s. Art. 4 des französischen Vertrages, Art. 14 des englischen Vertrages von 1891.

Der englische Vertrag von 1839, welcher durch den Vertrag von 1891 aufgehoben wurde, hatte den gleichen Inhalt wie der französische Vertrag.

[3] Hauterive et Cussy, Recueil des traités de commerce etc. IIème part. t. 2. p. 336. Piggot, Exterritoriality. p. 223.

[4] Martens et Cussy, Recueil etc. t. III. p. 616.

### C. Persien.

Persien war von alters her eines der Haupttransitländer für indische und chinesische Waren, insbesondere für Seide; auch besass es eine hochentwickelte Textilmanufaktur.[1] Der Sturz des Chalifats durch den Mongolenchan HULAGU (1258) beraubte die Städte Bagdad und Mossul eines guten Teils ihrer merkantilen Bedeutung und erhob das persische Tauris, die neue Residenz des mongolischen Westreichs, zu einem der mächtigsten Emporien des Mittelalters. Die Kaufleute des Abendlandes versäumten es nicht, alsbald mit dem neuen Reiche in Handelsverbindungen zu treten, um so mehr als die mongolischen Herrscher den Christen gegenüber das grösste Entgegenkommen bewiesen; sie bemühten sich sogar ernstlich um ein Bündnis mit den Fürsten der Christenheit gegen den gemeinsamen Feind: die Sarazenen.[2] Zu Anfang des XIV. Jahrhunderts erschien ein venezianischer Gesandter, MICHELE DOLFIN, am Hofe des Mongolenkaisers ABU SAID und schloss unterm 22. Dezember 1320 eine Kapitulation ab.[3] Obwohl diese Kapitulation nur mehr einen rein historischen Wert hat, so ist sie doch von grossem Interesse, da in derselben viel weitergehendere Privilegien den Christen zugestanden werden, als in den christlich-sarazenischen und christlich-türkischen Traktaten. Die Venezianer und die unter ihrem Schutze stehenden Christen sollten Sicherheit der Person und des Eigentums, sowie vollständige Handelsfreiheit geniessen (Art. 1, 2, 18, 30). Ebenso war freie Religionsausübung und selbst die Errichtung von Kapellen und Klöstern an allen Orten des Mongolenreiches gestattet (Art. 17). Kein Venezianer hatte für die Schulden und Vergehen eines andern einzustehen (Art. 13, 24, 27). Die Güter eines Verstorbenen venezianischer Nationalität waren

---

[1] HEYD, Geschichte des Levantehandels im Mittelalter. Bd. I. S. 7 f. 43 f. II. S. 108 f.

[2] HEYD, Geschichte des Levantehandels im Mittelalter. Bd. II. S. 73 f. MAS LATRIE, Traités de paix etc. Supplément. p. 23.

[3] HEYD, a. a. O. II. 126. MAS LBTRIE, a. a. O. Suppl. p. 17—30.

Der Vertrag ist in der Sammlung des venezianischen Staatsarchivs mit Pactum Tunisii (statt Turisii) überschrieben, was Anlass gab, dass er zuerst für eine tunesische Kapitulation gehalten wurde. Derselbe ist seiner äussern Form nach eine Regierungsverordnung des Mongolenherrschers ABU SEID (Imperator MONSAYT). Er findet sich abgedruckt bei MAS LATRIE, a. a. O. Suppl. p. 10—16.

dem venezianischen Konsul (maçor, consolo) auszuhändigen (Art. 9). Die kaiserlichen Behörden: Gouverneure, Zolldirektoren, Bezirksvorstände (melico essiena) waren verpflichtet, den Venezianern und ihrem Konsul jeden erdenklichen Schutz und Hilfe zu gewähren (Art. 4, 5, 26). Wurde ein Venezianer unterwegs bestohlen oder beraubt, so hatten die Behörden, die Wachtkommandos und die Bewohner der Gegend, wo der Raub oder Diebstahl verübt worden, das Gestohlene herbeizuschaffen oder den Schaden aus ihrem eigenen Vermögen zu ersetzen (Art. 5). In Streitigkeiten zwischen Venezianern oder andern Franken untereinander sollte ausschliesslich ihr Konsul erkennen; jede Einmischung der kaiserlichen Behörden war verboten (Art. 12).[1] Klagte ein Unterthan des Kaisers gegen einen Venezianer, sei es in einer Civilsache oder wegen eines Verbrechens, so konnte hierüber — jedoch nur auf ausdrücklichen Wunsch des Venezianers — der kaiserliche Oberrichter (el gran Çerchuçi) entscheiden (Art. 10).[2]

Ein weiterer Vertrag aus dieser Zeit ist nicht bekannt geworden. Erst einige Jahrhunderte später tritt wieder eine christliche Macht mit Persien in Beziehungen. Holland schloss im Jahre 1631 einen Vertrag mit Persien ab, welcher jedoch nichts über Errichtung von Konsulaten in Persien enthält.[3] Hingegen bestimmt die französisch-persische Kapitulation vom Jahre 1708, dass für Civil- wie Kriminalprozesse zwischen Franzosen untereinander der französiche Konsul zuständig sein solle; Civil- wie Kriminalstreitigkeiten zwischen Franzosen und Persern oder zwischen Franzosen und Angehörigen anderer Nationen aber sollten von den persischen Behörden nach mohammedanischem Recht, in Gegenwart des französischen Konsuls entschieden werden. Ist der französische Konsul am Streite beteiligt, so ist die Sache vor den Thron des persischen Herrschers

---

[1] Art. 12: „Item, che de tuti peccadi o question che fosse de Francho a Francho nesuna segnoria ne altra persona se possa entrometer in ço, salvo li lor maçor; possando li so maçor far raxon et zustizia segondo la soa usança."

[2] Art. 10: „Item, se tanto fosse che algun Venitiano peccado o rissa cometesse en lo so imperio e que lo Venician volesse che judicio se fesse en la vostra corte, che neguna segnoria, ne altra persona possa de quello cotal Veneciano domandar raxon ne raxon far, seno solamentre el gran Çerchuçi del dito imperio."

[3] s. Beach-Lawrence, Commentaire sur Wheaton. t. IV. p. 216.

zu bringen. Die Güter eines in Persien verstorbenen Franzosen sind dem französischen Konsul auszuliefern.[1]

Man ersieht hieraus, dass Persien in Bezug auf die Einschränkung der Territorialhoheit zu Gunsten der Fremden ursprünglich weniger nachgiebig war als die Türkei.

Die Kapitulation von 1708 wurde durch die Handelsverträge von 1715 und 1808 bestätigt;[2] an deren Stelle ist dann der unterm 12. Juli 1855 abgeschlossenen Freundschafts- und Handelsvertrag getreten.[3] Seine Bestimmungen gelten noch jetzt und sind auch für die übrigen meistbegünstigte Nationen massgebend. Gemäss Art. 5 dieses Vertrages gehören alle Prozesse zwischen Franzosen untereinander vor das Forum des französischen Konsuls, alle Prozesse zwischen Franzosen und Angehörigen fremder Nationen vor das Forum des betreffenden Konsuls d. i. des Konsuls des Beklagten; hingegen werden Streitigkeiten zwischen französischen und persischen Unterthanen von den persischen Behörden — jedoch in Gegenwart des französischen Konsuls oder dessen Vertreters, — abgeurteilt. Die Verlassenschaft eines in Persien verstorbenen Franzosen ist dessen Verwandten oder dem Konsul auszuhändigen (Art. 6).

Nach Martens wurde der erste Handelsvertrag zwischen Russland und Persien im Jahre 1717 unter der Regierung Peters des Grossen abgeschlossen. Russland erhielt das Recht, Konsuln mit voller Jurisdiktionsgewalt über die russischen Unterthanen zu ernennen.[4] Von den späteren Traktaten erwähnt der Vertrag vom 21. Januar 1732 zwar Konsuln, bringt jedoch keine weiteren Bestimmungen über die Konsularjurisdiktion.[5]

Erst in einer Specialakte zu Art. 10 des Turkmantschaier Vertrages vom 22. Februar 1828,[6] — welche noch heute in Kraft

---

[1] s. Art. 16—18 und 24 dieses Vertrages bei Hauterive et Cussy, Recueil des traités de Commerce de la France. part. I. t. II. p. 376 (s. a. Martens-Skerst. S. 245).

[2] s. Hauterive et Cussy, a. a. O. p. 402. 410. Martens et Cussy, Recueil manuel. t. II. p. 325.

[3] s. Martens et Cussy, Recueil manuel. t. VII. p. 576.

[4] s. Martens-Skerst. S. 267.

[5] s. Beach-Lawrence, Commentaire sur Wheaton. t. IV. p. 217. Derselbe ist der Ansicht, dass der Vertrag von 1732 überhaupt zum ersten Male das Recht der russischen Regierung bez. der Ernennung von Konsuln in Persien erwähnt, hingegen keine Konsularjurisdiktion einräumt.

[6] s. Martens-Skerst. S. 268. Beach-Lawrence, a. a. O. p. 218 Anm. 1.

steht — ist die ausschliessliche Zuständigkeit der russischen Konsuln in allen Civil- und Kriminalstreitigkeiten ihrer Landsleute untereinander festgesetzt. Hat ein Russe ein Delikt begangen, durch das ein persischer Unterthan geschädigt worden, so obliegt die Untersuchung und Urteilsfällung dem persischen Gerichte; der russische Konsul ist jedoch während des ganzen Verfahrens hinzuzuziehen, auch muss der verurteilte Verbrecher dem russischen Gesandten oder Konsul zum Strafvollzug ausgeliefert werden. Im übrigen räumt diese Specialakte beiden kontrahierenden Staaten die Rechte einer meistbegünstigten Nation ein.

England stand mit Persien schon im XVI. Jahrhundert in Handelsbeziehungen.[1]

Unterm 2. Juli 1763 gewährte der Schah von Persien der englisch-ostindischen Kompagnie verschiedene wichtige Privilegien, so insbesondere, dass überall da, wo die Engländer ein Comptoir hätten, sie selbst, ihre Dolmetscher, Kommissionäre und andere Diener der Jurisdiktion der Kompagnie unterstehen sollten; auch sollte es dem Chef der englischen Niederlassung gestattet sein, gegen zahlungssäumige Schuldner persischer oder einer andern Nationalität im Falle der Rechtsverweigerung durch den Schah oder Gouverneur des Platzes selbst Justiz auszuüben und mit ihnen nach seinem Gutdünken zu verfahren, bis er die Zahlung der Schuld erlangt hätte.[2] In den Jahren 1801, 1809 und 1814 schloss die englische Regierung Handels- und Freundschaftsverträge mit Persien ab. Bestimmuugen über die Konsularjurisdiktion finden sich jedoch in denselben nicht. Ein Firman des Schah vom März 1840 sicherte den Mitgliedern der englischen Gesandtschaft in Persien — sei es, dass dieselben in einem Dienst- oder sonstigen Abhängigkeitsverhältnis zu dem englischen Gesandten ständen, persische Unterthanen oder Angehörige anderer Staaten wären — vollen Schutz zu; eine Strafverfolgung gegen eine solche Person sollte nur mit Erlaubnis und nach vorheriger Kenntnisnahme des englischen Gesandten stattfinden dürfen.[3] Ein zu Teheran unterm 28. Oktober 1841 vereinbarter Handelsvertrag gestattete der englischen Regierung die Aufstellung von

---

[1] Martens-Skerst. S. 269.

[2] Beach-Lawrence, Commentaire sur Wheaton. t. IV. p. 218.

[3] Martens, N.R.G. t. XVI. part. II. p. 104.

Handelsagenten (commercial agents) in der persischen Hauptstadt und in Tabris, welche die Rechte und Privilegien von Generalkonsuln geniessen sollten.[1] Der Friedensvertrag vom 4. März 1857 schliesslich, welcher jetzt noch in Kraft steht, räumt den britischen Konsuln und Staatsangehörigen die Vorrechte der Angehörigen einer meistbegünstigten Nation ein.[2]

In dem belgisch-persischen Vertrag von 14. Juli 1841 (Art. 6)[3] sowie in dem spanisch-persischen Vertrag vom 4. März 1842 (Art. 5)[4] ist die Bestimmung getroffen, dass Handelsstreitigkeiten zwischen den Unterthanen der Vertragsteile nur in Gegenwart des betreffenden Handelsagenten (Konsuls) oder Dragomans verhandelt und entschieden werden dürfen. Die Güter eines in Persien verstorbenen Belgiers oder Spaniers sind dessen Handelsagenten auszuantworten. Im übrigen werden beiden Staaten die Rechte einer meistbegünstigten Nation zuerkannt.

Mit Persien haben ferner noch Verträge abgeschlossen:

Die Vereinigten Staaten unterm 13. Dezember 1856;[5] Österreich unterm 17. Mai 1857;[6] die Niederlande unterm 3. Juli 1857;[7] Dänemark unterm 30. November 1858;[8] Italien unterm 24. September 1863;[9] der deutsche Zollverein unterm 27. Juni 1857;[10] das Deutsche Reich unterm 11. Juni 1873;[11] die Schweiz unterm 23. Juli 1873.[12]

Diese sämtlichen Verträge stimmen hinsichtlich der Vorschriften über die Konsularjurisdiktion mit dem französischen Vertrag von 1855 völlig überein. Nur der österreichische und der deutsche Vertrag (von 1873) bringen noch einige Ergänzungen, welche sich auf die Wiederaufnahme von rechtskräftig entschie-

---

1 Martens et Cussy, Recueil manuel et pratique. t. V. p. 153.
2 Martens et Cussy, Rec. man. II. série par Geffcken. t. I. p. 7.
3 Martens et Cussy, Rec. man. t. VI. p. 11.
4 Martens et Cussy, Rec. man. t. VI. p. 14.
5 Martens, Nouveau Recueil Général. t. XVII. part. I. p. 298.
6 Martens et Cussy, Rec. man. II. série. t. I. p. 31.
7 Beach-Lawrence, Commentaire sur Wheaton. t. IV. p. 217.
8 Martens N.R.G. t. XVII. part. I. p. 247.
9 Piggot, Exterritoriality. p. 56.
10 Martens et Cussy, Rec. man. II. série. t. I. p. 40.
11 Martens et Cussy, Rec. man. II. série. t. II. p. 283; R.G.Bl. 1873. S. 351. Der Vertrag von 1873 ersetzte den Zollvereinsvertrag von 1857; er gilt auch für Luxemburg (Art. 20).
12 Martens et Cussy, Rec. man. II. série. t. II. p. 297.

denen Prozessen vor den persischen Gerichten beziehen. Grundsätzlich kann ein Prozess, welcher durch das Urteil des zuständigen Richters einmal beendet ist, nicht ein zweites Mal wieder aufgenommen werden. Wird aber die Revision des ergangenen Urteils für notwendig erachtet, so darf eine solche nur mit Vorwissen des betreffenden Vertreters oder in dessen Namen in Gegenwart des Dragomans, und nur vor einem der obersten Kontrol- und Kassationshöfe zu Teheran, Tauris oder Ispahan stattfinden.[1] Diese höchsten persischen Gerichte erlassen das indicium rescindens und rescissorium.

Bemerkenswert ist auch, dass nach Art. 8 des österreichischen und Art. 12 des deutschen Vertrags alle Schuldverschreibungen, Wechsel und Bürgschaftsurkunden, sowie alle von persischen Unterthanen einerseits, und österreichischen bezw. deutschen Staatsangehörigen anderseits abgeschlossenen Verträge über Handelsgeschäfte vom Divan-Khané und in Ermangelung eines solchen von der zuständigen Lokalbehörde sowie an Orten, wo ein Konsul der Vertragsmächte sich befindet, auch von diesem insinuiert werden sollen. Wird dann ein Rechtsstreit gegen einen Österreicher oder Deutschen anhängig gemacht und kann der Kläger solche Dokumente nicht vorbringen, so muss — ohne dass Zeugenaussagen gehört würden, die Klage abgewiesen werden, es sei denn, dass der Beklagte selbst den Anspruch anerkennt.

Endlich hat auch die Türkei mit Persien unterm 16. Dezember 1873[2] einen Vertrag vereinbart, wonach diese Staaten, — die zwar beide sich zum Islam bekennen, aber durch die Gegensätze der sunnitischen und schiitischen Lehre auf religiösem und politischem Gebiete feindlich geschieden sind, — ihren Konsuln die gleichen Vorrechte einräumen, wie sie in den Kapitulationen und Verträgen mit den christlichen Mächten zugestanden sind. Dem entsprechend sind die türkischen Konsuln in Persien und die persischen in der Türkei die ausschliesslichen Richter ihrer Landsleute in deren Prozessen untereinander.

---

[1] s. Art. 9 des österreichischen Vertrages, Art. 13 des deutschen Vertrages von 1873.

[2] Beach-Lawrence, Commentaire sur Wheaton. t. IV. p. 223.

## Sechstes Kapitel.

Die Konsulate in den heidnischen (nichtmohammedanischen) Staaten Asiens.

### A. Siam.

Als ältester Vertrag zwischen Siam und einer europäischen Macht ist der Traktat bekannt, welcher in Form einer Kapitulation mit Frankreich unter der Regierung LUDWIGS XIV. am 10. Dezember 1685 abgeschlossen wurde. Derselbe gewährte den katholischen Missionaren verschiedene Privilegien und stellte zugleich einen besonderen Richter auf, vor dessen Forum die neubekehrten Christen sowie die Missionare Recht nehmen sollten.[1]

Unterm 20. Juni 1826 kam zwischen Siam und der englisch-ostindischen Kompagnie ein Vertrag zu stande, wonach bei Prozessen zwischen Engländern und Siamesen der Kläger sich an die vorgesetzten Behörden des Beklagten zu wenden hatte (Art. 2 und 6 des Vertrages). Diese Bestimmungen wurden dann in den englisch-siamesischen Vertrag von 17. April 1855 herübergenommen und in einem Agreement supplementary vom 13. Mai 1856 näher präzisiert und ergänzt.[2] In Art. 2 des Vertrags von 1855 und des Agreement von 1856 ist nun festgesetzt:

Für alle Civil- und Kriminalprozesse, an denen ausschliesslich britische Unterthanen beteiligt sind, ist der britische Konsul allein zuständig. In gemischten Prozessen zwischen Engländern und Siamesen ist das Forum des Beklagten massgebend, jedoch ist es dem britischen Konsul wie den siamesischen Behörden freigegeben, sich bei derartigen Prozessen, sei es durch persönliches Erscheinen oder durch Einholung von Abschriften der Aktenprodukte, Einblick in den Gang des Verfahrens zu verschaffen.[3]

---

[1] DU MONT, Corps diplomatique. t. VII. part. II. p. 120. BEACH-LAWRENCE, Comm. sur Wheaton. t. IV. p. 214.

[2] Die Verträge von 1826 und 1855 sowie das Agreement von 1856 s. bei MARTENS et CUSSY, Recueil manuel. t. VII. p. 568 f. 550 f. 559 f.

[3] Die Klage eines Briten gegen einen Siamesen ist bei dem britischen Konsul einzureichen. Dieser gibt sie dann an die zuständigen, siamesischen Behörden weiter. Art. 2 des Agreement (s. u. S. 149 Anm. 7).

Bei schweren Körperverletzungen, welche von Briten begangen werden (cutting, wounding or inflicting other serious bodily harm), haben die siamesischen Behörden das Recht, die Bestrafung des Thäters bei dem Konsul zu

Art. 4 des Vertrages von 1855 und Art. 3 des Agreement überweisen bei Todesfällen britischer Unterthanen dem Konsul die Verlassenschaftsauseinandersetzung.

Art. 3 des Vertrages von 1855 bestimmt dann noch, dass Siamesen in britischen Diensten, welche sich Verstösse gegen die Landesgesetze zu schulden kommen liessen, den siamesischen Behörden zur Aburteilung auszuliefern sind.

Gleiche Festsetzungen enthalten die mit den andern christlichen Nationen abgeschlossenen Verträge, so die Verträge mit den Vereinigten Staaten vom 20. März 1833, 29. Mai 1856, 17. Dezember 1867,[1] mit Frankreich vom 15. August 1856,[2] mit Dänemark vom 21. März 1858,[3] mit dem deutschen Zollverein vom 7. Februar 1862[4] (derselbe gilt auch für das Deutsche Reich), mit Italien vom 16. Juni 1868[5] und mit Österreich vom 17. Mai 1869.[6]

Hinsichtlich der gemischen Prozesse zwischen Siamesen und Angehörigen der Vertragsstaaten könnte man nach dem Wortlaut der einschlägigen Bestimmungen (so z. B. des Art. 9 des Zollvereinsvertrages) zur Annahme gelangen, dass solche Prozesse von dem betreffenden Konsul gemeinsam mit den siamesischen Behörden verhandelt und entschieden werden. Die gleiche Annahme würde sich übrigens auch nach dem Wortlaut des Art. 2 des englischen Vertrages rechtfertigen. Nun hat aber, wie schon dargelegt, das Agreement supplementary zu diesem Vertrag den Art. 2 authentisch dahin interpretiert, dass in Prozessen von Siamesen gegen Briten der britische Konsul, in Prozessen von Briten gegen Siamesen die siamesische Behörde das Verfahren einleitet und das Urteil fällt, — die gegenseitige Mitwirkung jedoch auf persönliches Erscheinen während des Verfahrens und auf Akteneinsicht beschränkt.[7]

beantragen. Sonst ist eine Einmischung der siamesischen Behörden nicht gestattet. (Art. 2 des Agreement)

[1] s. Beach-Lawrence, a. a. O. t. IV. p. 216.

[2] s. Gary, De la condition juridique des Français à l'étranger. p. 328.

[3] Martens, N.R.G. t. XVII. p. 718.

[4] Martens et Cussy, Rec. man. II. série. t. I. p. 214.

[5] Archives diplomatiques. 1873. t. II. p. 2.

[6] Martens et Cussy, Rec. man. II. série. t. I. p. 587.

[7] Art. 2 des englisch-siamesischen Vertrages lautet: „. . . . . Any disputes arising between British and Siamese subjects shall be heard and determined by the Consul in conjunction with the proper Siamese officers; . . . . .“

Auf Grund der in sämtlichen Verträgen enthaltenen Meistbegünstigungsklausel muss diese (für die Vertragsstaaten zweifellos vorteilhaftere) Regelung der Zuständigkeitsverhältnisse auch für die übrigen Nationen gelten.

Aus den angeführten Verträgen ist noch hervorzuheben:

Bei allen Streitigkeiten zwischen Siamesen und Angehörigen der Vertragsstaaten soll vor Einleitung des Prozessverfahrens ein gütlicher Einigungsversuch vor dem betreffenden Konsul stattfinden (vgl. Art. 9 des Vertrages mit dem Zollverein).

In Streitigkeiten zwischen den Angehörigen verschiedener, fremder Nationen ist den siamesischen Behörden jede Einmischung verboten. Nur wenn es unter den Fremden — gleichgültig ist dabei, ob sie verschiedenen oder ein und derselben Nation angehören — zu Raufhändeln mit Waffengebrauch kommt, darf die siamesische Polizei einschreiten; der Konsul des Angeschuldigten hat aber die Untersuchung einzuleiten und das Urteil zu fällen (vgl. Art. 8 und 13 des französischen Vertrages von 1856).[1]

Klagen von Ausländern gegen Siamesen sind bei dem Konsul des Klägers einzureichen. Der Konsul hat die Klage auf ihre Zulässigkeit und Schlüssigkeit hin zu prüfen, eventuell deren Modifikation zu veranlassen, und sie dann erst den siamesischen Behörden zu übermitteln; ist aber die Klage gänzlich unbe-

---

Art. 2 des Agreement bringt folgende ergänzende Bestimmungen:

„That all criminal cases in which both parties are British subjects, or in which the defendant is a British subject, shall be tried and determined by the British Consul alone. All criminal cases in which both parties are Siamese, or in which the defendant is a Siamese, shall be tried and determined by the Siamese authorities alone.

That all civil cases in which both parties are British subjects, or in which the defendant is a British subject, shall be heard and determined by the British Consul alone. All civil cases in which both parties are Siamese, or in which the defendant is a Siamese, shall be heard and determined by the Siamese authorities alone.

That whenever a British subject has to complain against a Siamese, he must make his complaint through the British Consul, who will lay it before the proper Siamese authorities.

That in all cases in which Siamese or British subjects are interested, the Siamese authorities in the one case, and the British Consul in the other, shall be at liberty to attend at, and listen to, the investigation of the case; and copies of the proceedings will be furnished from time to time, or whenever desired, to the Consul or the Siamese authorities, until the case is concluded."

[1] s. a o. S. 148 die in Anm. 3 angeführte Stelle aus Art. 2 des Agreement supplementary.

gründet, so kann er die Hinübergabe derselben an das siamesische Gericht verweigern. Das gleiche Verfahren ist umgekehrten Falls: wenn ein Siamese Kläger ist, von Seiten der siamesischen Behörden einzuhalten (vgl. Art. 7 des französischen Vertrages).

Wird ein Fremder in Siam insolvent, so hat dessen Konsul die Einleitung und Durchführung des Konkursverfahrens zu bethätigen. Der Konsul nimmt das ganze Vermögen des Kridars — auch die in andern Ländern befindlichen Vermögensstücke sind zur Konkursmasse herbeizuziehen — in Beschlag und verteilt es pro rata unter die Gläubiger. Die siamesischen Behörden haben hierbei dem Konsul jegliche Hilfe zu gewähren (vgl. Art. 13 des Vertrages mit dem Zollverein). Art. 12 des französischen Vertrages geht noch weiter und bestimmt, dass die Hingabe des ganzen Vermögens den Kridar von allen seinen Verbindlichkeiten gegen die Konkursgläubiger befreit; Nachforderungen können dann nicht mehr stattfinden, selbst wenn der Kridar später wieder etwas erwerben sollte.

Bezüglich der Auseinandersetzung von Verlassenschaften in Siam verstorbener Fremder finden sich die englischen Vertragsbestimmungen in den Traktaten der andern Staaten wiederholt (vgl. z. B. Art. 15 des Vertrages mit dem Zollverein).

---

## B. China.

Das älteste Beispiel von Fremdenjurisdiktion in China berichtet der arabische Schriftsteller Ali-Abul Hassan Mas Ondy. Im IX. Jahrhundert n. Chr. genehmigte der Kaiser von China die Aufstellung eines mohammedanischen Richters in Kan-fan (d. i. Kuang-tung, Kanton), dessen Jurisdiktionsgewalt alle nach China handeltreibenden Bekenner des Islam unterworfen sein sollten.[1]

Nach der Entdeckung des Seeweges nach Ostindien waren die Portugiesen die ersten Christen und Europäer, welche die Meere Ostasiens befuhren und mit China Handelsbeziehungen anknüpften.

---

[1] Depping, Histoire du commerce entre le Levant et l'Europe. t. II. p. 23. Féraud-Giraud, De la juridiction française dans les Échelles du Levant et de Barbarie. t. I. p. 30. Lamba, De l'évolution de la condition juridique des Européens en Égypte. p. 6 note 1.

Das „Reich der Mitte“, stolz auf seine uralte Kultur, weniger von seinem Kaiser als von seiner allmächtigen Bureaukratie ebenso patriarchalisch wie despotisch regiert, das chinesische Volk ganz in Händen der Gelehrten- und Litteratenklasse, deren Mitglieder einzig und allein zu allen Würden und Ämtern des Reiches berufen werden, — hasste von jeher alles Fremde als „barbarisch“ und verharrte in schroffer Ablehnung gegen die Ausländer. Gleichwohl durften die Portugiesen im Jahre 1553 eine Faktorei auf der Insel Macau anlegen; 1585 wurde ihnen die Insel förmlich abgetreten.[1] Von dort aus trieben sie Handel nach Kanton, welches bis in dieses Jahrhundert herein der einzige den Fremden zugängliche Hafen Chinas war.

Russland kam durch seine sibirischen Besitzungen mit China in Berührung. Im Jahre 1689 wurde zu Nertschinsk der erste Vertrag zwischen den beiden Staaten abgeschlossen, demzufolge sich die Vertragsteile verpflichteten, den Handelsverkehr und alle sonstigen friedlichen Beziehungen der beiderseitigen Unterthanen nicht zu behindern, dagegen jeden Störer des Rechts und der Ordnung zu verfolgen.[2] Von weiteren Handels- und Grenzverträgen ist nur der zu Kjachta im Jahre 1727 vereinbarte Traktat bemerkenswert. In demselben erkannte China zum ersten Male die Exterritorialität der russischen Unterthanen auf chinesischem Boden an; Streitigkeiten der Russen untereinander sollte ein (russischer) „Mandarin oder das Haupt der Handelskarawane“ entscheiden; die Verlassenschaft eines in China verstorbenen russischen Unterthanen sollte seiner Regierung unbeanstandet ausgehändigt werden.[3]

Der englisch-ostindischen Kompagnie war es nicht gelungen, in China festen Fuss zu fassen, dafür hatte sie aber einen ebenso blühenden wie einträglichen Schleichhandel mit Opium hauptsächlich nach Kanton organisiert. Nachdem durch eine Parlamentsakte das Handelsmonopol der ostindischen Kompagnie für China im Jahre 1833 beseitigt worden war, entstanden in Kanton englische Faktoreien. Durch Order in Council vom 9. Dezember 1833 wurde in Kanton ein (englischer) Gerichtshof zur Aburteilung aller von Engländern auf chinesischem Gebiete be-

---

[1] Beach-Lawrence, Commentaire sur Wheaton. t. IV. p. 225.

[2] Martens-Skerst. S. 270. Beach-Lawrence, a. a. O. p. 262.

[3] Martens-Skerst. S. 270. Beach-Lawrence, a. a. O. p. 262.

gangenen Delikte eingesetzt.[1] Vergebens waren die Bemühungen der chinesischen Regierung, die Fremden fernzuhalten und den für das chinesische Volk so schädlichen Opiumhandel zu unterdrücken. Gewaltmassregeln chinesischer Regierungsorgane gegen englische Opiumhändler boten im Jahre 1842 England die Gelegenheit zu bewaffnetem Einschreiten; die englischen Kanonen erschlossen den handeltreibenden Nationen Europas den Zugang in das Reich der Mitte.

In dem Friedensvertrag zu Nanking vom 29. August 1842[2] trat China die Insel Hongkong an England ab und öffnete den englischen Kaufleuten die Häfen von Kanton, Amoy, Fu-tschau, Ningpo, Shanghai. In diesen Städten sollten auch englische Superintendenten oder Konsularbeamte residieren dürfen.[3] Volle Sicherheit und Schutz der Person wie des Eigentums wurde garantiert, ebenso Handelsfreiheit; die englischen Kaufleute brauchten sich in ihrem Verkehr mit den Chinesen nicht mehr der Hilfe von Vermittlern (der sogenannten Hong-Kaufleute) zu bedienen, sondern durften direkt mit ihren chinesischen Abnehmern und Lieferanten in Beziehung treten.[4]

Am 1. Oktober 1843 wurden alle fremden Nationen in den fünf Vertragshäfen zugelassen und der Privilegien des englischen Vertrages für teilhaftig erklärt.[5]

Der englisch-chinesische Ergänzungsvertrag zu dem Traktat von 1842, welcher unterm 8. Oktober 1843 zu Hu-Mun-Tschai geschlossen wurde,[6] regelte sodann eingehend in Art. 12 und 13

---

[1] Martens-Skerst. S. 270. Beach-Lawrence, Commentaire sur Wheaton. t. I. p. 126.

[2] Martens et Cussy, Rec. man. et prat. t. V. p. 215. s. Art. 3 des Vertrages.

[3] s. Art. 1 und 2 des Vertrages.

[4] s. Art. 5 des Vertrages. Die englischen Kaufleute waren ursprünglich gezwungen, nur mit bestimmten, von der chinesischen Regierung eigens bezeichneten Kaufleuten (Hong) in Verbindung zu treten. Diese Hong-Kaufleute mussten zugleich der chinesischen Regierung für die Solvenz und Zuverlässigkeit der englischen Kaufleute einstehen und Kaution stellen; alle Zahlungen gingen durch ihre Hände. Der Konkurs mehrerer Hong-Kaufleute brachte dem englischen Handel grosse Verluste. Die chinesische Regierung musste hierfür eine Entschädigung von 3000000 Taëls leisten. s. Art. 5 des Vertrages von 1842 und Art. 15 des Ergänzungs-Vertrages von 1843.

[5] s. a. Art. 8 des Ergänzungs-Vertrages von 1843 (Martens et Cussy, Rec. man. et prat. t. V. p. 363).

[6] Martens et Cussy, Rec. man. et prat. t. V. p. 363.

die Konsulargerichtsbarkeit. Macht sich ein Engländer eines Delikts auf chinesischem Boden schuldig, so wird er ausschliesslich von seinem Konsul abgeurteilt; chinesische Missethäter werden von den chinesischen Behörden zur Verantwortung gezogen. Erhebt ein Engländer gegen einen Chinesen oder umgekehrt ein Chinese gegen einen Engländer Civilklage, so hat in beiden Fällen der Kläger sich an den englischen Konsul zu wenden. Dieser hat zunächst den Streitfall zu untersuchen und auf einen Ausgleich hinzuwirken. Kommt ein Vergleich nicht zu stande, so muss der Konsul in Gemeinschaft mit einem chinesischen Beamten die Sache verhandeln und nach den Grundsätzen der Billigkeit entscheiden.[1] Alle Beschwerden und Ansuchen englischer Unterthanen an die chinesischen Behörden müssen zuerst dem englischen Konsul unterbreitet werden, welcher sie auf ihre geeignete Abfassung hin vor Weitergabe an die chinesische Behörde oder Regierung zu prüfen, eventuell zu modifizieren oder zurückzuweisen hat.

Die Bestimmungen über die Abgrenzung der englisch-chinesischen Gerichtsbarkeit wurden in dem (jetzt noch geltenden) Friedensvertrag von Tientsin vom 26. Juni 1858 aufrecht erhalten[2] (s. Art. 16 und 17). In Art. 15 des Vertrages ist noch besonders hervorgehoben, dass alle Streitigkeiten der Engländer untereinander ausschliesslich dem Richterspruch des englischen Konsuls unterliegen. Ein Agreement vom 13. September 1876[3] erläutert den Art. 16 des Tientsiner Vertrages dahin, dass in allen gemischten Prozessen zwischen englischen und chinesischen

---

[1] Brauer, A. (Die deutschen Justizgesetze in ihrer Anwendung auf die amtliche Thätigkeit der Konsuln etc. S. 123) bemerkt zu dem — mit Art. 13 des englischen Vertrages von 1843 völlig gleichlautenden — Art. 35 des deutsch-chinesischen Vertrages vom 2. September 1861, dass das Verfahren vor dieser Art von Kommissionsgericht, welches sich aus dem Konsul und einem chinesischen Beamten zusammensetzt, nicht als Schiedsverfahren im privatrechtlichen, sondern im völkerrechtlichen Sinne des Wortes aufzufassen sei, — ein Schiedsverfahren, bei welchem weniger nach juristischen, als nach politischen Gesichtspunkten zu verfahren sei, wenn auch die Entscheidung den juristischen Grundsätzen über aequum ius entsprechen solle.

[2] Archives diplomatiques. t. II. p. 144. Piggot, Exterritoriality. p. 234. Beach-Lawrence, Commentaire sur Wheaton. t. IV. p. 228.

Der Vertrag von 1858 eröffnete noch weitere chinesische Häfen dem europäischen Handelsverkehr.

[3] Piggot, a. a. O. p. 235. Beach-Lawrence, a. a. O. p. 229.

Unterthanen das Gericht des Beklagten allein zur Verhandlung und Entscheidung der Sache zuständig sein sollte. Dem Konsul bezw. der Behörde des Klägers ist lediglich die Anwesenheit während des Verfahrens zur Überwachung und allenfallsigen Beschwerdeführung gegen die einzelnen Akte des erkennenden Richters gestattet. Das urteilende Gericht hat hierbei das Gesetz seiner Nation zur Anwendung zu bringen. Ist ein Verbrechen gegen Eigentum oder Person eines Briten begangen worden, sei es im Innern des Landes oder in einem der Vertragshäfen, so steht es dem britischen Ministerresidenten frei, britische Beamte an den Thatort abzusenden, damit diese bei der Untersuchung zugegen sein könnten.

Gemäss Art. 2 des Agreement von 1876 hat die britische Regierung für die gemischten Prozesse einen Supreme Court mit einer eigenen Prozessordnung zu Shanghai errichtet; in gleicher Weise setzte in derselben Stadt die chinesische Regierung einen gemischten Gerichtshof (mixed Court) ein.

Die Vereinigten Staaten von Amerika schlossen unterm 3. Juli 1844 zu Wang-hiya einen Vertrag mit China ab.[1] Art. 2 räumt den Vereinigten Staaten die Rechte einer meistbegünstigten Nation ein. Art 4 gestattet die Ernennung von amerikanischen Konsuln in allen Vertragshäfen; Art. 21 weist die Aburteilung von Delikten, welche Amerikaner an Chinesen und umgekehrt begangen haben, dem Gericht des Beklagten zu; Civilstreitigkeiten zwischen Amerikanern und Chinesen werden nach Art. 24 — für den Fall, dass ein Vergleich nicht möglich ist, — von dem amerikanischen Konsul in Gemeinschaft mit dem chinesischen Richter verhandelt und entschieden. Art. 25 verbietet China jede Einmischung in Streitigkeiten amerikanischer Bürger untereinander, sowie in Zwistigkeiten zwischen Amerikanern und den Angehörigen aller andern, fremden Nationen.

Die gleichen Bestimmungen finden sich wieder in dem amerikanisch-chinesischen Traktat vom 18. Juni 1858, der gegenwärtig noch zu Recht besteht.[2] Ein Ergänzungsvertrag hierzu, betreffend

---

[1] Martens et Cussy, Recueil manuel. t. VI. p. 25.

[2] Archives diplomatiques. 1861. t. II. p. 133. Beach-Lawrence, a. a. O. t. I. p. 130. t. IV. p. 238. s. Art. 30, 10, 11, 28 und 27 des Vertrages von 1858, welche mit den angeführten Artikeln des Vertrages von 1844 korrespondieren.

die Handels- und Rechtshilfeverhältnisse, wurde am 17. November 1880 zu Peking unterzeichnet.[1] Nach Art. 4 dieses Vertrages gilt für gemischte Streitigkeiten zwischen Amerikanern und Chinesen das Prinzip: actor sequitur forum rei; das Gericht des Beklagten entscheidet und wendet hierbei das heimische Recht an. Der Konsul oder die Behörde des Klägers werden zu dem Verfahren unbeanstandet zugelassen; es sollen denselben alle möglichen Erleichterungen geboten werden, um die einzelnen Akte des Verfahrens im Interesse der Gerechtigkeit zu überwachen. Auf ihr Verlangen dürfen sie den Verhandlungen beiwohnen, die Zeugen abfragen und einem Kreuzverhör unterziehen; sind sie mit den einzelnen, richterlichen Handlungen nicht einverstanden, so können sie sich gegen diese beschweren.

Nachdem England und die Vereinigten Staaten mit China in Vertragsbeziehungen getreten waren, folgte auch Frankreich nach. Am 24. Oktober 1844 kam zu Wampoa ein französisch-chinesischer Schiffahrts- und Handelsvertrag zu stande,[2] dessen Bestimmungen sich im wesentlichen dem Inhalt der englischen und amerikanischen Verträge anschliessen. So gewährt Art. 4 dieses Vertrages die Ernennung von Konsuln und Konsularagenten in den Vertragshäfen; Art. 9 hebt den Zwangsverkehr mit den Hong-Kaufleuten (auch Hanisten genannt) auf und verbietet alle Handelsmonopole; Art. 25 unterwirft die Civilstreitigkeiten zwischen Franzosen und Chinesen dem gemeinsamen Richterspruch des französischen Konsuls und der chinesischen Behörde; Art. 27 schreibt vor, dass Raufhändel, in deren Verlauf Franzosen von Chinesen verwundet oder getötet werden, sowie alle sonstigen Verbrechen und Vergehen, welche von Chinesen an Franzosen begangen werden, von den chinesischen Gerichten abgeurteilt werden sollen; machen sich hingegen Franzosen an Chinesen derartiger Delikte schuldig, so kommt die Strafverfolgung und Urteilsfällung dem französischen Konsul zu; Art. 28 verbietet den chinesischen Behörden jede Einmischung in Streitigkeiten zwischen Franzosen untereinander oder zwischen Fran-

[1] MARTENS-STOERK, N.R.G. II. série t. XI. p. 728.

[2] MARTENS et CUSSY, Recueil manuel. t. V. p. 423. Das daselbst angegebene Datum des Vertragsabschlusses: 24. September 1844 ist nicht richtig; s. weiter BEACH-LAWRENCE, Commentaire sur Wheaton. t. IV. p. 255. GARY, De la condition juridique des Français à l'étranger. p. 109.

zosen und den Angehörigen anderer Nationen; Art. 35 endlich enthält die Meistbegünstigungsklausel.

Der Vertrag von Wampoa wurde hinsichtlich der Konsularjurisdiktion durch die Verträge vom 27. Juni und 24. November 1858, vom 25. Oktober 1860, vom 9. Juni 1885, vom 25. April 1886 und 27. Juni 1887 bestätigt und aufrecht erhalten.[1]

Unterm 25. Juli 1845 wurde zwischen Belgien und China eine Vereinbarung getroffen, wonach die mit England, den Vereinigten Staaten und Frankreich abgeschlossenen Verträge auch für Belgien Geltung haben sollten.[2]

Russland schloss am 13. Juni 1858 zu Tientsin einen Vertrag ab,[3] der den russischen Unterthanen und Konsuln die gleichen Vorrechte einräumte, wie den Angehörigen der übrigen meistbegünstigten Nationen (vgl. Art. 5, 7, 12 des Vertrages). Der Pekinger Vertrag vom 2./14. November 1860 bestätigte die durch den Tientsiner Vertrag garantierte Exemption der russischen Unterthanen von der chinesischen Gerichtsbarkeit.[4] Ein zu St. Petersburg unterzeichneter Vertrag vom 24. Juni 1881 gestattet die Ernennung russischer Konsuln in der chinesischen Provinz Ili und wiederholt die Feststellung hinsichtlich der gemeinsamen Zuständigkeit der russischen Konsuln und chinesischen Behörden in gemischten Streitigkeiten (s. Art. 10 und 11).[5]

Mit dem amerikanischen Vertrag von 1844 nahezu wörtlich gleichlautende Bestimmungen über die Konsularjurisdiktion enthalten die Handelsverträge mit Schweden, unterzeichnet zu Kanton

---

1 Gary, De la condition juridique des Français à l'étranger. p. 109. Martens et Cussy, Rec. man. II. série. t. I. p. 154. Martens-Stoerk, N.R.G. II. série. t. XV. p. 849.

2 Diese Vereinbarung trägt nicht die Form eines Traktats; der chinesische Bevollmächtigte Ki-ing übersandte die drei erwähnten Verträge in Abschrift an den belgischen Generalkonsul in Indo-China mit der Erklärung, diese Verträge fänden auch auf Belgien Anwendung. s. Martens et Cussy, Rec. man. t. V. p. 565. Archives diplomatiques. 1861. t. I. p. 319.

3 Martens et Cussy, Rec. man. II. série. t. I. p. 82. Dem Vertrag von 1858 ging bereits ein Vertrag von 1851 vorher, der die Streitigkeiten zwischen Russen und Chinesen der gemeinsamen Jurisdiktion des russischen Konsuls und eines Oberverwaltungsbeamten der chinesischen Provinz Ili unterstellte. s. Martens-Skerst. S. 270. Beach-Lawrence, Commentaire sur Wheaton. t. IV. p. 262.

4 Martens, N.R.G. t. XVII. part. II. p. 184. Martens-Skerst. S. 271. Beach-Lawrence, a. a. O. p. 264.

5 Martens et Cussy, Rec. man. II. série. t. I. p. 225.

am 20. März 1847;[1] mit dem deutschen Zollverein, den Hansestädten und den beiden Mecklenburg, unterzeichnet zu Tientsin am 2. November 1861;[2] mit Österreich, abgeschlossen zu Peking unterm 2. September 1869:[3] mit Portugal, vereinbart zu Peking am 1. Dezember 1887.[4] Hervorzuheben ist nur der Schlusssatz des Art. 40 des österreichisch-chinesischen Vertrages, demzufolge den chinesischen Behörden in allen Fällen, wo chinesische Unterthanen in eine Streitsache zwischen Österreichern untereinander oder zwischen Österreichern und Angehörigen einer fremden Nation verwickelt sind, — die Beteiligung am Verfahren vorbehalten wird.

Ähnlichen Inhalt wie die französischen und amerikanischen Traktate haben noch die Verträge zwischen China und Dänemark (vom 10. Juli 1863),[5] den Niederlanden (vom 6. Oktober 1863),[6] Spanien (vom 10. Oktober 1864),[7] Italien (vom 26. Oktober 1866),[8] Peru (vom 26. Juni 1874).[9]

Bemerkenswert ist ferner der zwischen Brasilien und China unterm 3. Oktober 1881 abgeschlossene Handels- und Schiffahrtsvertrag, der in Art. 9 und 10 das Prinzip: actor sequitur forum rei für alle Prozesse statuiert.[10]

Endlich verdient noch besonderes Interesse der zwischen China und Japan am 30. August 1871 unterzeichete Friedens- und Freundschaftsvertrag.[11] Obwohl durch Abstammung, Kultur und Religion verwandt, räumten beide Staaten gegenseitig ihren Konsuln und Unterthanen volle Exterritorialität ein. Gemäss

---

[1] Martens et Cussy, Rec. man. t. VI. p. 99.

[2] Martens et Cussy, a. a. O. II. série. t. I. p. 192. Dieser Vertrag gilt noch gegenwärtig für das Deutsche Reich; eine Zusatzkonvention vom 31. März 1880 s. R.G.Bl. 1881. S. 261.

Für das Kaiserlich deutsche Gericht im Schutzgebiete Kiautschou wurde durch § 5 der Kais. Verordn. vom 27. April 1898 (s. R.G.Bl. 1898 S. 173) als Berufungs- und Beschwerdegericht das Kais. Konsulargericht zu Shanghai bestimmt, welches für diese Angelegenheiten aus dem Konsul und vier Beisitzern zusammengesetzt ist.

[3] Martens et Cussy, a. a. O. II. série. t. I. p. 607.

[4] Martens-Stoerk. N.R.G. II. série. t. XVIII. p. 787.

[5] Beach-Lawrence, Commentaire sur Wheaton. t. IV. p. 265.

[6] Beach-Lawrence, Commentaire sur Wheaton. t. IV. p. 265.

[7] und [8] Archives diplomatiques. 1869. t. III. p. 1058.

[9] Martens, N.R.G. II. série. t. III. p. 497.

[10] Martens-Stoerk, N.R.G. II. série. t. XII. p. 549.

[11] Martens et Cussy, Rec. man. II. série. t. II. p. 169.

Art. 8 des Vertrages können in sämtlichen vertragsmässig geöffneten Häfen Konsuln residieren, welche die Aufsicht über ihre Landsleute zu führen haben (s. a. Art. 11). Alle Rechtsfragen, mögen sie prozessualer oder administrativer Natur sein, Sachen (Eigentum) oder anderes derart betreffen, werden vom Konsul nach den Gesetzen seines Landes entschieden. In Streitsachen, an denen Unterthanen beider Staaten beteiligt sind, hat der Kläger die Klagschrift bei dem Konsul des Beklagten einzureichen; der Konsul soll dann vorerst einen gütlichen Ausgleich versuchen; misslingt dieser, so hat er die Lokalbehörden in Kenntnis zu setzen und gemeinsam mit denselben den Streitfall zu entscheiden (Art. 8).

Arrestationen werden in den Fällen des Diebstahls oder der Dienstentlaufung von den Lokalbehörden jedes Landes vorgenommen, ohne dass die Polizeiorgane für etwaige, bei der Arrestation unterlaufende Verluste an Menschenleben verantwortlich gemacht werden dürften (Art. 8).

Hält einer der beiden Vertragsstaaten in einem Hafen keine Konsuln, so haben die dortigen Lokalbehörden die Interessen der fremden Unterthanen wahrzunehmen und im Falle, dass letztere einen Verstoss gegen das Gesetz begehen, die Untersuchung einzuleiten, den Schuldigen festzunehmen und abzuurteilen, alsdann denselben unter Vorlage der Beweismittel dem nächsten Konsul seines Landes auszuliefern, damit dieser die Strafe ausspreche (Art. 9).

Diejenigen Unterthanen eines der beiden Staaten, welche in einem Vertragshafen ein Verbrechen begehen oder im Innern des Landes sich ein Verbrechen der Brandstiftung, des Mordes, der Plünderung oder andere Frevelthaten zu schulden kommen lassen, werden von den Lokalbehörden arretiert und dem nächsten Konsul hierüber Bericht erstattet. Leistet ein solcher Verbrecher dem mit seiner Festnahme betrauten Beamten mit Gewalt Widerstand, so kann er auf der Stelle getötet werden, jedoch muss sein Konsul über die näheren Umstände in Kenntnis gesetzt werden. Dem Konsul bleibt es dann überlassen, selbst eine Untersuchung des Falles zu eröffnen. Ist das Verbrechen in einem Vertragshafen begangen, so erfolgt die Aburteilung durch die Lokalbehörden und den Konsul gemeinschaftlich; wurde dagegen das Verbrechen im Innern des Landes verübt, so wird das

Urteil von dem Magistrat des Thatortes gefällt und der Konsul über die näheren Umstände des Falles benachrichtigt. Das gleiche Verfahren ist einzuhalten, wenn Angehörige des einen Landes sich auf dem Gebiete des andern Staates in einer Anzahl von zehn oder mehr aufrührerisch zusammenrotten und die Einheimischen zur Teilnahme an einem Angriff gegen die öffentliche Sicherheit überreden oder auffordern (Art. 13). Personen, welche sich in fremden Diensten befinden, unterstehen ihrer heimischen Gerichtsbarkeit (Art. 10).

Dieser Vertrag vom Jahre 1871 besteht gegenwärtig nicht mehr zu Recht. In Art. 6 des Friedensvertrages von Shimonoseki vom 17. April 1895,[1] der den letzten japanisch-chinesischen Krieg beendete, ist ausgesprochen, dass alle Verträge zwischen China und Japan infolge Ausbruchs des Krieges aufgehoben seien, dass aber China sich sofort nach Austausch der Ratifikationen des Friedenstraktats zum Abschluss eines Handels- und Schiffahrtsvertrages und zwar auf der Grundlage der zwischen China und den europäischen Mächten vereinbarten Traktate verpflichte. Bis zur Vereinbarung dieses Handelsvertrages, solle Japan von China als meistbegünstigte Nation behandelt werden. Hieraus geht deutlich hervor, dass Japan die Ausübung der Konsulargerichtsbarkeit auf chinesischem Gebiet auch weiterhin beansprucht, dagegen auf seinem eigenen Territorium eine gleiche Vergünstigung dem chinesischen Reiche nicht mehr gewährt. Und in der That wurde in Art. 3 des neuen japanisch-chinesischen Handelsvertrages vom 21. Juli 1896 die Aufhebung der durch den alten Vertrag von 1871 den Chinesen eingeräumten Exterritorialität

[1] s. Martens-Stoerk, N.R.G. II. série. t. XXI. p. 642; Art. 6 Abs. I des Vertrages von Shimonoseki lautet: „All Treaties between Japan and China having come to an end in consequence of war, China engages, immediately upon the exchange of the ratifications of this Act, to appoint Plenipotentiaries te conclude with the Japanese Plenipotentiaries a Treaty of Commerce and Navigation, and a Convention to regulate frontier intercourse and Trade. The Treaties, Conventions, and Regulations now subsisting between China and European Powers shall serve as a basis for the said Treaty and Convention between Japan and China. From the date of the exchange of the ratifications of this Act until the said Treaty and Convention are brought into actual operation the Japanese Government, its officials, commerce, navigation, frontier intercourse and trade, industries, ships and subjects, shall in every respect be accorded by China mostfavoured-nation treatment." s. a. Revue Générale de Droit International Public. t. II. 1895. p. 447. 455.

dahin präzisiert, dass „die chinesischen Konsuln mit Ausnahme in der Frage der Gerichtsbarkeit über chinesische Unterthanen und Eigentum in Japan, welche den japanischen Gerichtshöfen vorbehalten wird, alle diejenigen Rechte und Vorteile geniessen sollen, welche solchen Beamten gewöhnlich eingeräumt werden,“[1] — m. a. W. ebenso wenig als die europäischen Staaten eine chinesische Konsularjurisdiktion auf europäischem Boden dulden würden, gestattet auch Japan, das sich durch Annahme europäischer Kultur und Institutionen in die Reihe der modernen, civilisierten Staaten eingetreten erachtet, eine solche Beschränkung seiner Territorialhoheit nicht mehr.

---

## C. Korea.

Das Königreich Korea stand ursprünglich in einem Abhängigkeitsverhältnis zu China. Erst in dem Friedensvertrag von Shimonoseki vom 17. April 1895 erkannte China die volle Unabhängigkeit Koreas an, und verzichtete auf alle weiteren Tributansprüche.[2] Gleichwohl wurden schon früher, zuerst von Japan, dann auch von den Vereinigten Staaten sowie den europäischen Mächten unter Nichtachtung der Suzeränität Chinas[3] besondere Verträge abgeschlossen, die wichtige Bestimmungen über Ausübung der Konsularjurisdiktion auf koreanischem Boden enthalten.

In einem Friedens- und Freundschaftsvertrage vom 28. Februar 1876[4] bedingt sich Japan die Ernennung eines Gesandten in der Hauptstadt Koreas sowie von Konsularbeamten in den vertragsmässig geöffneten Häfen aus (Art. 2 und 8).

Streitigkeiten zwischen Japanern und Koreanern sollen durch den japanischen Konsul in Gemeinschaft mit den koreanischen Behörden beigelegt werden, ebenso wird gegenseitige Rechtshilfe zur Beitreibung von Schulden geleistet (Art. 8 und 9).

---

[1] Brandt, M. v. Drei Jahre Ostasiatischer Politik 1894—1897. Beiträge zur Geschichte des chinesisch-japanischen Krieges und seiner Folgen. (Stuttgart). S. 108. 109.

[2] s. Art. 1 des Vertrages von Shimonoseki (Martens-Stoerk, N.R.G. II. série. t. XXI. p. 642). — Der König von Korea nahm den Kaisertitel an.

[3] vgl. z. B. Art. I des japanischen Vertrages von 1876: „Chōsen (einheimischer Name für Korea), being an independent State, enjoys the same sovereign rights as does Japan.“

[4] Martens et Cussy, Recueil manuel, II. série. t. II. p. 540.

Japanische Verbrecher werden vom japanischen Konsul, Koreaner von den koreanischen Behörden nach den betreffenden Landesgesetzen abgeurteilt (Art. 10).

Der provisorische Handelsvertrag zwischen den Vereinigten Staaten und Korea vom 5. Mai 1882[1] bestimmt in Art. 5: dass in allen Fällen, wo ein koreanischer Eingeborner eine Handlung begeht, durch die er das Leben eines amerikanischen Bürgers gefährdet oder sich an dessen Eigentum vergreift, der Übelthäter dem einheimischen Tribunal zur Aburteilung in Gegenwart des amerikanischen Konsuls sowie zur Bestrafung nach koreanischen Gesetzen überliefert werden solle; umgekehrt sind Verbrechen, welche von amerikanischen Staatsangehörigen an Koreanern begangen werden, vor das amerikanische Konsulartribunal zur Aburteilung und Bestrafung nach amerikanischen Gesetzen zu bringen.

Civilstreitigkeiten werden nach dem Grundsatz: actor sequitur forum rei, behandelt. Doch darf ein Beamter derjenigen Nation, welcher der Kläger angehört, den Verhandlungen beiwohnen; derselbe kann auch Erklärungen abgeben und Beweise vorbringen.

Gegen das Urteil ist die Revision an einen gemischten Gerichtshof, der nach amerikanischem und koreanischem Gesetz verfährt, zulässig. Klagen gegen Amerikaner sind beim amerikanischen Konsul, gegen Koreaner bei den koreanischen Behörden einzureichen.

Art. 15 des Vertrages enthält die Meistbegünstigungsklausel.

Besonders ausführlich behandelt die Konsularjurisdiktion der Vertrag zwischen dem Deutschen Reiche und Korea vom 26. November 1883[2]. Art. III bestimmt:

Ziff. 1. Die Gerichtsbarkeit über deutsche Reichsangehörige und ihr Eigentum soll in Korea ausschliesslich den deutschen Konsularbehörden zustehen. Bei diesen Behörden soll die Verhandlung und Entscheidung aller Klagen stattfinden, welche gegen deutsche Reichsangehörige von solchen oder von Angehörigen anderer fremder Staaten angebracht werden; die koreanischen Behörden haben sich jeder Einmischung zu enthalten.

Ziff. 2—5. In allen Civil- und Kriminalstreitigkeiten zwischen deutschen Reichsangehörigen und koreanischen Unterthanen ist das Forum des Beklagten bezw. Angeschuldigten zur Verhandlung und Urteilsfällung zuständig. Der Konsul bringt

[1] Martens-Stoerk, N.R.G. II. série. t. XV. p. 798.

[2] s. R.G.Bl. 1884 S. 221. Martens et Cussy, Rec. man. II. série. t. III. p. 523.

hierbei das deutsche Gesetz, die koreanischen Behörden ihr heimisches Recht zur Anwendung.

Ziff. 6. Alle Ansprüche auf Geldstrafen oder Konfiskationen für Zuwiderhandlungen gegen die Bestimmungen dieses Vertrages oder einer auf Grund desselben erlassenen oder später zu erlassenden Verordnung sollen vor den deutschen Behörden zur Verhandlung und Entscheidung gebracht werden. Die von letzteren ausgesprochenen Geldstrafen oder Konfiskationen fallen der koreanischen Regierung zu.

Ziff. 7. Beschlagnahmte deutsche Güter werden von den koreanischen und den deutschen Behörden versiegelt und von den ersteren so lange in Verwahrung gehalten, bis die letzteren ihre Entscheidung gefällt haben. Deponiert der Eigentümer der Güter ihren Wert bei der koreanischen Behörde, so sind ihm dieselben noch vor Erlassung der Entscheidung auszufolgen. Fällt die Entscheidung zu Gunsten des Eigentümers aus, so hat die koreanische Behörde die Güter sofort an die deutsche Behörde zur weiteren Verfügung auszuhändigen.

Ziff. 8. In allen Civil- und Strafsachen, welche in Korea vor koreanischen Gerichten oder vor deutschen Konsulargerichten verhandelt werden, können die Behörden des Klägers einen Beamten abordnen, damit er den Verhandlungen beiwohne. Der zu diesem Zwecke abgeordnete Beamte soll mit gebührender Rücksicht behandelt werden und es soll ihm gestattet sein, Zeugen vorzuladen und vernehmen zu lassen, auch gegen das Verfahren oder die Entscheidung Einspruch zu erheben.

Ziff. 9 und 10. Verhaftungen von koreanischen Angeschuldigten auf deutschem Besitztum in Korea oder auf deutschen Schiffen erfolgen auf Antrag der koreanischen Behörde durch den deutschen Konsul. Ohne Ermächtigung des deutschen Konsuls dürfen die koreanischen Beamten weder deutsches Besitztum noch deutsche Schiffe gegen die Einwilligung des Eigentümers bezw. Schiffsführers betreten. Wegen strafbarer Handlungen verfolgte Reichsangehörige sowie Deserteure der deutschen Kriegs- oder Handelsmarine werden von den koreanischen Behörden verhaftet und an die requirierende Behörde ausgeliefert. Deutsche Schmuggler werden gemäss Art. VI von den koreanischen Behörden festgenommen und dann der nächsten Konsularbehörde zur Untersuchung und Entscheidung der Sache überantwortet.

Art. X sichert dem Deutschen Reiche die Rechte einer meistbegünstigten Nation zu.

In dem Schlussprotokoll zu Art. III des Vertrages erklärt die deutsche Regierung, dass sie dem Rechte der exterritorialen Jurisdiktion über die deutschen Reichsangehörigen entsagen wird, sobald nach ihrer Auffassung das Gerichtsverfahren und die Gesetze des Königreichs Korea so weit geändert und verbessert worden sind, um die gegenwärtig bestehenden Bedenken gegen eine Unterstellung deutscher Reichsangehöriger unter die koreanische Gerichtsbarkeit zu beseitigen, und die koreanischen Richter eine gleichartige richterliche Befähigung und eine ähnliche unabhängige Stellung wie der deutsche Richterstand erreicht haben werden.

Weiter haben noch England unterm 26. November 1883,[1] Italien unterm 26. Juni 1884,[2] Frankreich unterm 4. Juni 1886,[3] Österreich unterm 23. Juni 1892[4] Verträge mit Korea abgeschlossen, deren Inhalt — insbesondere soweit er die Konsularjurisdiktion betrifft, wörtlich mit den Bestimmungen des deutschen Vertrages übereinstimmt. Der italienische und der österreichische Vertrag enthält in § 11 des Art. III die gleiche Klausel über den Verzicht auf die Ausübung der Konsularjurisdiktion in Korea wie das deutsche Schlussprotokoll.

## D. Japan.

Die ersten Europäer, welche im Reiche der aufgehenden Sonne landeten, waren Portugiesen. Sie wurden von den Japanern gut aufgenommen; während neunzig Jahren (1549—1638) wurden glänzende Handelsgeschäfte erzielt, zugleich erfolgten massenhafte Bekehrungen zum Christentum. Da trat der Rückschlag ein. Der Hass der Bonzen, der Übermut der reichgewordenen Portugiesen, die Eroberung der Philippinen durch die Spanier, dann insbesondere die unablässigen Intriguen der Holländer — zu jener Zeit der feindseligsten und gefährlichsten

[1] Martens et Cussy, Rec. man. II. série. t. III. p. 533.
[2] Martens-Stoerk, N.R.G. II. série. t. XIII. p. 619.
[3] Derselbe t. XV. p. 807.
[4] Derselbe. t. XX. p. 429.

Nebenbuhler der Portugiesen in Asien —, dies alles wirkte zusammen, um das Misstrauen des Shogun gegen die Fremden aufs höchste zu steigen. Die Portugiesen wurden verjagt, das Christentum völlig ausgerottet, nur den Holländern wurde die früher den Portugiesen eingeräumte Insel Deshima zur Anlegung einer Faktorei überlassen; sie wurden aber der schärfsten Kontrolle durch die japanischen Behörden unterstellt und mussten sich den schimpflichsten Ceremonien unterziehen, wenn sie zur Audienz bei den japanischen Machthabern zugelassen wurden.

Von da ab blieb Japan den Fremden vollständig verschlossen, mehr als zwei Jahrhunderte lang, bis zu dem Tage, wo ein amerikanisches Geschwader unter Commodore PERRY im Hafen von Yedo erschien. PERRY schloss unterm 31. März 1854 zu Kanagawa den ersten Friedens- und Freundschaftsvertrag mit Japan ab.[1] Den amerikanischen Schiffen wurde der freie Zugang in die Häfen Simoda und Hakodate gestattet. Wenn die Vereinigten Staaten und Japan es für notwendig erachten würden, sollten amerikanische Konsuln in Simoda residieren dürfen. Schiffbrüchige Seeleute und andere sich vorübergehend in Hakodate oder Simoda aufhaltende amerikanische Bürger sollten keinerlei Freiheitsbeschränkungen oder Einsperrung, wie sie die Holländer und Chinesen zu Nagasaki zu erdulden hatten, unterworfen sein. Endlich sollten alle Privilegien und Vorrechte, welche andern Nationen zugestanden würden, ohne weiteres auch den Vereinigten Staaten eingeräumt sein.

Drei Jahre später — am 17. Juni 1857 — kam zwischen den Vereinigten Staaten und Japan zu Simoda ein neuer Vertrag zu stande.[2] Gemäss Art. 1 wird den amerikanischen Schiffen auch der Hafen von Nagasaki geöffnet. Art. 2 gestattet den dauernden Aufenthalt amerikanischer Bürger in Simoda und Hakodate, sowie die Ernennung von Konsuln in diesen beiden Häfen. Art. 4 bestimmt, dass Verstösse gegen die Gesetze, welche sich Amerikaner in Japan[3] zu schulden kommen lassen, von den amerika-

---

[1] MARTENS et CUSSY, Recueil manuel. t. VII. p. 320. BEACH-LAWRENCE, Commentaire sur Wheaton. t. IV. p. 267.

[2] MARTENS et CUSSY, Recueil manuel. II. série. t. I. p. 37.

[3] Nach SENGA, TSURUTARO, Gestaltung und Kritik der heutigen Konsulargerichtsbarkeit in Japan, S. 3 stehen in dem japanischen Text anstatt „in Japan“ die Worte „gegen Japaner“, eine Fassung, die auch in den re-

nischen Konsuln nach amerikanischem Recht abgeurteilt werden sollten; begehen dagegen Japaner an amerikanischen Bürgern ein Delikt, so werden sie von den japanischen Behörden zur Rechenschaft gezogen und nach japanischen Gesetzen bestraft.

Ein weiterer Freundschafts- und Handelsvertrag zwischen

---

vidierten Vertrag vom 29. Juni 1858 (s. u.) und dann sowohl hinsichtlich der Kriminal- wie der Civiljurisdiktion in die Traktate aller übrigen Staaten übernommen wurde. Hieraus will SENGA, a. a. O. S. 41 f. den Schluss ziehen, dass die vertragsmässige Konsulargerichtsbarkeit in Japan sich nur auf diejenigen Kriminal- und Civilfälle erstrecke, in denen das Interesse einzelner Privatpersonen verletzt ist oder in Frage steht, dass dagegen für alle Kriminal- und Civilprozesse, an denen das öffentliche Interesse beteiligt ist, — also bei allen Delikten gegen den japanischen Staat, Landesherrn, gegen die öffentliche Sicherheit etc., bei allen Civilstreitigkeiten des japanischen Fiskus, japanischer Kommunalbehörden gegen Ausländer — die japanischen Behörden ausschliesslich zuständig wären. Für diese Auslegung spricht nur scheinbar der Wortlaut: „Americans, committing offenses against Japanese, . . . .“; in Wirklichkeit ist diese Ausdrucksweise in sämtlichen Verträgen, welche überhaupt die Konsularjurisdiktion behandeln, schon seit den frühesten Zeiten die allgemein übliche. Sie bedeutet stets, dass der Ausländer von der Landesjurisdiktion schlechtweg eximiert ist. Die Exemption ist nur dann keine völlige, wenn in dem betreffenden Vertrage diejenigen Kategorien von Delikten oder Prozessen einzeln aufgeführt sind, welche der Landesgerichtsbarkeit vorbehalten bleiben sollen. (Vgl. z. B. die Verträge mit Byzanz, den Kreuzfahrerstaaten, Cypern, die Kapitulationen mit Ägypten, die türkisch-französische Kapitulation von 1528, s. o. S. 15, 17, 23, 24, 40, 41, 59. Dort ist die Aburteilung teils bestimmter einzelner, teils aller Kapitalverbrechen den einheimischen Gerichten mit ausdrücklichen Worten vorbehalten. S. a. die Vorbehalte hinsichtlich der Immobiliarstreitigkeiten o. S. 103).

Ein solcher ausdrücklicher Vorbehalt findet sich in keinem der hier in Betracht kommenden japanischen Verträge. Wäre die Auslegung SENGA's richtig, so würde der Schutz, den die Konsularjurisdiktion gewähren soll, gerade da versagt haben, wo das Bedürfnis — mindestens bis zur japanischen Verfassungs- und Gerichtsreform von 1889 — am dringendsten gewesen wäre, so bei Anklagen wegen Hochverrats, Majestätsbeleidigung und bei Prozessen gegen Ausländer. Überdies wäre es der Willkür der japanischen Regierung überlassen gewesen, welche Delikte sie als gegen das öffentliche Interesse verstossend betrachten wollte.

SENGA hat auch keinen Beweis dafür erbracht, dass die japanische Regierung je eine derartige Auslegung der Verträge versuchte, geschweige denn, dass die Vertragsmächte sich eine solche gefallen liessen.

Ebensowenig kann die Ansicht des genannten Verfassers (a. a. O. S. 57) gebilligt werden, dass die Vertragsstaaten kein vertragsmässiges Recht hätten, für ihre Konsulargerichte ein ausserhalb des japanischen Gebietes befindliches Gericht als II. und III. Instanz zu bestimmen. Japan hat in den Verträgen die Konsulargerichtsbarkeit den fremden Mächten zugestanden, Sache der Vertragsstaaten ist es, die Konsulargerichte zu organisieren und den Instanzenzug festzusetzen.

beiden Staaten wurde am 29. Juli 1858 zu Jedo unterzeichnet.[1] Derselbe steht noch gegenwärtig in Kraft. Nach Art. 1 darf die amerikanische Regierung einen diplomatischen Agenten und Generalkonsul in Jedo, Konsuln in allen übrigen Vertragshäfen ernennen. Art. 3 eröffnet eine Anzahl weiterer Hafenplätze. Art. 6 wiederholt den Art. 4 des Vertrages von 1857 und fügt weiter hinzu: dass die Konsulargerichte den japanischen Gläubigern zur Geltendmachung gerechtfertigter Ansprüche gegen amerikanische Bürger offenstehen sollten; umgekehrt sollten auch die Amerikaner zur Beitreibung von Forderungen gegen japanische Unterthanen an die japanischen Gerichte sich wenden dürfen. Über Reklamationen gegen Konfiskationen oder sonstige Strafen, welche wegen Verletzung des Vertrages oder des Handelstarifes verhängt worden sind, sollen die Konsulargerichte entscheiden; die erkannten Vermögensstrafen verfallen jedoch zu Gunsten der japanischen Regierung. Art. 12 endlich erklärt die Bestimmungen des Vertrages von 1857 sämtlich in gegenwärtigen Vertrag herübergenommen, hingegen alle widersprechenden Festsetzungen des Vertrages von 1854 aufgehoben.[2]

England hatte am 14. Oktober 1854 zu Nagasaki eine Konvention mit Japan über die Zulassung englischer Schiffe in japanische Häfen abgeschlossen.[3] Nagasaki und Hakodate sollten den Engländern geöffnet sein (Art. 11), jedoch haben die Besatzungen der englischen Schiffe die japanischen Gesetze zu beobachten; begehen höhere Schiffsoffiziere Verstösse hiergegen, so sollen die Häfen wieder geschlossen werden; verfehlen sich Personen niederen Ranges, so sollen diese den Schiffskommandanten zur Bestrafung überliefert werden (Art. 4). England soll sich der Rechte einer meistbegünstigten Nation erfreuen, jedoch mit Ausnahme der Priviligien, wie sie den Holländern und Chinesen infolge der von früher her bestehenden Beziehungen zu Japan eingeräumt wären (Art. 5).

Diese Konvention wurde dann ersetzt durch den zu Jedo unterzeichneten Friedens-, Freundschafts- und Handelsvertrag

---

[1] Martens et Cussy, Rec. man. II. série. t. I. p. 87. Art. 8 des Vertrages von 1858 gewährt Religionsfreiheit.

[2] Nach dem Vertrage von 1858 wurde noch eine Konvention unterm 25. Juli 1878 geschlossen, dieselbe bezieht sich jedoch nur auf Tariffragen.

[3] Martens et Cussy, Rec. man. t. VII. p. 350.

vom 26. August 1858.[1] Nach Art. 2 darf die britische Regierung einen diplomatischen Agenten in Jedo, Konsuln und Konsularagenten in allen in Art. 3 bezeichneten, offenen Häfen halten.

Alle Rechtsfragen, welche Person oder Eigentum der in Japan sich aufhaltenden, britischen Unterthanen ausschliesslich betreffen, unterliegen der alleinigen Entscheidung der britischen Konsularbehörden (Art. 4). Japanische Unterthanen, welche sich eines Delikts gegenüber britischen Staatsangehörigen schuldig machen, werden von den japanischen Behörden verhaftet und nach japanischem Gesetze bestraft; dagegen erfolgt Untersuchung und Strafeinschreitung gegen Briten, die an Japanern oder Angehörigen eines andern Landes ein Delikt begangen haben, durch den britischen Konsul oder einen von diesem aufgestellten Beamten (Art. 5). Civilklagen von Briten gegen Japaner und von Japanern gegen Briten sind — in beiden Fällen — bei dem britischen Konsul anzubringen, welch letzterer zunächst auf einen gütlichen Ausgleich hinzuwirken hat. Ist ein solcher nicht möglich, so wird der Streitfall vom Konsul in Gemeinschaft mit den japanischen Behörden verhandelt und entschieden (Art. 6).[2] Die Behörden beider Vertragsteile gewähren den beiderseitigen Unterthanen alle Rechtshilfe zur Betreibung von Schulden (Art. 7). Art. 23 enthält die Meistbegünstigungsklausel.

Zwischen Russland und Japan wurde unterm 7. Februar 1855 ein Vertrag vereinbart.[3] Art. 8 dieses Vertrages bestimmte, dass bei Begehung strafbarer Handlungen die Russen in Japan und umgekehrt die Japaner in Russland nach ihrem heimischen Rechte abgeurteilt werden sollten. Ein Ergänzungsvertrag vom 12. Oktober 1857[4] schrieb vor, dass die japanischen Behörden hinsichtlich der Civil- und Handelssachen sowie der Zolldefraudationen gemeinsam mit den russischen Konsuln die Sache untersuchen und entscheiden sollten. Dieser Traktat wurde durch

---

[1] Martens et Cussy, Rec. man. II. série. t. I. p. 93. Durch den Vertrag von 1894 ist dieser Vertrag aufgehoben, s. unten.

[2] In der Praxis haben sich aber weder England noch die Staaten, welche die englischen Vertragsbestimmungen ihren mit Japan vereinbarten Traktaten zu grunde legten, (s. u. S. 169 f.) jemals zur Durchführung der in den Verträgen stipulierten gemeinsamen Gerichtsbarkeit der fremden Konsuln und der japanischen Behörden herbeigelassen, sondern stets das Prinzip: actor sequitur forum rei, zur Anwendung gebracht (s. Senga, T. a. a. O. S. 6, 7).

[3] Senga, T. a. a. O. S. 2. — [4] Derselbe, a. a. O. S. 4.

einen neuen Vertrag vom 7. August 1858[1] (Art. 1) ersetzt, welcher dem amerikanischen Vertrag von Simoda (1857) nachgebildet ist und auf ihn auch Bezug nimmt.[2]

Die Holländer, welche — wie oben erwähnt — als Feinde der Portugiesen und der katholischen Religion in Japan geduldet worden waren, wurden von ihrer strengen Abgeschlossenheit auf Deshima durch den Präliminarvertrag vom 9. November 1855 und dem definitiven Vertrag vom 30. Januar 1856[3] befreit; es wurde ihnen dieselbe persönliche wie Verkehrsfreiheit gewährt, welche den Amerikanern und Engländern in den Vertragshäfen gestattet worden war. Bezüglich der Jurisdiktion wurde festgesetzt: wenn ein niederländischer Unterthan sich eines Verstosses gegen ein japanisches Gesetz schuldig macht, so soll der Chef der Faktorei zu Deshima hiervon in Kenntnis gesetzt werden, damit dieser die Bestrafung des Schuldigen durch die holländische Regierung nach holländischen Gesetzen veranlasse. Verletzt ein Japaner einen Holländer, so gebührt die Untersuchung und Urteilsfällung den japanischen Behörden (Art. 2 und 3).

Dem englisch-japanischen Vertrage von 1858 sind eine Reihe anderer Verträge — teilweise in wörtlich gleicher Abfassung und Stellung der Artikel über die Konsularjurisdiktion — nachgebildet, so die Verträge mit Frankreich (unterzeichnet zu Jedo am 9. Oktober 1858),[4] mit Portugal (vom 3. August 1860),[5] mit

[1] Senga, T. a. a. O. S. 4.

[2] Dieser Vertrag ist, wie auch die vorhergehenden, in niederländischer, japanischer und russischer Sprache abgefasst. Die auf die Konsulargerichtsbarkeit bezügliche Stelle lautet (Art. 14): „Alle geschillen tusschen Russen en Japanners zullen door den Russischen Consul en de Japansche Overheden onderzocht worden; en indien Russe schuldig bevonden, zal hy volgens de Russische wet worden gestraft; en de Japanner volgens de Japansche wet gelyk dit in het Traktaat von Simoda bepaald is."

Die nicht ganz klare Fassung dieses Artikels könnte vermuten lassen, dass eine gemeinsame Jurisdiktion der russischen und japanischen Behörden eingeführt wurde. Dies war aber nicht der Fall. Es gelangte vielmehr, den Bestimmungen des amerikanischen Vertrages entsprechend, das Prinzip: actor sequitur forum rei, zur ausschliesslichen Geltung.

[3] Martens, N.R.G. t. XVI. part. II. p. 392. 404 (Ergänzungsakte vom 16. Oktober 1857).

[4] s. Martens et Cussy, Rec. man. II. série. t. I. p. 99; s. Art. 2, 5, 6, 7, 18 des Vertrages. Bemerkenswert ist auch Art. 4, der freie Religionsübung und Abschaffung aller das Christentum beschimpfender Gebräuche erklärt.

[5] s. Martens-Stoerk, N.R.G. II. série. t. XVII. p. 21; s. Art. 4—7 des Vertrages.

Belgien (vom 1. August 1866),[1] mit Italien (vom 25. August 1866),[2] mit Dänemark (vom 12. Januar 1867) mit Schweden-Norwegen (vom 11. November 1868),[3] mit Spanien (vom 12. November 1868).[4]

Abweichende Bestimmungen enthalten die Verträge zwischen Japan und Preussen (vom 24. Januar 1861),[5] der Schweiz (unterzeichnet zu Jedo am 2. Februar 1864),[6] dem deutschen Zollverein (unterzeichnet zu Jokohama am 20. Februar 1869),[7] sowie Österreich (abgeschlossen unterm 18. Oktober 1869 zu Jedo).[8] Die in diesen Verträgen niedergelegten Grundsätze über die Konsularjurisdiktion sind folgende:

Die Vertragsstaaten haben das Recht, einen diplomatischen Agenten, Generalkonsuln, Konsuln und Konsularagenten in den offenen Häfen oder Städten Japans zu ernennen. Diese Beamten sollen dieselben Privilegien und Vorrechte geniessen, wie die Konsularbeamten der meistbegünstigten Nation (s. Art. 2 der drei zuletzt angeführten Verträge). Alle Streitigkeiten, welche sich in Bezug auf Person oder Eigentum zwischen in Japan sich aufhaltenden Angehörigen eines der Vertragsstaaten unter sich erheben sollten, werden der Entscheidung ihrer Konsularbehörde unterworfen. Eine Einmischung der japanischen Behörden in Streitigkeiten zwischen Unterthanen verschiedener Vertragsmächte ist nicht

---

[1] s. Martens-Stoerk, N.R.G. II. série. t. XVII. p. 51; s. Art. 5—7 des Vertrages.

[2] s. Martens-Stoerk, N.R.G. II. série. t. XVII. p. 61; s. Art. 5—7 des Vertrages.

[3] Senga, a. a. O. S. 7.

[4] s. Martens-Stoerk, N.R.G. II. série. t. XVII. p. 91; s. Art. 5—8 des Vertrages.

[5] Archives diplomatiques 1865, s. IV p. 167. Der preussische Vertrag schliesst sich dem nordamerikanischen an; er nimmt in Art. 5 Abs. II und III ausdrücklich Stellung gegen eine gemeinsame Gerichtsbarkeit preussischer und japanischer Behörden. Infolge der Vereinbarung des Vertrages zwischen dem deutschen Zollverein und Japan von 1869 (s. u.) wurde dann der preussisch-japanische Traktat ausser Wirksamkeit gesetzt, seine Bestimmungen über die Konsularjurisdiktion finden sich aber in dem neuen Vertrage wieder.

[6] s. Martens-Stoerk, N.R.G. II. série. t. XVII. p. 42.

[7] s. Martens et Cussy, Rec. man. II. série par Geffcken. t. I. p. 550. Dieser Vertrag wurde durch den unten erwähnten deutsch-japanischen Handels- und Schiffahrtsvertrag vom 4. April 1896 aufgehoben; s. Art. 20, 19 dieses Vertrages.

[8] s. Martens et Cussy, Rec. man. II. série. t. I. p. 627.

gestattet.[1] Klagen oder Beschwerden eines Angehörigen der Vertragsmächte gegen einen Japaner entscheidet die japanische Behörde; Klagen oder Beschwerden eines Japaners gegen einen fremden Staatsangehörigen sind vor den Richterstuhl des betreffenden Konsuls zu bringen (nach dem Prinzip: actor sequitur forum rei). Die japanischen Behörden gewähren den fremden Gläubigern jede Rechtshilfe zur Beitreibung von Forderungen gegen japanische Schuldner, umgekehrt verhelfen die Konsularbehörden japanischen Gläubigern zur Befriedigung ihrer Ansprüche gegen fremde Schuldner (s. Art. 5).

Begeht der Angehörige einer der Vertragsmächte gegen japanische Unterthanen oder Angehörige einer andern Nation ein Verbrechen, so soll derselbe vor seinen Konsul geführt und nach seinen heimischen Gesetzen bestraft werden; japanische Unterthanen, die sich einer verbrecherischen Handlung gegen fremde Staatsangehörige schuldig machen, werden von den japanischen Behörden nach japanischen Gesetzen abgeurteilt (s. Art. 6); letzteres ist auch dann der Fall, wenn der japanische Übelthäter in fremden Diensten steht (s. Art. 9 des Vertrages mit dem Zollverein, Art. 15 des österreichischen Vertrages).

Alle Ansprüche auf Geldstrafen oder Konfiskationen für Zuwiderhandlungen gegen die Verträge oder das denselben beigefügte Handelsregulativ werden bei den Konsularbehörden zur Entscheidung gebracht. Die von diesen ausgesprochenen Geldstrafen oder Konfiskationen fallen der japanischen Regierung zu. Beschlagnahmte Güter sind von den japanischen Behörden und den Konsularbehörden zu versiegeln und bis zur Entscheidung durch den Konsul in den Speichern des Zollhauses zu deponieren. Fällt die Entscheidung des Konsuls zu Gunsten des Eigentümers oder Konsignatairs der Güter aus, so sollen dieselben sofort dem Konsul zur weiteren Verfügung ausgehändigt werden; legt je-

---

[1] Ob dieses Verbot der Einmischung sich nur auf Civilstreitigkeiten bezieht, — wie SENGA a. a. O. S. 83 annimmt, — oder auch für Strafsachen Geltung hat, ist zweifelhaft, denn es findet sich nur in Art. 5, der ausschliesslich von der Kompetenz in Civilsachen handelt, nicht aber in Art. 6, welcher die Zuständigkeitsverhältnisse in Strafsachen regelt. Aus Billigkeitsgründen dürfte man der japanischen Regierung, namentlich bei einem negativen Kompetenzkonflikt zwischen Konsuln verschiedener fremder Nationen, nicht verwehren, wenigstens auf diplomatischem Wege dahin zu wirken, dass ein auf japanischem Boden begangenes Verbrechen nicht ungesühnt bleibe.

doch die japanische Regierung gegen die Entscheidung des Konsuls Berufung ein, so hat der Eigentümer oder Konsignatair der Güter den Wert derselben bis zur endgültigen Entscheidung der Angelegenheit auf dem Konsulate zu deponieren. Die gleiche Deponierung des Wertes findet statt, wenn die mit Beschlag belegten Güter leichtverderblicher Natur sind und daher dem Eigentümer oder Konsignatair ausgehändigt werden (Art. 7).

Die mit Hawai (am 19. August 1871) und Peru (am 21. August 1873), abgeschlossenen Verträge enthalten keine besonderen Bestimmungen über die Konsularjurisdiktion, sondern nehmen lediglich — gemäss der Meistbegünstigungsklausel — Bezug auf die übrigen Traktate.[1]

Seit dem Sturze des Shogun und der Wiederherstellung der Herrschaft des Mikado durch die Revolution vom Jahre 1868 war die japanische Regierung unablässig bemüht, Japan zu einem modernen Kultur und Rechtsstaat umzuschaffen. Wohl selten hat ein Volk so rasch seine alte Kultur abgelegt und sich den modernen, europäischen Einrichtungen völlig zugewandt, wie die Japaner. Das uralte, feudale System wurde beseitigt, ein moderne Verfassung mit Parlament und verantwortlichem Ministerium eingeführt. Die Justiz wurde — nach der Verfassung von 1889 — von der Verwaltung getrennt, die Richter für unabsetzbar erklärt. Die Gerichtsorganisation ist ganz der europäischen (speziell der deutschen) nachgebildet; für alle Zweige der Rechtsprechung sind neue Gesetzbücher nach europäischem Muster ausgearbeitet und zum Teil bereits eingeführt worden. Es war daher nur natürlich und gerechtfertigt, wenn die japanische Regierung bei der in neuester Zeit vorgeschlagenen Revision der alten Handelsverträge vor allem die Abschaffung der Konsularjurisdiktion und damit die Wiederherstellung ihrer vollen Territorialhoheit verlangte.[2]

---

[1] Martens-Stoerk, N.R.G. II. série t. XVII. p. 100. 102.

[2] Bereits der japanisch-mexikanische Vertrag vom 30. November 1888 (s. denselben bei Martens-Stoerk, N. R. G. II. série t. XVIII. p. 755) unterstellt die in Japan sich aufhaltenden Mexikaner ausdrücklich der Jurisdiktion der japanischen Landesgerichte. Art. 8 dieses Vertrages lautet:

„Japanese subjects as well as japanese vessels resorting to Mexico or to the territorial waters thereof, shall, so long as they there remain, be subject to the laws of United Mexican States and to the jurisdiction of the Mexican Courts; and in the same manner citizens of the United Mexican States, or Mexican vessels, resorting to Japan, and to her territorial waters, shall be subjects to the jurisdiction of His Imperial Majesty's Courts."

England kam zuerst dem Wunsche der japanischen Regierung nach und willigte in die Aufhebung der ihm auf japanischem Boden zustehenden Jurisdiktion ein. Gemäss Art. 18, 20 und 21 des englisch-japanischen Handels- und Schifffahrtsvertrages vom 16. Juli 1894[1] hört mit dem Inkrafttreten dieses Vertrages die bis dahin ausgeübte Gerichtsbarkeit der englischen Behörden auf und erreichen alle ausnahmsweise gewährten Privilegien, Befreiungen und Immunitäten, welche bisher die britischen Unterthanen als Bestandteil oder Ausfluss dieser Gerichtsbarkeit genossen, ohne weiteres ihr Ende. Diese Gerichtsbarkeit wird alsdann von den japanischen Gerichten übernommen und ausgeübt. Der Vertrag soll — jedoch nicht vor dem 17. Juli 1899 — nach Ablauf eines Jahres in Kraft treten, nachdem die japanische Regierung der englischen Regierung von ihrem Wunsche, den Vertrag in Kraft zu setzen, Anzeige gemacht hat (s. Art. 21). Gleichzeitig verpflichtete sich Japan, diese Anzeige erst nach vollständiger Einführung der neuen japanischen Gesetzbücher zu machen.[2]

Englands Beispiel folgten die übrigen Staaten nach, so die Vereinigten Staaten (durch den Vertrag vom 22. November 1894),[3] Italien (durch den Vertrag vom 1. Dezember 1894),[4] Peru (durch den Vertrag vom 20. März 1895), Schweden-Norwegen durch den Vertrag vom 1. Mai 1895), Russland (durch den Vertrag vom $\frac{27.\ \text{Mai}}{8.\ \text{Juni}}$ 1895),[5] Dänemark (durch den Vertrag vom 14. Oktober 1895), das Deutsche Reich (durch den Vertrag vom 4. April 1896),[6] Belgien (durch den Vertrag vom 22. Juni 1896),[7] Frankreich (durch den Vertrag vom 4. August

---

[1] s. Martens-Stoerk, N.R.G. II. série. t. XX. p. 809.

[2] s. Note des japanischen Gesandten Aoki an den Earl of Kimberley vom 16. Juli 1894 (bei Martens-Stoerk, N.R.G. II. série. t. XX. S. 822).

[3] s. Revue Générale de Droit International Public. t. II. 1895. p. 614.

[4] Martens-Stoerk, N.R.G. II. série. t. XXII. p. 632.

[5] Rev. Gén. de Droit Int. Public. t. II. 1895. p. 614.

[6] R.G.Bl 1896. S. 715 (s. Art. 18, 20, 21 des Vertrages).

In Ziff. 5 des Protokolles zu dem deutsch-japanischen Vertrag ist noch hervorgehoben, dass nach dem Inkrafttreten des Vertrages die Konsulargerichtsbarkeit nur für die bereits vorher rechtshängig gewordenen Streitsachen fortdauert (R.G.Bl. 1896. S. 724).

[7] Archives diplomatiques. 1897. t. LXIII. p. 5.

1896),[1] die Niederlande (durch den Vertag vom 8. September 1896), die Schweiz (durch den Vertrag vom 10. November 1896), Spanien (durch den Vertrag vom 2. Januar 1897), Portugal[2] (durch den Vertrag vom 26. Januar 1897).

Alle diese Verträge sind auf der gleichen Basis wie der englische, nämlich Verzicht auf die weitere Ausübung der Konsularjurisdiktion, abgeschlossen, so dass mit dem Beginne des XX. Jahrhunderts die fremde Gerichtsbarkeit im japanischen Reiche ihr Ende erreicht haben wird.

---

## Siebentes Kapitel.

Die Konsularjurisdiktion auf Samoa. Ihre Einschränkung durch die Jurisdiktion des Munizipalmagistrats von Apia und des Obersten Gerichtshofes von Samoa.

Zu den für den Südseehandel wichtigsten Inselgruppen gehört Samoa. Das Deutsche Reich in erster Linie, dann England und die Vereinigten Staaten haben in Anbetracht der Zahl ihrer auf den Samoa-Inseln ansässigen Kaufleute und Pflanzer bedeutende Interessen dort zu vertreten. Die drei Mächte haben auch durch Entsendung von Konsuln und vertragsmässige Regelung der Konsulargerichtsbarkeit für den Schutz ihrer Unterthanen gesorgt.

Gemäss Art. 4 des zwischen den Vereinigten Staaten und Samoa abgeschlossenen Freundschafts- und Handelsvertrages vom 17. Januar 1878[3] ist für alle Civil- und Kriminalstreitigkeiten amerikanischer Bürger untereinander der Gerichtsstand vor dem

---

[1] Archives diplomatiques. 1897. t. LXII. p. 62 (106. 111); vgl. Art. 21, 23, 24 des Vertrages und die besondere Deklaration hierzu.

In Ziff. III des Protokolles zu dem japanisch-französischen Vertrag verpflichtet sich die japanische Regierung, noch vor dem Aufhören der französischen Konsularjurisdiktion der internationalen Konvention zum Schutze des industriellen und geistigen Eigentums beizutreten.

[2] Wie Senga, a. a. O. S. 23 mitteilt, hatte Japan bereits durch einen kaiserlichen Erlass vom 14. Juli 1892 die portugiesische Konsulargerichtsbarkeit für aufgehoben erklärt, nachdem Portugal trotz Ersuchens der japanischen Regierung einen Richterkonsul nicht aufgestellt hatte.

[3] Martens et Cussy, Rec. man. et prat. II. série, par Geffcken. t. II. p. 632.

amerikanischen Konsul begründet. Civilprozesse zwischen Amerikanern und Samoanern werden von dem amerikanischen Konsul in Verbindung mit einem Beamten der Samoa-Regierung entschieden. Amerikanische Verbrecher werden von dem amerikanischen Konsul, Samoaner, welche eines Deliktes überführt werden, von der samoanischen Behörde abgeurteilt.[1]

In dem englisch-samoanischen Vertrage vom 28. August 1879[2] ist für alle Civil- wie Kriminalprozesse, welche gegen englische Unterthanen angestrengt werden, die Zuständigkeit des britischen High-Commissioner for the Western Pacific Islands oder eines besondern von der britischen Regierung aufgestellten Beamten statuiert (Art. 4 und 5). Zu den Verhandlungen kann der Oberkommissär oder der Konsularbeamte Samoaner direkt, eventuell auch zwangsweise, laden lassen, wie wenn es britische Unterthanen wären (Art. 6).[3]

Entsprechend der Grösse seiner Handelsinteressen hat sich das Deutsche Reich in dem Vertrage vom 24. Januar 1879[4] sowie in der zu Art. VII dieses Vertrages vereinbarten Ausführungs-Konvention vom 10. November 1884[5] einen weitgehenden Einfluss auf die samoanischen Verhältnisse gesichert.

Nach Art. VII des Vertrages von 1879 bleibt die Bestimmung der Gerichtsbarkeit, welcher die in Samoa sich aufhaltenden deuschen Staatsangehörigen und Schutzgenossen bei Rechtsstreitigkeiten unter sich, sowie bezüglich der von ihnen gegeneinander begangenen Vergehen und Verbrechen unterworfen sind, der deutschen Regierung überlassen.[6] Die Feststellung der Gerichtsbarkeit, des Verfahrens in Civil- und Kriminalprozessen zwischen Deutschen und Samoanern, ferner des Strafvollzuges so-

---

[1] und [3] Die Bestimmungen über die gemischten Prozesse sind durch Art. III Abschn. 9 der Generalakte der Samoakonferenz von 1889 (s. u.) abgeändert worden.

[2] Martens et Cussy, Rec. man. et. prat. II. série. t. III. p. 31.

[4] Martens et Cussy, Rec. man. et. prat. II. série. t. III. p. 1. R.G.Bl. 1881. S. 29.

[5] Martens et Cussy, Rec. man. et. prat. II. série. t. III. p. 582.

[6] Damit ist die volle Civil- und Strafgerichtsbarkeit der deutschen Konsuln in Streitigkeiten der deutschen Gerichtseingesessenen untereinander anerkannt. Eine Ausnahme wurde hinsichtlich der Immobiliarstreitigkeiten durch Art. III Abschn. 9 Ziff. 1 der Generalakte der Samoakonferenz (s. u.) geschaffen, ebenso hinsichtlich der Übertretungen von Munizipalverordnungen im Distrikt von Apia (s. u.).

wie der Anwendung des Zeugenzwanges wurde einer späteren Vereinbarung vorbehalten; bis dahin sollten alle zwischen Deutschen und Samoanern in Samoa entstehenden Streitigkeiten in bisher gebräuchlicher Weise von dem deutschen Konsul (oder dessen Stellvertreter) in Gemeinschaft mit einem Beamten der Samoaregierung entschieden werden.[1]

In Art. VIII wird dem deutschen Konsul oder anderen von der deutschen Regierung ernannten Personen ein Mitberatungsrecht sowie der deutschen Regierung ein Bestätigungsrecht hinsichtlich aller Gesetze, Verordnungen, Massregeln, welche von der Samoa-Regierung mit bindender Kraft auch für die Deutschen erlassen werden, eingeräumt.

In Ausführung des Art. VII bringt dann die Konvention von 1884 Bestimmungen hauptsächlich über den strafrechtlichen Schutz der auf Samoa lebenden Deutschen und ihres Eigentums. Der Inhalt der Konvention ist folgender:

Ein deutsch-samoanischer Staatsrat, welcher aus dem deutschen Konsul (oder dessen Stellvertreter), zwei von dem samoanischen König und Vicekönig im Einvernehmen mit den Taimua und Faipule[2] ernannten Eingebornen und zwei von dem deutschen Konsul ernannten Reichsangehörigen gebildet ist, hat über alle Gesetze und Einrichtungen zu beraten und zu beschliessen, deren

---

[1] Eine definitive Regelung der Zuständigkeit in gemischten Prozessen erfolgte — unter Einschränkung der Konsulargerichtsbarkeit — durch Art. III Abschn. 9 Ziff. 1 und 2 der erwähnten Generalakte, doch ist zu bemerken, dass weder die Generalakte noch Art. VII des deutschen Vertrages von 1879 noch die Ausführungskonvention von 1884 eine Bestimmung enthält, wem die Strafverfolgung von Deutschen obliegt, welche gegen Samoaner oder Angehörige anderer Nationen eine strafbare Handlung verübt haben. Der zweite Absatz des Art. 7 des Vertrages von 1879, wonach bis zum Abschluss einer weitern Vereinbarung Streitigkeiten zwischen Deutschen und Samoanern von dem deutschen Konsul gemeinschaftlich mit einem samoanischen Beamten entschieden werden sollten, bezieht sich offenbar nur auf die bürgerlichen Streitigkeiten. Auf Grund der Meistbegünstigungsklausel in Art. 11 des Vertrages von 1879 erscheint jedoch die Annahme gerechtfertigt, dass der deutsche Konsul ebenso, wie der englische und amerikanische Konsul seinen Landsleuten gegenüber, befugt ist, allein und selbständig gegen deutsche Übelthäter einzuschreiten, ohne dass es darauf ankommt, welcher Nationalität der Verletzte angehört (vgl. hierzu Art. 4 des amerikanisch-samoanischen Vertrages von 1878, Art. 4 des englisch-samoanischen Vertrages von 1879).

[2] Die Taimua und Faipule ist eine Art Ständevertretung, erstere die Versammlung der Häuptlinge, letztere die der geringeren Leute.

Einführung dem gemeinsamen Interesse der Samoa-Regierung und der Deutschen auf Samoa entspricht; er erlässt insbesondere gesetzliche Vorschriften, welche auf die strafbaren Handlungen von Samoanern oder in deutschen Diensten stehenden farbigen Arbeitern Anwendung finden, wenn damit ein Deutscher oder ein in deutschen Diensten stehender Angehöriger eines andern Staates oder ein in deutschen Diensten stehender farbiger Arbeiter oder das Eigentum solcher Personen verletzt worden ist (Art. 1 und 2). Die vom deutsch-samoanischen Staatsrat aufgestellten Vorschriften werden von dem König und Vicekönig unter ihrer Unterschrift als Gesetz erlassen (Art. 3).

Der König hat im Einvernehmen mit dem deutschen Konsul einen deutschen Beamten der Samoa-Regierung zu ernennen. Dieses deutsche Regierungsmitglied bekleidet die Stelle eines Sekretärs und Ratgebers des Königs in allen die deutschen Reichsangehörigen betreffenden Angelegenheiten und fungiert zugleich als deutscher Richter in allen Strafsachen, an welchen die auf Samoa lebenden Deutschen ein Interesse haben[1], sofern nicht auf mehr als zwei Jahre Gefängnis mit harter Arbeit erkannt werden kann, und zwar:

a) in Gemeinschaft mit einem samoanischen Richter: über Samoaner und farbige Arbeiter, die sich der Verletzung von Samoanern oder samoanischem Eigentum schuldig gemacht haben;

b) allein: über farbige Arbeiter wegen der von denselben untereinander begangenen strafbaren Handlungen.

Kann auf mehr als zwei Jahre Gefängnis mit harter Arbeit erkannt werden, so hat der deutsche Konsul selbst neben einem samoanischen Richter das Richteramt zu übernehmen, er darf aber auch statt seiner den deutschen Beamten der Samoa-Regierung oder eine dritte Person hiermit betrauen (Art. 4).

Der deutsche Beamte der Samoa-Regierung hat ferner die Aufsicht über das Gefängniswesen und die vom König im Einvernehmen mit dem deutschen Konsul angestellten Polizisten,

---

[1] Verbrechen und Vergehen, welche von Eingebornen oder nicht unter einer Konsularjurisdiktion stehenden Fremden gegen Deutsche verübt werden, unterliegen jetzt der Aburteilung durch den Obersten Gerichtshof von Samoa gemäss Art. III Abschn. 9 Ziff. 3 der Generalakte der Samoa-Konferenz von 1889 (s. u.).

welche den Gefängnisdienst sowie den Sicherheitsdienst auf den deutschen Pflanzungen zu versehen haben (Art. 5 und 6).

Durch eine Konvention zwischen dem Deutschen Reiche, den Vereinigten Staaten, England und Samoa vom 2. September 1879[1] wurde Stadt und Distrikt von Apia unter die Verwaltung eines Munizipalrates gestellt, welcher sich aus den in Apia residierenden Konsuln der fremden Vertragsmächte zusammensetzte (Art. 1 u. 2). Der Munizipalrat war befugt zur Erlassung von Verordnungen und Reglements über Polizei und gute Ordnung, öffentliche Arbeiten, Gesundheitsregulative, Erteilung von Konzessionen, Hafenordnungen, das Verbot des Verkaufs und der Lieferung von Spirituosen an Eingeborne und andere Südseeinsulaner. Solche Verordnungen waren für alle Personen innerhalb des Distrikts verpflichtend. Ihre Beobachtung konnte durch Geldstrafen von nicht über $ 200 oder Gefängnis mit Zwangsarbeit nicht über sechs Monate oder gleichzeitig durch beide, die vorbezeichneten Strafmasse nicht überschreitende Strafen erzwungen werden (Art. 3). Alle Vergehen gegen die Munizipalrats-Verordnungen — gleichviel von welchen Staatsangehörigen begangen — wurden durch einen vom Munizipalrat ernannten Richter abgeurteilt (Art. 5). Jeder samoanische Unterthan, welcher einer im Distrikt von Apia begangenen strafbaren Handlung überführt war, die keine Zuwiderhandlung gegen die Munizipalverordnungen bildete, war der gemeinschaftlichen Aburteilung durch den Munizipalrichter und den samoanischen Richter unterworfen (Art. 7).[2]

Eine wesentliche Abänderung der bisherigen Verträge und vor allem eine bedeutende Einschränkung der Konsulargerichtsbarkeit brachte die 1889 von den drei Vertragsmächten: dem

---

[1] MARTENS et CUSSY, Rec. man. et prat. II. série. t. III. p. 33.

[2] Die in Art. 10 der Konvention von 1879 vorgesehene Revision der Befugnisse des Munizipalrates wurde durch eine Zusatzkonvention vom 29. September 1883 auf unbestimmte Zeit vertagt. Die Samoa-Konferenz von 1889 (s. u.) brachte dann eine völlige Umgestaltung der Zusammensetzung und Kompetenzen des Munizipalrates mit sich, so dass die eben angeführten Bestimmungen der Konvention von 1879 hinfällig geworden sind. Nur bez. Art. 7 dürfte es fraglich sein, ob die dort getroffene Bestimmung nicht noch fernerhin gilt, nachdem die Generalakte der Samoa-Konferenz hierüber nichts enthält und frühere Vertragsbestimmungen nur insoweit aufhebt, als diese mit der Akte in Widerspruch stehen (s. Art. II der Generalakte).

Deutschen Reich, den Vereinigten Staaten und England, zu Berlin abgehaltene Konferenz über die Angelegenheiten auf Samoa.[1]

Gemäss Art. III der unterm 14. Juni 1889 unterzeichneten Generalakte der Samoa-Konferenz wurde in Samoa ein Oberster Gerichtshof (Supreme Court of Justice for Samoa) eingesetzt, der aus einem Richter: „dem Oberrichter von Samoa (Chief Justice of Samoa)“ besteht. Der Oberrichter wird von den drei Vertragsmächten nach gemeinsamer Übereinkunft ernannt; wird ein solches Einverständnis nicht erzielt, so erfolgt die Ernennung durch den König von Schweden und Norwegen. Auf Verlangen der Mehrheit der Vertragsmächte kann der Oberrichter wieder abgesetzt werden.

Die Entscheidungen des Obersten Gerichtshofes sind endgültig (Art. III Abschn. 2), es gibt kein Rechtsmittel hiergegen.[2] Der Oberrichter ist befugt, nach seinem Ermessen auf schriftliches Ersuchen einer der streitenden Parteien Beisitzer mit beratender Stimme — je einen von der Nationalität der Streitsteile — einzusetzen (Art. III Abschn. 5).

Der Oberste Gerichtshof ist zuständig:

a) auf dem Gebiete des Staats- und Verwaltungsrechts:

1. in allen Fragen, welche unter den Bestimmungen der Generalakte der Samoa-Konferenz entstehen; die Entscheidung oder Anordnung des Gerichtshofes ist für alle Einwohner von Samoa bindend. Der Gerichtshof bildet auch die Berufungsinstanz mit Bezug auf die Munizipal-Magistrate und Beamten (Art. III Abschn. 4).

2. in allen Thron- und Regierungsstreitigkeiten der eingebornen Könige und Häuptlinge untereinander (Art. III Abschn. 6).

3. im Falle, dass zwischen einer der Vertragsmächte und Samoa eine Meinungsverschiedenheit entsteht, welche sich nicht durch gegenseitiges Übereinkommen erledigen lässt; der Oberrichter entscheidet hierüber nach den Grundsätzen der Gerechtigkeit und Billigkeit (Art. III Abschn. 7).

---

[1] Die Generalakte der Samoa-Konferenz s. Deutscher Reichsanzeiger vom 22. Januar 1890, Nr. 21, III. Beilage. Martens-Stoerk, N.R.G. II. série. t. XV. p. 571 f. Die Protokolle s. bei Martens-Stoerk, a. a. O. t. XVI. p. 301 f.

[2] Als Hilfsbeamte und Vollstreckungsorgane fungieren ein Clerk und ein Marshal of the Court, welche vom Oberrichter ernannt werden (Art. III Abschn. 1).

b) auf dem Gebiete des bürgerlichen und Strafrechts (Art. III Abschn. 9) — diese Zuständigkeit ist eine ausschliessliche —:

1. in allen Civilprozessen, welche das Grundeigentum in Samoa,[1] und alle darauf bezüglichen Rechte betreffen;

2. in allen Civilprozessen jedweder Art zwischen Eingebornen und Fremden oder zwischen Fremden verschiedener Nationalität;

3. für die Verfolgung und Aburteilung aller Verbrechen und Vergehen, welche von Eingebornen gegen Fremde oder von solchen Fremden, die einer Konsularjurisdiktion nicht unterworfen sind, begangen werden, soweit nicht die Gerichtsbarkeit des Munizipalmagistrats des Distrikts von Apia (Art. V Abschn. 4) Platz greift;

— in den Fällen 1 bis 3 ist der Oberste Gerichtshof erste und letzte Instanz —;

4. endlich fungiert der Oberste Gerichtshof als Berufungsinstanz für die Strafurteile des Munizipalmagistrats von Apia, wenn die verhängte Strafe $ 20 oder 10 Tage Gefängnis übersteigt (Art. V Abschn. 4; Art. III Abschn. 4).

Der Oberrichter ist auch befugt, der Regierung von Samoa die Erlassung von Gesetzen vorzuschlagen, welche er für die Verhinderung und Bestrafung von Verbrechen und für die Förderung der guten Ordnung auf Samoa ausserhalb des Munizipaldistrikts und für die Erhebung von Steuern daselbst als gerecht und zweckmässig erachtet (Art. III Abschn. 8).

In Civilstreitigkeiten ist das englische Gemeine, Billigkeits- und Admiralitäts-Recht massgebend; doch ist der Oberste Gerichtshof befugt, Praxis und Verfahren von Zeit zu Zeit den örtlichen Verhältnissen entsprechend abzuändern. In Strafsachen kann der Oberrichter, je nachdem er es für zweckmässig hält, das Strafgesetz der Vereinigten Staaten, Englands oder Deutschlands — Samoanern oder sonstigen Südsee-Insulanern gegenüber auch samoanische Gesetze und Gewohnheiten — zur Anwendung bringen (Art. III Abschn. 10).

Die Bestimmungen des Art. III der Generalakte berühren jedoch nicht die bestehende Konsulargerichtsbarkeit in Fragen,

[1] Über das Vorverfahren bei Grundeigentumsstreitigkeiten durch die Landkommission s. Art. IV Abschn. 6 f. der Generalakte.

welche zwischen Schiffern und Seeleuten von Schiffen der betreffenden Nationalität entstehen; auch darf der Oberste Gerichtshof nicht nachträglich solche Delikte verfolgen und aburteilen, welche vor seiner Errichtung begangen sind (Abschn. 11). Ebenso sind die Konsuln und ihre Familien von der Jurisdiktion des Obersten Gerichtshofes eximiert.[1]

Durch Art. V der Generalakte wurde die Zusammensetzung des Munizipalrates von Apia gänzlich umgestaltet. Derselbe soll nunmehr aus sechs Mitgliedern und einem Vorsitzenden bestehen, welche in dem Bezirk von Apia ihren Wohnsitz haben und Grundeigentümer sind oder ein mit einer Mindeststeuer von $ 5 jährlich veranlagtes Gewerbe oder Geschäft betreiben. Sie werden von den im Bezirke ansässigen Steuerzahlern gewählt. Konsularbeamte sind nicht als Ratsmitglieder wählbar.[2] (Abschn. 2 des Art. V).

Die Gerichtsbarkeit und das Verordnungsrecht des Munizipalrats regelt Abschn. 3 des Art. V. Der Munizipalrat darf innerhalb des Munizipalbezirks Verordnungen erlassen zur Durchführung aller Bestimmungen der Generalakte, für die Sicherheit der Person und des Eigentums, über Steuern, Abgaben, sowie über alle Angelegenheiten polizeilicher Natur. Sämtliche Verordnungen, Beschlüsse und Regulative des Rats unterliegen dem Bestätigungsrecht des aus den Vertretern der drei Mächte gebildeten Konsularhofs. Billigt der Konsularhof nicht einstimmig die ihm vorgelegten Regulationen oder werden die durch den Konsularhof einstimmig vorgeschlagenen Abänderungen von der Mehrheit des Rates nicht angenommen, so trifft der Oberrichter die Entscheidung.

Der Munizipalrat kann zur Beobachtung der von ihm erlassenen Gesetze, Verordnungen und Regulationen alle Personen ohne Ansehung der Nationalität verpflichten und etwaige Verstösse hiergegen durch Geldstrafen bis zu $ 200 oder Gefängnisstrafen bis zu 180 Tagen ahnden. Diese Gerichtsbarkeit erster Instanz wird durch einen vom Rat ernannten Magistratsbeamten ausgeübt (s. Abschn. 3 und 4).

---

[1] s. Protokoll der 7. Sitzung der Samoakonferenz vom 29. Mai 1889 (Martens-Stoerk, a. a. O. t. XVI. p. 357).

[2] Die Einteilung der Wahlbezirke erfolgt durch die Konsuln der drei Mächte, im Nichteinigungsfalle durch den Oberrichter.

Gemäss Art. VIII Abschn. 2 sowie Art. II der Akte[1] haben die drei Mächte die ihnen zustehende Konsulargerichtsbarkeit entsprechend eingeschränkt.[2]

---

## Anhang zum siebenten Kapitel.

Übersicht der zur Zeit auf Samoa bestehenden, verschiedenen Jurisdiktionen

I. Die Konsulargerichte der drei Vertragsmächte: Deutschland, England und Vereinigten Staaten, urteilen

a) über alle Civilstreitigkeiten der Angehörigen des betreffenden Staates untereinander, soweit es sich nicht um Grundeigentum in Samoa handelt;

b) über alle strafbaren Handlungen, welche von Angehörigen eines der Vertragsstaaten gegen Angehörige desselben oder eines fremden Staates oder gegen Eingeborne begangen werden (actor sequitur forum rei), mit Ausnahme der Vergehen wider die Verordnungen des Munizipalrats von Apia;

c) über alle Fragen zwischen Schiffern und Seeleuten von Schiffen der betreffenden Nationalität; es entscheidet z. B. der deutsche Konsul alle auf deutschen Schiffen unter der Schiffsmannschaft entstandenen Streitigkeiten;

d) über alle Prozesse gegen die Konsuln und deren Familien;

[e) über die Mitwirkung des deutschen Konsuls beim Strafverfahren gegen Samoaner s. u. IV u. V.]

Vgl. Art. 4 des amerikanisch-samoanischen Vertrages vom 17. Januar 1878; Art 4 und 5 des englisch-samoanischen Ver-

---

[1] Art. II Absatz 1 lautet:

„Considering that the following provisions of this General Act cannot be fully effective without a modification of certain provisions of the treaties heretofore existing between the Three Powers, respectively and the Government of Samoa, it is mutually declared that in every case where the provisions of this Act shall be inconsistent with any provision of such treaty or treaties, the provisions of this Act shall prevail.“

[2] s. deutsches Reichs-Gesetz vom 6. Juni 1890, Verordnung hierzu vom 29. Oktober 1890. (R.G.Bl. 1890. S. 139. 189.) Gemäss § 4 der Verordnung können die vor Errichtung des Obersten Gerichtshofs für Samoa anhängig gewordenen, bürgerlichen Rechtsstreitigkeiten auf übereinstimmenden Antrag der Parteien vom Konsulargericht an den Obersten Gerichtshof abgegeben werden.

trages von 28. August 1879; Art. 7 des deutsch-samoanischen Vertrages vom 24. Januar 1879; Art. III Abschn. 9, Art. V Abschn. 4, Art. III Abschn. 11 der Generalakte der Samoa-Konferenz vom 14. Juni 1889; Protokoll der 7. Sitzung der Samoa-Konferenz vom 29. Mai 1889.

II. Der Oberste Gerichtshof für Samoa ist ausschliesslich zuständig:

1. in erster und letzter Instanz:

a) für alle Civilprozesse betreffend Grundeigentum in Samoa, und alle darauf bezüglichen Rechte. Diese Zuständigkeit ergreift nicht nur alle dinglichen, sondern auch die persönlichen Immobiliarklagen;

b) für alle Civilprozesse jedweder Art zwischen Eingebornen und Fremden oder zwischen Fremden verschiedener Nationalität;

c) zur Aburteilung aller Verbrechen und Vergehen von Eingebornen gegen Fremde oder von solchen Fremden, welche nicht einer Konsulargerichtsbarkeit unterworfen sind, mit Ausnahme der Vergehen wider die Munizipalverordnungen.

2. als Berufungsinstanz:

in den Fällen, in welchen die durch den Munizipal-Magistrat verhängte Strafe $ 20 oder 10 Tage Gefängnis übersteigt.

Vgl. Art. III Abschn. 9, Art. V Abschn. 4 der Generalakte. Über die Exemptionen von der Gerichtsbarkeit des Obersten Gerichtshofes s. oben sub I, c und d.

III. Der Munizipal-Magistrat von Apia

1. besitzt die ausschliessliche Gerichtsbarkeit in erster Instanz über alle Personen ohne Ansehung der Nationalität in Fällen der Verletzung vom Gesetzen, Verordnungen und Regulationen, welche von dem Munizipalrat in Übereinstimmung mit den Vorschriften der Generalakte der Samoa-Konferenz erlassen sind, vorausgesetzt, dass die Strafe $ 200 oder 180 Tage Gefängnis nicht übersteigt. — vgl. Art. V Abschn. 4 der Generalakte.

2. urteilt gemeinschaftlich mit dem samoanischen Richter über samoanische Unterthanen, welche einer im Distrikte von Apia begangenen strafbaren Handlung beschuldigt sind, die keine Zuwiderhandlung gegen die Munizipalverordnungen bildet. — vgl. Art. 7 der Konvention, betreffend die Munizipalverwaltung der Stadt und des Distrikts von Apia vom 2. September 1879.

IV. Der deutsche Beamte der Samoa- Regierung übt die Jurisdiktion in Strafsachen aus, an welchen die in Samoa lebenden Deutschen ein Interesse haben, soweit nicht auf mehr als zwei Jahre Gefängnis mit harter Arbeit erkannt werden kann, und zwar

a) allein über farbige Arbeiter wegen der von denselben unter einander begangenen Strafthaten;

b) in Gemeinschaft mit einem samoanischen Richter über samoanische Unterthamen und farbige Arbeiter, welche sich der Verletzung von Samoanern oder von samoanischem Eigentum schuldig gemacht haben;

c) als Stellvertreter des deutschen Konsuls neben einem samoanischen Richter, wenn wegen der sub a) und b) aufgeführten Delikte auf mehr als zwei Jahre Gefängnis mit harter Arbeit erkannt werden kann. —

Vgl. Art. 4 der deutsch-samoanichen Ausführungskonvention vom 10. November 1884 zu Art. VII des Vertrages vom 24. Januar 1879.

V. Die samoanischen, eingebornen Gerichtsbehörden erkennen selbständig:

a) in allen Civilprozessen der Samoaner untereinander;

b) in Strafsachen, wenn der Thäter und der Verletzte Samoaner sind, soweit nicht die oben sub III u. IV aufgeführten Zuständigkeitsbestimmungen in Betracht kommen.

Der samoanische Richter urteilt gemeinschaftlich

1. mit dem Munizipalmagistrat s. oben sub III, 2;

2. mit dem deutschen Beamten der Samoa-Regierung s. oben sub IV, c),

3. mit dem deutschen Konsul oder dessen Stellvertreter, (der auch eine andere Person als der deutsche Beamte der Samoa-Regierung sein kann), wenn wegen der oben sub IV a) und b) aufgeführten Strafthaten auf mehr als zwei Jahre Gefängnis mit harter Arbeit erkannt werden kann.

## Schlussbetrachtung.

Die Geschichte der Konsularjurisdiktion zeigt, welch hervorragende Rolle im Leben der Völker dieses Institut während eines nahezu tausendjährigen Zeitraums spielte, von welch weitgehender Bedeutung dasselbe für die Förderung von Handel und Kultur war, wie es zu einem der wichtigsten Träger europäischer Civilisation in den Ländern des Orients geworden ist. Aber es hatte im Laufe seiner Entwicklung viele grosse Schattenseiten aufzuweisen. Die Missstände sind gerade in der Gegenwart so sehr hervorgetreten, dass von manchen Seiten die gänzliche Abschaffung dieser Institution befürwortet wird.[1]

Im Mittelalter entstanden zu einer Zeit, in der internationale völkerrechtliche Beziehungen nur in sehr geringem Masse existierten, wo der Handel noch weit entfernt war von den Dimensionen des modernen Weltverkehrs, gegründet auf das Personalitätsprinzip, dem zufolge jeder sein heimisches Recht auch mit ins Ausland nahm, wirkte die Konsularjurisdiktion äusserst segensreich, sie bewährte sich auch hernach, als sie den christlichen Staaten die Anknüpfung von Beziehungen mit der mohammedanischen und heidnischen Welt ermöglichte, heutzutage aber bildet sie einen schroffen Ausnahmezustand gegenüber den im modernen Völkerrecht allgemein anerkannten Grundsätzen der Territorialhoheit und der Territorialität des Rechts.[2] Zu welchen Auswüchsen und für das Rechtsleben wie den Verkehr gleich ungesunden Zuständen die unumschränkte Konsulargerichtsbarkeit führt, ist oben bei Darstellung der ägyptischen Gerichtsreform gezeigt worden. Hier soll nur noch einmal daran

[1] Jacobovits, Die Konsulate und Gerichtsbarkeiten im osmanischen Reich. S. 22.

[2] Brauer, Die deutschen Justizgesetze in ihrer Anwendung auf die Thätigkeit der Konsuln etc. S. 89. 67.

erinnert werden, wie schwerfällig und kostspielig das Verfahren vor den Konsulargerichten ist. Eine passive Streitgenossenschaft ist unmöglich, wenn die Streitgenossen verschiedenen Nationen angehören, der Rechtsstreit zerfällt dann in mehrere Prozesse, deren jeder vor einem besondern Gericht und nach einem besondern Recht verhandelt werden muss. Wird eine Klage abgewiesen, so kann der Beklagte, der Anspruch auf Ersatz der Prozesskosten hat, nur durch das Konsulargericht des Klägers die Vollstreckung erwirken.

In Strafsachen gibt es — abgesehen von dem englischen Gesetz[1] — für Ausländer keinen Zwang, vor dem Konsulargericht einer andern Nation zu erscheinen, alle Ladungen eines fremden Staatsangehörigen ergehen durch Vermittlung seines Konsuls. Besitzen Mitthäter, Anstifter, Gehilfen verschiedenes Indigenat, so gibt es für ein- und dieselbe That ebenso viele Strafverfahren, als Nationalitäten in Betracht kommen. Der Konsul ist Staatsanwalt und Richter (Untersuchungsrichter wie erkennender Richter) zugleich. Nach der Gesetzgebung der meisten Staaten ist die Aburteilung der schweren Verbrechen den heimatlichen Gerichten vorbehalten, der Konsul führt nur die Voruntersuchung und sammelt das Beweismaterial; die Folge ist, dass der wichtigste Teil des Verfahrens: die Beweisaufnahme, zu einem rein schriftlichen wird und die Ermittlung der materiellen Wahrheit aufs äusserste erschwert.[2] Die Berufung gegen Civil- wie Strafurteile der Konsulargerichte geht in der Regel an die Obergerichte des Heimatstaates, nur England[3] und die Niederlande[4] haben für die Konsulargerichte in der Levante einen Appellhof in Konstantinopel, Russland ein Gesandtschaftsgericht II. Instanz[5] in Persien, England ferner für Ostasien ein Obergericht in Shanghai errichtet.[6]

---

[1] Martens-Skerst. S. 365.

[2] Antonopoulos, Über die Exterritorialität der Ausländer in der Türkei. S. 113. 178.

[3] Order in Council 12. December 1873. II. 9. 33. Hertslet, Commercial Treaties. XIV. p. 547.

[4] Leske und Löwenfeld, Die Rechtsverfolgung im internationalen Verkehr. Bd. I. S. 163.

[5] Leske und Löwenfeld, a. a. O. Bd. I. S. 751.

[6] Beach-Lawrence, Commentaire sur Wheaton. t. IV. p. 231 et suiv. Martens-Skerst. S. 292 f.

Es ist klar, dass eine derartige Organisation[1] den Parteien grosse Opfer an Zeit und Geld auferlegt.

---

[1] Nach MARTENS, F., Völkerrecht. Bd. II. S. 93 lassen sich drei Systeme in der Organisation der Konsulargerichtsbarkeit unterscheiden:

a) das französische: Der Konsul ist als Einzelrichter für Civilprozesse mit geringem Streitwert, in Strafsachen zur Aburteilung von Übertretungen zuständig; das Konsulargericht entscheidet als I. Instanz über Civilsachen mit höherem Streitgegenstand und über Vergehen. In II. Instanz und bei Verbrechen, für welche der Konsul das Ermittlungsverfahren und die Voruntersuchung einzuleiten hat, urteilen die Gerichte der Heimat.

Diesen Prinzipien folgen im wesentlichen: Belgien, das Deutsche Reich (s. §§ 9, 18, 28, 31, 36 des R.G. über die Konsulargerichtsbarkeit vom 10. Juli 1879; als Einzelrichter in Strafsachen fungiert der Konsul nur, soweit die Voraussetzungen des § 211 R.St.P.O. gegeben sind), Griechenland, Italien, die Niederlande (abgesehen von dem Appellhof in Konstantinopel, der aus dem Gesandten und zwei Beisitzern besteht), Österreich, Spanien.

b) das englische: Für alle Prozesse bildet die I. Instanz ein aus dem Konsul und mehreren Beisitzern zusammengesetztes Bezirks-Konsulargericht, bei Strafsachen mit Zuziehung einer Jury, die II. und letzte Instanz: der „Supreme Consular Court for the Dominions of the Sublime Porte" in Konstantinopel für die Konsulargerichte im osmanischen Reiche; den Supreme Consular Court in Shanghai für die Konsulargerichte in China und Japan.

c) das russische: In I. Instanz urteilen Konsulargerichte, in II. Instanz Gesandtschaftsgerichte. (In Persien gibt es auch ein Gesandtschaftsgericht I. Instanz.)

Als II. bezw. III. Instanz für ihre Konsulargerichte haben bestimmt:

α) das Deutsche Reich: das Reichsgericht in Leipzig.

β) Österreich: für die Konsulargerichte in der Türkei und Ägypten das Oberlandesgericht in Triest, als III. Instanz den Obersten Gerichtshof in Wien.

γ) die Niederlande:

1. für die Konsulargerichte in der Levante den Appellationshof in Konstantinopel, welcher aus dem Gesandten und zwei Beisitzern gebildet ist;

2. für die Konsulargerichte diesseits des Kap der guten Hoffnung und des Kap Horn: als II. Instanz den Gerichtshof von Amsterdam, als III. Instanz (Kassationshof) den Hohen Rat der Niederlande im Haag;

3. für die Konsulargerichte jenseits der genannten Vorgebirge: als II. Instanz den Raad van justitie zu Batavia, als III. Instanz (Kassationshof) den Hoog-Gerechtshof van Nederlandsch-Indie zu Batavia.

δ) Frankreich: den Appellhof in Aix für die Konsulate in der Türkei und Persien; den Appellhof in Saigon für die übrigen asiatischen Konsulate.

ε) Belgien: den Appellhof in Brüssel.

ζ) Italien: für die Konsulargerichte, welche im ausserägyptischen Afrika ihren Sitz haben: den Appellhof in Genua, für alle übrigen: den Appellhof in Ancona.

η) Spanien: jeweils den dem Konsulatssitze nächstgelegenen Territorialgerichtshof des Mutterlandes oder der Kolonien.

ϑ) Griechenland: das Appellgericht in Athen.

Trotz dieser Übelstände rechtfertigt sich die vollständige Aufhebung der Konsularjurisdiktion nur in Staaten, welche, wie Japan, die europäische Kultur nach jeder Richtung hin angenommen haben, deren Gesetzgebung und Gerichtsorganisation den modernen Rechtsanschauungen durchaus entsprechen, so dass alle Garantien für Unparteilichkeit und Unabhängigkeit der Rechtsprechung gegeben sind.[1] Dagegen in Ländern, wie Marokko, von dem ein französischer Konsularbericht[2] ausführt: „Es gibt hier keine Tribunale, keine Gerichtsorganisation; der Kadi allein entscheidet die ihm von den Konsulaten vorgelegten Beschwerden; das zur Anwendung kommende, religiöse Gesetz (Chraa) ist durch widersprechende Lesarten verunstaltet, die Parteien verfehlen nicht, sich hierauf zu berufen; das Verfahren ist langwierig und zeitraubend; Käuflichkeit der Behörden, Trägheit, Widerwillen, zu Gunsten der Christen und deren Schutzbefohlenen erkennen zu müssen, sind vorherrschend; es gibt keine schriftlichen Aufzeichnungen über den Gang des Verfahrens" — würde die Beseitigung der Konsulargerichtsbarkeit die Preisgebung einer mühsam errungenen Schutzwehr christlich-europäischer Rechtsgüter gegenüber einer nur von ihrem religiösen Fanatismus und fremdenfeindlichen Instinkten geleiteten Bevölkerung bedeuten. Doch lässt sich auch hier ein Ausweg

---

ι) Dänemark: das Landesobergericht sowie das Stadt- und Hofgericht in Kopenhagen.

ϰ) Russland: für die Konsulargerichte in Persien: das Gesandtschaftsgericht II. Instanz, das IV. Departement des Senats als III. Instanz; für die Konsulargerichte in der Türkei: das IV. Departement des Senats als II. und letzte Instanz.

(S. Leske und Löwenfeld, Die Rechtsverfolgung im internationalen Verkehr. Bd. I. S. 54. 79. 163. 219. 220. 245. 254. Bd. II. S. 112. Bd. I. S. 868. 751.)

[1] Wie bereits oben erwähnt, hat Japan sein Gerichtswesen nach deutschem Muster organisiert und völlig moderne Gesetzbücher eingeführt, hinsichtlich der Vorbildung der Juristen stellt die japanische Regierung sogar noch höhere Anforderungen als die meisten europäischen Staaten. Jeder japanische Student, der Richter oder Rechtsanwalt werden will, muss neben dem alten, nationalen und dem neuen, europäisierten, japanischen Recht auch noch eines der drei grossen europäischen Rechtssysteme bei europäischen Professoren studieren, entweder das deutsche oder das englische oder das französische, wozu eine Kenntnis der betreffenden fremden Sprache ebenfalls gefordert wird.

[2] s. Rapport sur l'activité des postes diplomatiques et consulaires en 1894. (Archives diplomatiques. 1896. t. LX. p. 174).

finden.[1] Die Einführung gemischter Tribunale, die sich ja in Ägypten vortrefflich bewährt hat, ist am ersten geeignet, die Forderungen des Schutzes ausländischer Rechte mit den völkerrechtlichen Grundsätzen der Territorialhoheit zu vereinen, sie bildet keinen so tiefen Eingriff in die Justizhoheit eines Landes wie die Konsulargerichtsbarkeit. Den gemischten Tribunalen sollen aber nicht nur die Fremden ausnahmslos, sondern auch die Einheimischen unterstellt werden. Das Volk wird dann zu den Rechtsanschauungen der civilisierten Welt erzogen, das fremde Gericht verwandelt sich mit der Zeit in ein Landestribunal, der souveräne Staat erhält wieder seine ungeschmälerte Territorialgewalt zurück.

[1] Martens legte dem „Institut de droit international" einen Entwurf vor, nach welchem in I. Instanz die Konsularbehörde des Beklagten, in II. Instanz ein gemischtes Tribunal mit Vertretern der verschiedenen Vertragsmächte, in III. Instanz der Oberste Gerichtshof in der Heimat des Beklagten zuständig sein solle. In der Sitzung vom 6. September 1883 nahm das Institut den Entwurf mit einigen Modifikationen an: dem Kläger sollte bei mehreren Beklagten verschiedener Nationalität die Wahl gelassen werden, alle Streitgenossen vor das Konsulargericht eines der Verklagten zu ziehen, unter Wahrung des Rechtes für die Konsuln der andern Beklagten, den Verhandlungen beizuwohnen. Auch sollte eine III. Instanz fortfallen (s. Annuaire de l'Institut de droit international t. VI. p. 223. t. VII. p. 190).

FSC
www.fsc.org
MIX
Papier | Fördert gute Waldnutzung
FSC® C083411

Kolibri 360 GmbH
Ferdinand-Jühlke-Straße 7
99095 Erfurt, Deutschland
produktsicherheit@kolibri360.de